2026 행정사 2차 시험대비

이패스 사무관리론

/ 소나리 편저 /

2026 행정사 2차 합격을 위한 필수 기본서

- 기출문제 모두 반영, 2차 대비 수험서
- 출제 가능성 높은 핵심 주제 중심 구성
- 2026년 시험 대비 최신 개정 법령 완벽 반영

epasskorea

머리말

2026 epass 사무관리론

안녕하세요. 소나리 행정사입니다.

현대 사회가 점점 복잡해지고 전문화됨에 따라 국민의 다양한 권익 실현을 위한 구체적이고 전문화된 행정 서비스 처리를 위해, 행정 서비스 전문가인 행정사의 수요와 인지도가 나날이 향상되고 있음을 몸소 느끼는 요즘입니다. 이에 따라, 행정사 자격시험에 도전하는 수험생의 수도 매년 증가하고 있습니다. 이 교재는 2026년 대비 국가공인 행정사 자격시험 2차 과목 중, 사무관리론 과목의 준비를 위한 책입니다. 수험생이 급증함에 따라 시험의 출제 난이도 및 수험생의 시험 준비도가 매년 상승하여, 보다 철저하고 전략적인 수험 준비가 요구되고 있습니다.

본 교재의 특징은 아래와 같습니다.

1. **철저히 행정사 2차 시험 사무관리론 과목에 적합하게 만들어진 수험서입니다.**

    행정사 2차 시험은 출제되었던 기출 테마에서 더 심화되어 출제하거나 기존에 출제하지 않았던 테마에서 새롭게 출제됩니다.
    기출문제 테마를 빠짐없이 수록하였고, 그 외 중요한 테마들도 확실하게 숙지할 수 있도록 교재를 구성하였습니다.

2. **최신 법령을 기준으로 작성되었습니다.**

    수험 기간 중에도 법령은 개정되거나 폐지될 수 있으며, 수행생은 응시 시점을 기준으로 시행 중인 법령을 기준으로 시험 준비를 해야 합니다. 수험 기간 중 법령의 변경이 있을 시, 학원 또는 동영상 강의 등을 통해 변경된 사항에 대해 숙지하고 대응하시기를 권해드립니다.

3. **목차를 세분화하여 구조적 암기 및 답안 작성이 가능하도록 수록하였습니다.**

    행정사 2차 사무관리론 시험은 논술이나 약술형태의 문제를 현출 해야하는 시험입니다. 문제에 제시된 키워드 및 논점을 파악하여 구조적인 답안 작성을 위해 '목차'를 짜는 과정이 동반되며, 이는 마치 답안의 설계도를 작성하는 것과 같습니다. 본 교재는 특정 키워드를 설명하기 위한 세분화된 목차를 통해, 제시된 문제에 따라 '블록을 교체하듯' 답안을 조정 가능하도록 작성되었으며, 해당 목차 구성을 통해 암기 과정에서도 보다 수월해짐을 느낄 수 있도록 작성되었습니다.

4. 실제 출제된 기출문제를 수록하였습니다.

수험가에는 '1~2년 내 출제된 문제는 다시 출제되지 않는다.', '10년에 한번씩 출제된 문제가 다시 출제된다' 등의 속설이 존재합니다. 하지만, 실제 행정사 시험에서 전회차에서 출제된 문제가 다시 출제된 적이 있어, 속설을 무작정 믿었다가는 크게 낭패를 보기 십상입니다. 기출문제는 출제기관이 어느 수준의 답변을 수험생에게 요구하는지 이해하는데 아주 중요한 기준을 제시합니다. 똑같은 문제가 출제될 가능성은 다소 떨어질 수 있으나, 유사한 문제나 확장/변형된 형태의 문제의 출제 가능성을 배제할 수 없습니다. 무엇보다 시험장에서 무자하게 될 문제의 형태를 익히고 미리 연습해보는 것은 수험생활의 기본이자 핵심 전략입니다.

마지막으로 이 책을 출간할 수 있도록 도움을 주신 가족과 출판사 분들에게 감사한 마음을 전하며, 이 글을 읽고 계신 모든 수험생 여러분의 노력이 행정사 시험 합격으로 열매 맺을 수 있기를 바랍니다. 항상 응원합니다.

2025년 10월
저자 소나리

시험안내

2026 epass 사무관리론

1. 행정사 2차 시험개요(매년 1회 실시)
- 2차 원서접수 : 매년 8월 경
- 2차 시험일정 : 매년 10월 경
- 최종 합격자발표 : 매년 12월 경

2. 시험 과목, 시험시간, 시험방법(행정사법 시행령 제9조 제1항, 별표1)

구분	교시	시험과목				문항수	시험시간
제1차 시험 (공통)	1	① 민법(총칙 관련 내용으로 한정) ② 행정법 ③ 행정학개론(지방자치행정 포함)				과목당 25문항 (총 75문항)	75분 (09:30~10:45)
제2차 시험	1 (공통)	① 민법(계약 관련 내용으로 한정) ② 행정절차론(행정절차법 포함)				과목당 4문항 (논술1문제, 약술 3문제)	100분 (09:30~11:10)
	2		일반	해사	외국어번역		
		공통 과목	③ 사무관리론 (민원 처리에 관한 법률, 행정 효율과 협업 촉진에 관한 규정 포함)				
		선택 과목	④ 행정사실무법 - 행정심판사례 - 비송사건절차법	④ 해사실무법 - 선박안전법 - 해운법 - 해사안전법 - 해양사고의 조사 및 심판에 관한 법률	④ 해당외국어 (외국어능력검정 시험으로 대체)		

3. 합격자 결정 방법

제1차 시험 및 제2차 시험 합격자는 과목 당 100점을 만점으로 하여 모든 과목의 점수가 40점 이상이고, 전 과목의 평균 점수가 60점 이상인 사람으로 함

➡ 단, 제2차 시험 합격자가 최소선발인원보다 적은 경우에는 최소선발인원이 될 때까지 모든 과목의 점수가 40점 이상인 사람 중에서 전 과목 평균점수가 높은 순으로 합격자를 추가로 결정하고, 이 경우 동점자가 있어 최소선발인원을 초과하는 경우에는 그 동점자 모두를 합격자로 함.

좀 더 자세한 내용 및 수험정보 등은 당사 홈페이지(www.epass-adm.com) 참조

출제경향분석

1. 사무관리론 과목의 특징

사무관리론 과목은 다른 법 과목들과 달리, 사례형 문제가 출제된 사례가 없습니다. 따라서, 보다 정확한 법 조문과 규정에 대한 암기를 통해 논술형, 약술형 문제에 대한 준비를 철저히 할 필요가 있습니다. 또한 '행정 효율과 협업 촉진에 관한 규정'에서 '행정업무 운영 및 혁신에 관한 규정'으로 전면 개정되면서 해당 법안의 주요 조문들도 제정되거나 개정되었습니다. 전 교재로 시험 준비를 해오신 수험생께서는 제·개정된 부분을 이전 규정과 비교하며 꼼꼼하게 체크하실 필요성이 있습니다.

무엇보다 해당 법규정에서 사용되는 용어의 정의는 당연히 숙지하셔야 하며 정확하게 외우는 노력이 필요하다고 판단됩니다.

2. 최신 출제경향

출제연도	민원 처리에 관한 법률	행정업무의 운영 및 혁신에 관한 규정 (前 행정 효율과 협업 촉진에 관한 규정)
2017	2	3
2018	2	3
2019	2	3
2020	1	4
2021	2	3
2022	4	2
2023	2	3
2024	2	3
2025	2	3

민원 처리에 관한 법률과 행정업무의 운영 및 혁신에 관한 규정에서 비슷하게 양을 분배하여 출제하고 있는 모습을 보이고 있습니다.

특히 민원 처리에 관한 법률에서는 민원의 처리 부분에서 가장 많이 출제되고 있기 때문에 해당 부분의 주제들을 필히 숙지하시길 부탁드리며 기존에 출제된 부분이 많기 때문에 다소 지엽적인 부분도 놓치지 않고 보시기를 추천 드립니다.

행정업무의 운영 및 혁신에 관한 규정 (前 행정 효율과 협업 촉진에 관한 규정)은 최근 제개정 되었으므로 해당 부분의 키워드와 조문들을 꼼꼼히 체크할 필요성이 있습니다.

좀 더 자세한 내용 및 수험정보 등은 당사 홈페이지(www.epass-adm.com) 참조

학습전략

2026 epass 사무관리론

첫째, 2차 시험은 1차 시험과는 다르게 약술 및 논술형 시험입니다.

즉, 외운 내용을 실제로 시험지에 작성하여야 하기 때문에 실제로 숙지한 내용을 작성해보는 연습을 하지 않으면 답안을 완성하기 매우 어렵습니다.

그렇기 때문에 시험 공부를 하실 때 실제 시험지에 시간을 정해두고 답안을 작성하는 연습을 해야 합니다.

둘째, 중요한 것은 교재의 내용을 여러 번 반복해서 보는 것입니다.

실제 2차 시험날까지도 수험생 분들은 해당 교재로 공부할 것 이므로 해당 교재에 중요한 부분의 표시와 추가적인 필기, 그리고 법이 개정된 곳 등의 표시를 하여 20회독 이상 하신다면 수험장에서 어려움 없이 답변을 작성할 수 있을 것입니다.

셋째, 목차는 정확히 숙지하셔야 합니다.

세부적인 내용도 물론 중요하지만 목차를 정확하게 숙지하고 계시다면 해당 키워드에 맞춰 답변 작성도 가능합니다. 시간이 충분하지 않으신 수험생이라면 해당 주제의 목차는 정확히 숙지하고 시험에 임하시길 바랍니다.

이 책을 마주한 여러분의 수험생활 선배로서, 또한 앞으로 더 많은 우수한 인재들이 행정사로 활약하시길 기대하는 행정사 선배로서, 조금이나마 본 교재가 수험생들에게 도움되고자 하는 마음으로 수험서를 출간합니다.

좀 더 자세한 내용 및 수험정보 등은 당사 홈페이지(www.epass-adm.com) 참조

Contents

제1편 민원처리에 관한 법률

제1장 총칙 ·· 14
- 주제 01 민원행정의 개념과 특징 ·· 14
- 주제 02 민원의 의의 ··· 16
- 주제 03 민원인 및 행정기관 ·· 19
- 주제 04 민원 처리 담당자의 권리와 의무 ···························· 21
- 주제 05 민원인 권리와 의무 및 정보보호 ···························· 23

제2장 민원인 정보보호 ······················· 26
- 주제 06 민원의 신청 및 신청서, 구비서류 ·························· 26
- 주제 07 민원취약계층에 대한 편의제공, 민원실, 민원편람 ······ 28
- 주제 08 전자민원창구 및 통합전자민원창구 ························ 32
- 주제 09 민원의 접수 ··· 35
- 주제 10 불필요한 서류 요구의 금지 ································· 38
- 주제 11 민원인의 요구에 의한 본인정보 공동이용 ··············· 39
- 주제 12 다른 행정기관 등을 이용한 민원의 접수·교부 ········· 46
- 주제 13 민원문서의 이송 ··· 52
- 주제 14 민원의 처리 ··· 53
- 주제 15 민원의 처리기간 ··· 55
- 주제 16 고충민원의 처리 등 ·· 56
- 주제 17 민원의 처리기간 계산 ······································· 57
- 주제 18 처리진행상황과 처리결과의 통지 ························· 61
- 주제 19 민원문서의 보완 취하 등 ··································· 63
- 주제 20 민원문서의 반려 및 종결 처리 ··························· 64
- 주제 21 위법·부당한 민원처리에 대한 시정 요구 ·············· 65
- 주제 22 반복 및 중복 민원의 처리 ································· 65
- 주제 23 다수인관련민원의 처리 ····································· 66

차례

주제 24	민원심사관	68
주제 25	민원 처리 결과 통보	69
주제 26	무인민원발급창구	71
주제 27	전자증명서	72
주제 28	복합민원	73
주제 29	사전심사	74
주제 30	민원 1회 방문 처리제의 시행	76
주제 31	거부처분에 대한 이의신청	80

제3장 민원제도의 개선 등 ········· 83

주제 32	민원처리기준표	83
주제 33	민원행정 및 제도개선 계획 등	84
주제 34	민원제도개선조정회의	86
주제 35	민원에 대한 조사와 점검	87
주제 36	행정기관의 협조	90

제2편 행정업무의 운영 및 혁신에 관한 규정

제1장 총칙 ········· 94

주제 01	목적 및 업무와 운영의 개념	94
주제 02	행정업무 운영	95
주제 03	행정업무의 효율적 운영	96
주제 04	용어정리	97

제2장	공문서 관리 등 행정업무의 처리	99
주제 05	공문서 관리 등 행정업무의 처리	99
주제 06	문서의 종류	101
주제 07	문서의 성립	103
주제 08	문서 처리, 작성의 원칙	105
주제 09	문서의 구성체제	108
주제 10	문서의 기안	111
주제 11	기안의 종류	114
주제 12	기안의 검토 및 협조	120
주제 13	문서의 결재	122
주제 14	문서의 등록	125
주제 15	문서의 시행	127
주제 16	관인 날인 또는 서명	128
주제 17	문서의 발신	130
주제 18	문서의 접수	132
주제 19	문서의 반송 및 이송	133
주제 20	문서의 공람 및 경유	134
주제 21	업무관리시스템 구축 및 운영	136
주제 22	정부전자문서유통지원센터	140
주제 23	서식의 제정 및 활용	140
주제 24	서식의 승인	143
주제 25	관인의 관리	145
주제 26	관인의 등록	149
주제 27	관인의 폐기	152
주제 28	관인의 공고	154

제3장 행정업무의 효율적 수행 ……………………………………… 155

주제	내용	페이지
주제 29	행정업무의 혁신	155
주제 30	행정업무 혁신의 효율적 수행	156
주제 31	행정업무혁신시스템의 구축·운영	158
주제 32	행정협업의 촉진, 행정협업 과제	159
주제 33	행정협업과제의 추가 발굴	160
주제 34	지식행정	161
주제 35	지식행정 활성화	163
주제 36	정책연구	164
주제 37	연구과제 선정 및 변경	167
주제 38	연구과제의 중복선정 금지	172
주제 39	정책연구자의 선정	173
주제 40	정책연구심의위원회	175
주제 41	정책연구심의소위원회	177
주제 42	정책연구의 진행	178
주제 43	영상회의 및 영상회의시스템의 운영	186

제4장 행정업무의 관리 …………………………………………………… 189

주제	내용	페이지
주제 44	행정 업무의 인계 및 인수	189
주제 45	업무편람의 작성 및 활용	192
주제 46	정책실명제	194
주제 47	사무관리	196

제5장 각종 서식 …………………………………………………………… 206

제3편 과년도 기출문제

제1장 행정사 과년도 기출문제 ·· 236

제4편 관련 법률

제1장 민원 처리에 관한 법률 ·· 252
제2장 민원 처리에 관한 법률 시행령 ··· 264
제3장 민원 처리에 관한 법률 시행규칙 ·· 282
제4장 행정업무의 운영 및 혁신에 관한 규정 ··· 285
제5장 행정업무의 운영 및 혁신에 관한 규정 시행규칙 ······································· 306

행정사 2차 사무관리론

제1편

민원 처리에 관한 법률

제1장   총칙
제2장   민원인 정보보호
제3장   민원제도의 개선 등

제1장 총칙

주제 01 민원행정의 개념과 특징

01 민원행정의 특징 및 기능

(1) 민원행정의 특징

민원행정은 행정기관에 특정한 행위를 요구한 국민의 의사표시에 대응하는 활동을 의미하는 것으로, 여러 가지 면에서 다양한 특징을 가지고 있다.

1) 민원행정은 그 내용이 항상 새로운 조건 하에서 결정되어 유동적·변동적이라 할 수 있으며 처리기관의 성격과 기능, 주민의 구성, 지역의 고유한 특성 등에 따라 그 내용을 달리하는 경우가 많아 다양성을 지닌다.

2) 민원행정은 그것의 처리나 해결을 위해서 거의 대부분이 재정지출을 수반해야 하며, 대부분이 고가의 비용을 요구하지는 않지만 그 종류 여하에 따라서는 많은 비용을 투입하여 해결될 수 있는 것도 있다.

3) 민원행정은 양적인 팽창뿐만 아니라 질적으로 복잡한 양상을 보이고 있으며 하나의 민원 해결은 기대수준의 상승으로 새로운 민원의 충족을 요구하게 되고, 중앙이나 지방을 막론하고 하나의 민원은 또 다른 새로운 민원을 야기하는 경우도 많다.

4) 제기된 민원의 처리에 있어서는 고도의 기술성과 전문적 지식을 필요로 하며, 중앙과 지방, 지방 상호 간 그리고 여러 행정기관이 서로 협력하여 공동의 노력을 기울여야 하는 경우 역시 증대되고 있다.

(2) 민원행정의 기능

민원행정은 행정체제의 내부 관리적 기능이 아니라 국민의 특정한 요구투입(要求投入, demand input)에 대하여 산출을 생산하는 기능을 수행하고 있기 때문에 행정수요와 국민의 욕구증대에 따라 업무량이 증대하게 됨. 따라서 민원행정은 다음과 같은 행정 통제 수단으로서의 기능, 행정구제 수단으로서의 기능, 행정의 주민 참여적 기능, 행정의 신뢰성 제고수단으로서의 기능 등을 갖고 있다.

1) 민원행정제도를 통하여 공무원이 국민에게 봉사하고 행정의 민주화를 실현할 수 있도록 지속적인 계기와 자극으로 행정 발전을 촉진시킬 뿐만 아니라 행정 관료제에 대한 국민의 통제를 공식화하는 기능을 수행한다.

2) 민원행정은 주로 행정기관에 대하여 일정한 어떤 행위를 요구하는 의사표시가 전제 되고 이러한 의사표

시의 내용 중에는 부당한 행정으로 인한 불이익을 시정하고자 하는 의사표시가 포함될 수 있기 때문에 매우 간편한 행정구제 수단으로서의 기능을 수행한다.

3) 주민참여는 일반적으로 특정 지역의 주민들이 그들에게 영향을 미치는 정책결정과 집행과정에 참여하는 것을 의미하는 바, 민주의식이 보편화되고 지방화·분권화·도시화·전문화가 됨에 따라 주민참여가 매우 활발해지고 이에 대한 요구도 강화됨. 따라서 민원행정은 행정과정에 국민이 참여하여 자신의 의견과 의사를 표출하는 기능을 수행한다.

4) 민원행정은 국민과 정부 간의 대화를 위한 중요한 창구역할을 담당하기 때문에 행정의 투명성 확보와 국민 간의 신뢰성을 제고시키기 위한 수단으로 이용될 수 있다.

(3) 민원행정의 중요성

1) 국민은 민원행정을 통해 행정기관과 직접 접촉하여 그 처리과정을 눈으로 보고 피부로 느끼게 됨. 따라서 민원행정은 국민에 대한 편의와 봉사를 도모하려는 민주행정에 있어 중요하게 평가된다.

2) 또한 국가의 기능이 19세기의 자유방임형 경찰국가에서 21세기의 복지국가·행정서비스 국가로 변모됨에 따라 국가는 국민생활 전반에 대하여 관여하게 되고 이에 따라 국민의 일상생활과 밀접한 관계를 가지고 있는 민원행정은 "양질의 행정서비스 제공"이라는 점에서 그 중요성이 더해진다.

3) 민원에 대한 행정소송제도는 현실적으로 그 기능을 제대로 발휘하는 한도 내에서는 커다란 효과가 있지만 쟁송제기의 대상행위, 기간, 적격성 등의 제한과 시간이나 비용의 과다한 부담으로 개인의 권리구제에 한계가 있음. 따라서 최소의 비용으로 간편한 절차나 수단 등을 통해 국민의 권익을 보호할 수 있는 제도가 필요하게 된 것이다.

(4) 민원에 관한 근거법령

1) 민원의 처리방법·처리절차 등 민원(인·허가 등) 설정근거는 각 개별법령에 의하고 있다.

> ※ 민원 처리에 관한 법률과 다른 법률과의 관계 : 민원에 관하여 다른 법률에 특별한 규정이 있는 경우를 제외하고는 이 법에 정하는 바에 따름(민원처리법 제3조 제1항)

2) 민원의 정의, 민원의 신청방법·접수·처리, 민원 처리기간 계산, 민원 처리결과 통보 등 민원 처리 전반에 적용될 수 있는 기본적인 기준은 「민원 처리에 관한 법률」에서 정하고 있다.

3) 정부에 대한 고충민원을 접수·상담·조사처리에 관한 사항을 규정한 「부패방지 및 국민 권익위원회의 설치와 운영에 관한 법률」이 있다.

4) 기타 행정기관에서 민원인에 대한 불이익한 처분을 하기 전에 사전예고, 청문, 공청회, 의견제출 등에 관한 사항을 규정하고 있는 「행정절차법」과 전자문서, 행정정보공동이용 등에 관한 사항을 규정하고 있는 「전자정부법」 등이 있다.

주제 02   민원의 의의

01   민원의 의의

민원인이 행정기관에 대하여 처분 등 특정한 행위를 요구하는 것을 말한다.

02   민원의 종류

1. 민원내용에 의한 분류

(1) 일반민원

1) 법정민원

법령·훈령·예규·고시·자치법규 등에서 정한 일정 요건에 따라 인가·허가·승인·특허·면허 등을 신청(예 건축허가 신청)하거나 장부·대장 등에 등록·등재를 신청(예 의약품 특허목록 등재신청) 또는 신고하거나 특정한 사실 또는 법률관계에 관한 확인 또는 증명을 신청(예 인감증명서 발급)하는 민원을 말한다.

2) 질의민원

법령·제도·절차 등 행정업무에 관하여 행정기관의 설명이나 해석을 요구하는 민원을 말한다.

3) 건의민원

행정제도 및 운영의 개선을 요구하는 민원을 말한다.

4) 기타민원

법정민원, 질의민원, 건의민원 및 고충민원 외에 행정기관에 단순한 행정절차 또는 형식요건 등에 대한 상담·설명을 요구하거나 일상생활에서 발생하는 불편사항에 대하여 알리는 등 행정기관에 특정한 행위를 요구하는 민원을 말한다.

> **「부패방지 및 국민권익위원회의 설치와 운영에 관한 법률」**
> 제2조제5호 "고충민원"이란 행정기관등의 위법·부당하거나 소극적인 처분(사실행위 및 부작위를 포함한 다) 및 불합리한 행정제도로 인하여 국민의 권리를 침해하거나 국민에게 불편 또는 부담을 주는 사항에 관한 민원(현역장병 및 군 관련 의무복무자의 고충민원을 포함한다)을 말한다.

> **「부패방지 및 국민권익위원회의 설치와 운영에 관한 법률 시행령」**
> 제2조 「부패방지 및 국민권익위원회의 설치와 운영에 관한 법률」(이하 "법"이라 한다) 제2조 제5호에 따른 "고충민원"이란 다음 각 호의 어느 하나에 해당하는 사항에 관한 민원을 말한다.
> 1. 행정기관등의 위법·부당한 처분(사실행위를 포함한다)이나 부작위 등으로 인하여 권리·이익이 침해되거나 불편 또는 부담이 되는 사항의 해결요구
> 2. 민원사무의 처리기준 및 절차가 불투명하거나 담당 공무원의 처리지연 등 행정기관등의 소극적인 행정행위나 부작위로 인하여 불편 또는 부담이 되는 사항의 해소요청
> 3. 불합리한 행정제도·법령·시책 등으로 인하여 권리·이익이 침해되거나 불편 또는 부담이 되는 사항의 시정요구
> 4. 그 밖에 행정과 관련한 권리·이익의 침해나 부당한 대우에 관한 시정요구

(2) 고충민원

고충민원이란 행정기관등의 위법·부당하거나 소극적인 처분(사실행위 및 부작위를 포함한다) 및 불합리한 행정제도로 인하여 국민의 권리를 침해하거나 국민에게 불편 또는 부담을 주는 사항에 관한 민원(현역장병 및 군 관련 의무복무자의 고충민원을 포함)을 말한다.

2. 처리기간에 의한 분류

(1) 즉시처리민원

민원창구에서 민원담당공무원이 접수하여 즉시(3근무시간 이내) 처리되는 민원(주민등록등본·인감증명서·가족관계등록부 등)

(2) 유기한민원

창구즉결민원을 제외한 일정기간 이상의 처리기한이 소요되는 민원(허가·승인·면허·인가·등록·확인 등)

3. 처리기관(부서)의 수에 의한 분류

(1) 단순 민원

민원인이 한 행정기관으로부터 한가지의 처분만 받으면 목적이 달성되는 민원(증명·확인·신고 등)

(2) 복합민원

하나의 민원목적을 실현하기 위하여 관계법령 등에 따라 여러 관계 기관 (민원과 관련된 단체·협회 등을 포함) 또는 관계부서의 인가·허가·승인·추천·협의 또는 확인 등을 거쳐 처리되는 법정민원

4. 민원신청의 수에 의한 분류

(1) 반복민원

민원인이 동일한 내용의 질의·건의·고충민원 등에 관한 서류를 정당한 사유없이 3회 이상 반복하여 제출하는 민원

(2) 중복민원

민원인이 동일한 내용의 질의·건의·고충민원 등에 관한 서류를 2개 이상의 행정기관에 제기한 민원

5. 민원인의 수에 의한 분류

(1) 개별민원

민원을 신청하는 민원인이 1인인 경우의 민원

(2) 집단민원

공통의 이해관계를 가지고 있는 사항에 대하여 이해 당사자들이 집단을 이루어 일괄적으로 제출하는 형식의 민원

※ 다수인 관련 민원 : 5세대 이상의 공동이해와 관련되어 5명 이상이 연명으로 제출하는 민원

주제 03 민원인 및 행정기관

01 민원인

민원인이란 행정기관에 민원을 제기하는 개인·법인 또는 단체를 말한다.

02 민원인에서 제외하는 경우

(1) 행정기관(사경제의 주체로서 제기하는 경우는 제외한다)

행정기관은 민원의 요구주체가 아니라 민원의 상대방인 민원의 처리주체이므로 민원인에서 제외된다.

> ※ **사경제(私經濟)의 주체** : 행정기관이 일반국민과 대등한 지위에서 행정기관에 특정한 행위를 요구하는 경우를 말한다. 이러한 경우에는 그 주체가 행정기관이라 하더라도 민원인으로 볼 수 있다.
> 예) 청사건물의 신축을 위한 신축허가, 건축물의 사용승인, 대기배출시설의 설치허가 등

(2) 행정기관과 사법상 계약관계에 있는 자

행정기관과 물품공급계약·건설공사도급계약 등을 맺은 자가 그 계약내용에 대하여 변경 등을 요구하는 경우가 있으나 일반적으로 계약은 쌍방 간에 합의된 의사표시로서 그 내용에 이의가 있는 경우에는 계약서에서 정한 방법에 따르거나 민사절차에 의하여 해결해야 하기 때문에 이 경우에는 민원인으로 보지 않는다.

(3) 성명·주소 등이 불명확한 자 등 대통령령으로 정하는 자

주소는 민원의 처리결과를 통지받을 수 있는 곳이면 가능하고, 반드시 민법상 주소만을 의미하는 것은 아니며 성명·주소 등을 잘못 기재하였으나 보완이 가능할 때는 민원인으로 보아야 한다.

03 행정기관

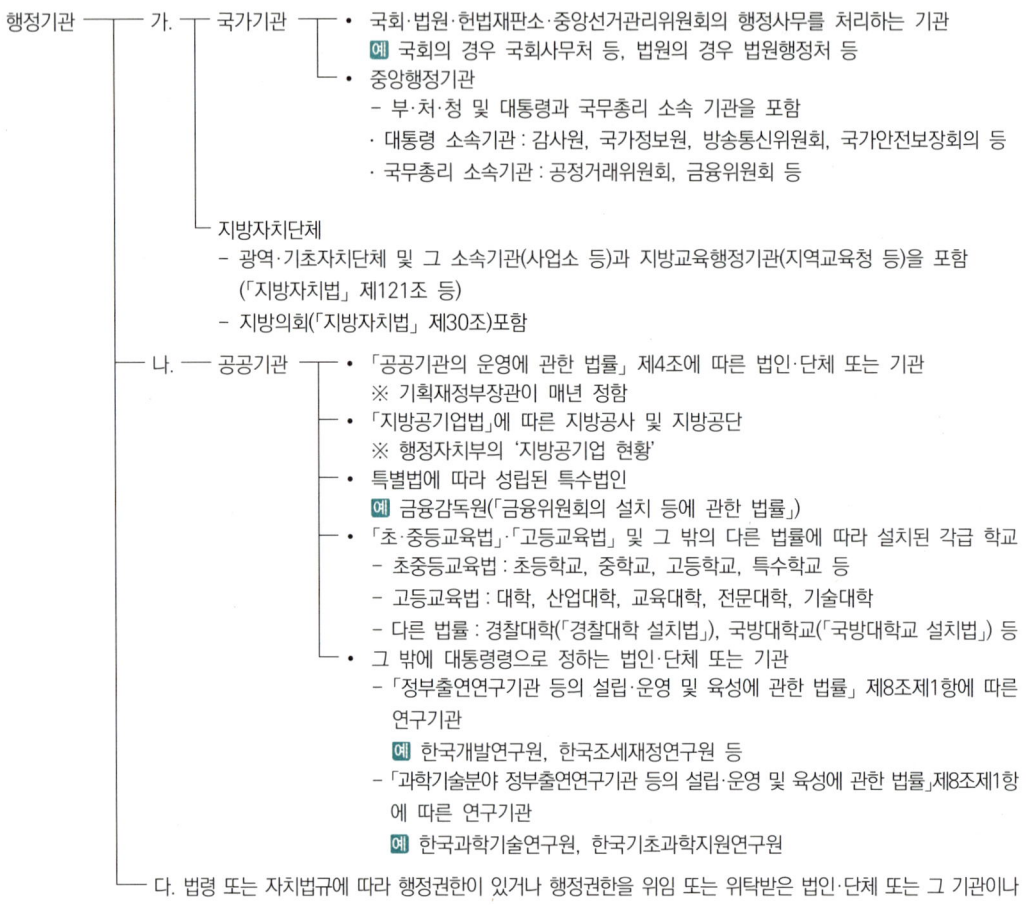

(1) 국회·법원·헌법재판소·중앙선거관리위원회의 행정사무를 처리하는 기관, 중앙행정기관(대통령 소속 기관과 국무총리 소속 기관을 포함)과 그 소속 기관, 지방자치단체와 그 소속 기관

(2) 공공기관

　1) 「공공기관의 운영에 관한 법률」에 따른 법인·단체 또는 기관

　2) 「지방공기업법」에 따른 지방공사 및 지방공단

　3) 특별법에 따라 설립된 특수법인

　4) 「초·중등교육법」·「고등교육법」 및 그 밖의 다른 법률에 따라 설치된 각급 학교

　5) 그 밖에 대통령령으로 정하는 법인·단체 또는 기관

(3) 법령 또는 자치법규에 따라 행정권한이 있거나 행정권한을 위임 또는 위탁받은 법인·단체 또는 그 기관이나 개인

주제 04 민원 처리 담당자의 권리와 의무

01 민원 처리 담당자의 권리와 의무

(1) 민원의 신속·공정·친절·적법 처리 의무(법 제4조)

민원을 처리하는 담당자는 담당 민원을 신속·공정·친절·적법하게 처리하여야 한다.

1) 신속히 처리하여야 한다.

민원은 국민의 이해관계와 직결되기 때문에 다른 업무에 우선하여 신속히 처리하여야하며, 법령이 정한 처리기한이 남아 있다거나 당해 민원과 관련되지 아니하는 공과금 등의 미납을 이유로 처리를 지연시켜서는 안된다.

2) 공정하게 처리하여야 한다.

모든 민원인에게 차별을 두지 않고 법규의 요건에 따라 공평하게 처리하여야 하며 사사로운 조건이나 인정 등으로 처리과정에 있어서 편견에 사로잡히거나 형평을 잃지 않도록 하여야 한다.

3) 친절하게 처리하여야 한다.

민원담당직원은 언어, 태도 등에 있어서 민원인에게 친절하고 공손히 대하여야 하며 민원인에게 베풀 수 있는 최대의 편의를 제공하여 안내하여야 한다.

4) 적법하게 처리하여야 한다.

민원을 처리하는 데 있어서 법규를 그릇되게 적용하거나 불분명한 상태로 처리함으로써 오류를 범하거나 이로 인한 민원이 야기되지 않도록 하여야 한다.

(2) 민원 처리 담당자의 의무와 보호

1) 원칙

민원을 처리하는 담당자는 담당 민원을 신속·공정·친절·적법하게 처리하여야 한다.

2) 행정기관 장의 조치 의무

① 행정기관의 장은 민원인 등의 폭언·폭행, 목적이 정당하지 아니한 반복 민원 등으로부터 민원 처리

담당자를 보호하기 위하여 민원 처리 담당자의 신체적·정신적 피해의 예방 및 치료 등 대통령령으로 정하는 필요한 조치를 하여야 한다.

② 행정기관의 장은 민원인과 담당자 간에 고소 고발 또는 손해배상 청구 등이 발생한 경우 이에 대응하는 업무를 총괄하는 전담부서를 지정해야 하고, 변호사 선임비용, 소송비용 등 소송 수행이나 수사 단계에서의 대응에 필요한 비용의 전부 또는 일부를 예산의 범위에서 지원할 수 있다.

③ 행정기관의 장은 민원 처리 담당자의 민원 처리 과정에서의 행위와 관련하여 인사상 불이익 조치 등을 하려는 경우에는 그 발생 경위 등을 충분히 고려해야 한다.

④ 행정기관의 장은 민원실의 규모, 방문 민원인 수, 위법행위 발생 빈도 등을 고려하여 행정안전부장관이 정하는 인력을 안전요원 등으로 배치할 수 있다.

3) 민원 처리 담당자의 보호조치 요구
① 민원 처리 담당자는 행정기관의 장에게 보호조치 등을 요구할 수 있다.
② 행정기관의 장은 민원 처리 담당자의 요구를 이유로 해당 민원 처리 담당자에게 불이익을 주어서는 아니 된다.

4) 보호조치 사항
① 민원 처리 담당자의 안전을 보장하기 위한 영상정보처리기기 호출장치 보호조치음성안내 등 안전장비의 설치 및 안전요원 등의 배치
② 민원인의 폭언 폭행 등이 발생하였거나 발생하려는 때에 증거 수집 등을 위하여 불가피한 조치로서 휴대용 영상음성기록장비, 녹음전화 등의 운영
③ 폭언 폭행, 무기 흉기 등 위험한 물건의 소지, 목적이 정당하지 않은 반복 중복 민원 제기를 통한 공무방해 행위, 그 밖에 다른 민원인이나 담당자에게 신체적 정신적 피해를 입히는 행위로 민원 처리를 지연시키거나 방해하는 민원인에 대한 퇴거 또는 일시적 출입 제한
④ 민원인의 폭언 폭행 등이 발생한 경우 민원인으로부터 민원 처리 담당자를 보호하기 위한 조치로서 민원 처리 담당자의 분리 또는 업무의 일시적 중단
⑤ 민원인의 폭언 폭행 등으로 인한 신체적 정신적 피해의 치료 및 상담 지원 및 폭언 폭행 등 형사처벌 규정을 위반한 행위를 한 민원인에 대한 수사기관에의 고발과 담당자가 위 민원인에 대한 고소를 희망하는 경우 해당 고소를 위한 행정적 절차적 지원
⑥ 민원인의 폭언 폭행 등으로 고소 고발 또는 손해배상 청구 등이 발생한 경우 민원 처리 담당자를 지원하기 위한 조치로서 관할 수사기관 또는 법원에 증거물 증거서류 제출 등 필요한 지원
⑦ 민원인과의 전화 또는 면담에 대한 1회당 권장 시간 설정. 이 경우 민원별 특성을 고려하여 권장 시간을 달리 설정할 수 있다.
⑧ 전화 또는 면담 중 민원인이 반복적 지속적으로 욕설, 협박 등 폭언을 하거나 모욕, 성희롱(성적인

언동 등을 통하여 성적 굴욕감 또는 혐오감을 느끼게 하는 행위를 말한다)을 한 경우, 권장 시간을 상당히 초과하여 공무를 방해한 경우는 전화나 면담의 종료 조치. 이 경우 그 조치 전에 해당 사유를 민원인에게 고지해야 한다.

주제 05 민원인 권리와 의무 및 정보보호

01 민원인의 권리와 의무

(1) 민원인의 권리
민원인은 행정기관에 민원을 신청하고 신속·공정·친절·적법한 응답을 받을 권리가 있다.

(2) 민원인의 의무
민원인은 민원을 처리하는 담당자의 적법한 민원처리를 위한 요청에 협조하여야 하고, 행정기관에 부당한 요구를 하거나 다른 민원인에 대한 민원 처리를 지연시키는 등 공무를 방해하는 행위를 하여서는 아니 된다.

「형법」

제136조(공무집행방해) ① 직무를 집행하는 공무원에 대하여 폭행 또는 협박한 자는 5년 이하의 징역 또는 1천만원 이하의 벌금에 처한다.
② 공무원에 대하여 그 직무상의 행위를 강요 또는 조지하거나 그 직을 사퇴하게 할 목적으로 폭행 또는 협박한 자도 전항의 형과 같다.

제137조(위계에 의한 공무집행방해) 위계로써 공무원의 직무집행을 방해한 자는 5년 이하의 징역 또는 1천만 원 이하의 벌금에 처한다.

「경범죄처벌법」

제3조(경범죄의 종류) ② 다음 각 호의 어느 하나에 해당하는 사람은 20만원 이하의 벌금, 구류 또는 과료의 형으로 처벌한다.
  3. (업무방해) 못된 장난 등으로 다른 사람, 단체 또는 공무수행 중인 자의 업무를 방해한 사람

02 민원인 정보보호

(1) 목적
행정기관에서 민원인 정보와 민원내용을 제3자에게 제공하여 또 다른 민원이 제기되는 등의 문제를 사전에 예방하고 국민이 자유롭게 민원을 제기할 수 있도록 하기 위함이다.

(2) 민원인 정보보호
행정기관의 장은 민원 처리와 관련하여 알게 된 민원의 내용과 민원인 및 민원의 내용에 포함되어 있는 특정인의 개인정보 등이 누설되지 아니하도록 필요한 조치를 강구하여야 하며, 수집된 정보가 민원 처리의 목적 외의 용도로 사용되지 아니하도록 하여야 한다.

(3) 민원인 정보보호를 위한 조치사항
1) 행정기관의 장은 인·허가 등과 관련한 민원인의 신청내용이 제3자에게 알려져서 민원인이 정당한 이익을 침해받을 우려가 있다고 판단되는 경우에는 동 민원에 대하여 심사·처리 과정에 있어서의 정보보호를 위한 구체적인 방법과 절차를 확립하여야 하며, 행정기관의 장은 정보 보호의 실태를 확인·점검하고, 민원을 처리하는 담당자에게 연 1회 이상 정보 보호에 필요한 교육을 실시하여야 한다.
2) 행정기관의 장은 확인·점검 결과 법령위반 사실을 발견하거나 정보 보호 조치가 미흡하다고 판단되는 경우에는 지체 없이 이를 시정하고, 담당자에 대하여 징계 또는 그 밖에 필요한 조치를 하여야 한다.

「개인정보보호법」

제15조(개인정보의 수집·이용) ① 개인정보처리자는 다음 각 호의 어느 하나에 해당하는 경우에는 개인정보를 수집할 수 있으며 그 수집 목적의 범위에서 이용할 수 있다.
1. 정보주체의 동의를 받은 경우
2. 법률에 특별한 규정이 있거나 법령상 의무를 준수하기 위하여 불가피한 경우
3. 공공기관이 법령 등에서 정하는 소관 업무의 수행을 위하여 불가피한 경우
4. 정보주체와의 계약의 체결 및 이행을 위하여 불가피하게 필요한 경우
5. 정보주체 또는 그 법정대리인이 의사표시를 할 수 없는 상태에 있거나 주소불명 등으로 사전 동의를 받을 수 없는 경우로서 명백히 정보주체 또는 제3자의 급박한 생명, 신체, 재산의 이익을 위하여 필요하다고 인정되는 경우
6. 개인정보처리자의 정당한 이익을 달성하기 위하여 필요한 경우로서 명백하게 정보주체의 권리보다 우선 하는 경우. 이 경우 개인정보처리자의 정당한 이익과 상당한 관련이 있고 합리적인 범위를 초과하지 아니하는 경우에 한한다.

② 개인정보처리자는 제1항제1호에 따른 동의를 받을 때에는 다음 각 호의 사항을 정보주체에게 알려야 한다. 다음 각 호의 어느 하나의 사항을 변경하는 경우에도 이를 알리고 동의를 받아야

한다.
1. 개인정보의 수집·이용 목적
2. 수집하려는 개인정보의 항목
3. 개인정보의 보유 및 이용 기간
4. 동의를 거부할 권리가 있다는 사실 및 동의 거부에 따른 불이익이 있는 경우에는 그 불이익의 내용

③ 개인정보처리자는 당초 수집 목적과 합리적으로 관련된 범위에서 정보주체에게 불이익이 발생하는지 여부, 암호화 등 안전성 확보에 필요한 조치를 하였는지 여부 등을 고려하여 대통령령으로 정하는 바에 따라 정보주체의 동의 없이 개인정보를 이용할 수 있다.

제17조(개인정보의 제공) ① 개인정보처리자는 다음 각 호의 어느 하나에 해당되는 경우에는 정보주체의 개인정보를 제3자에게 제공(공유를 포함한다. 이하 같다)할 수 있다.
1. 정보주체의 동의를 받은 경우
2. 제15조제1항제2호·제3호 및 제5호에 따라 개인정보를 수집한 목적 범위에서 개인정보를 제공하는 경우

② 개인정보처리자는 제1항제1호에 따른 동의를 받을 때에는 다음 각 호의 사항을 정보주체에게 알려야 한다. 다음 각 호의 어느 하나의 사항을 변경하는 경우에도 이를 알리고 동의를 받아야 한다.
1. 개인정보를 제공받는 자
2. 개인정보를 제공받는 자의 개인정보 이용 목적
3. 제공하는 개인정보의 항목
4. 개인정보를 제공받는 자의 개인정보 보유 및 이용 기간
5. 동의를 거부할 권리가 있다는 사실 및 동의 거부에 따른 불이익이 있는 경우에는 그 불이익의 내용

③ 개인정보처리자가 개인정보를 국외의 제3자에게 제공할 때에는 제2항 각 호에 따른 사항을 정보주체에게
알리고 동의를 받아야 하며, 이 법을 위반하는 내용으로 개인정보의 국외 이전에 관한 계약을 체결하여서는 아니 된다.

④ 개인정보처리자는 당초 수집 목적과 합리적으로 관련된 범위에서 정보주체에게 불이익이 발생하는지 여부, 암호화 등 안전성 확보에 필요한 조치를 하였는지 여부 등을 고려하여 대통령령으로 정하는 바에 따라 정보주체의 동의 없이 개인정보를 제공할 수 있다.

03 민원의 날

민원에 대한 이해와 인식 및 민원 처리 담당자의 자긍심을 높이기 위하여 매년 11월 24일을 민원의 날로 정하고, 국가와 지방자치단체는 취지에 적합한 기념행사를 개최할 수 있다.

제2장 민원인 정보보호

주제 06 민원의 신청 및 신청서, 구비서류

01 민원의 신청의 원칙

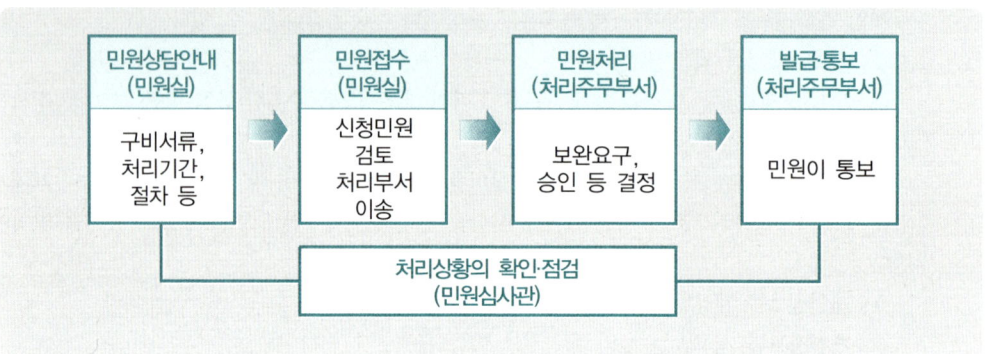

민원의 신청은 문서(전자문서를 포함)로 하여야 한다. 다만, 기타민원은 구술(口述) 또는 전화로 할 수 있다.

민원인 또는 그 위임을 받은 사람이 직접 방문할 필요가 없는 민원은 팩스·인터넷 등 정보통신망 또는 우편 등으로 신청할 수 있다.

> 「전자정부법」
> 제2조(정의) 이 법에서 사용하는 용어의 뜻은 다음과 같다.
> 7. "전자문서"란 컴퓨터 등 정보처리능력을 지닌 장치에 의하여 전자적인 형태로 작성되어 송수신되거나 저장되는 표준화된 정보를 말한다.
> 10. "정보통신망"이란 「전기통신기본법」 제2조제2호에 따른 전기통신설비를 활용하거나 전기통신설비와 컴퓨터 및 컴퓨터 이용기술을 활용하여 정보를 수집·가공·저장·검색·송신 또는 수신하는 정보통신 체제를 말한다.

02 증명서류 또는 구비서류의 전자적 제출

(1) 원칙

민원인은 민원의 처리에 필요한 증명서류나 구비서류를 전자문서나 전자화문서로 제출할 수 있다.

> 「전자정부법」
> 8. 전자화문서란 종이문서와 그 밖에 전자적 형태로 작성되지 아니한 문서를 정보시스템이 처리할 수 있는 형태로 변환한 문서를 말한다.

(2) 전자문서 제출의 예외

① 행정기관이 정보시스템을 구축하지 아니한 경우
② 정보시스템의 장애로 전자문서나 전자화문서로 증명서류나 구비서류를 받기 어려운 경우
③ 민원인이 발송한 전자문서나 전자화문서가 정보시스템을 통해 판독할 수 없는 상태로 수신된 경우
④ 전자문서나 전자화문서의 제출이나 수신 등에 관하여 다른 법령에 별도의 규정이 있는 경우 등 대통령령으로 정하는 사유가 있는 경우

(3) 민원인에게 통지

행정기관의 장은 민원의 처리에 필요한 증명서류나 구비서류를 전자문서나 전자화문서로 받을 수 없는 경우 그 사실을 민원인에게 지체 없이 알리고, 방문·우편·팩스 등 다른 방법을 활용하여 제출할 수 있도록 안내해야 한다.

03 증명서류 또는 구비서류의 전자적 확인 등

(1) 민원인은 민원처리 담당자가 해당 증명서류 또는 구비서류를 확인함에 있어, 행정정보의 공동이용을 활용하거나 서류를 다른 행정기관으로부터 전자문서로 직접 발급받기를 원할 경우, 증명서류 또는 구비서류 발급기관의 명칭과 그 서류의 명칭, 그 서류의 발급을 필요로 하는 민원사무의 명칭 등을 구체적으로 적은 문서(전자문서 포함)를 제출해야 한다.

(2) 행정기관과 증명서류발급기관은 정보시스템 장애로 증명서류 또는 구비서류를 전자문서로 보내거나 받을 수 없는 경우에는 우편 등으로 증명서류 또는 구비서류를 보내거나 받을 수 있다.

(3) 민원처리 담당자가 해당 증명서류 또는 구비서류를 확인함에 있어, 행정정보의 공동이용을 활용하거나 서류를 다른 행정기관으로부터 전자문서로 직접 발급받는 경우, 그 처리기간에 증명서류 또는 구비서류의 발급 및 확인에 걸리는 기간은 산입하지 않는다.

04 제출된 전자화문서의 진본성 확인

(1) 행정기관의 장은 민원인이 제출한 전자화문서가 다른 행정기관이 발급한 문서와 일치하는지에 대해 다른 행정기관에 그 확인을 요청할 수 있다.

(2) 확인을 요청받은 행정기관의 장은 그 진본성을 확인해 주어야 한다.

05 민원 신청서 및 구비서류 간소화

(1) 행정기관의 장은 신청서의 기재사항을 그 민원의 처리에 필요한 최소한의 범위로 한정하여야 하며, 민원인이 신청서를 쉽게 작성할 수 있도록 신청 서식을 명확하게 정하여야 한다.

(2) 행정기관의 장은 민원의 신청과 관련된 구비서류를 정하는 경우에는 신청서의 기재사항이 사실인지 확인하거나 그 민원의 처리에 필요한 최소한의 범위에서 구체적으로 정하여야 한다.

(3) 신청서 및 구비서류의 제출부수는 민원의 처리에 필요한 최소한으로 한정하여야 한다.

주제 07 민원취약계층에 대한 편의제공, 민원실, 민원편람

01 민원 신청의 편의제공

행정기관의 장은 민원실(민원실이 설치되지 아니한 기관의 경우에는 문서의 접수·발송을 주관하는 부서)에 민원 관련 법령·편람과 민원의 처리 기준과 절차 등 민원의 신청에 필요한 사항을 게시하고 이를 인터넷 홈페이지를 통하여 제공하는 등 민원인에게 민원 신청의 편의를 제공하여야 한다.

02 민원취약계층에 대한 편의제공

(1) 민원취약계층에 대한 편의제공

행정기관의 장은 민원의 신청 및 접수·처리 과정에서 민원취약계층(장애인, 임산부, 노약자 및 정보격차로 인하여 민원의 신청 등에 제약을 받는 사람)에 대한 편의를 제공하기 위하여 노력하여야 한다.

(2) 민원취약계층의 범위

1) 「장애인복지법」 제32조에 따라 등록된 장애인
2) 65세 이상인 사람
3) 「국민기초생활 보장법」에 따른 수급자
4) 「재한외국인 처우 기본법」에 따른 결혼이민자
5) 「북한이탈주민의 보호 및 정착지원에 관한 법률」에 따른 보호대상자
6) 「모자보건법」 제8조제1항에 따라 임신 또는 분만 사실을 신고한 임산부
7) 1)~6) 사람 외에 신체적·정신적·언어적 능력 등에서 어려움이 있어 민원 편의의 제공이 필요하다고 행정기관의 장이 인정하는 사람

(3) 민원취약계층 편의제공 사항

1) 휠체어, 점자 안내책자, 보청기기, 돋보기 등 편의용품 비치
2) 민원취약계층 전용 민원창구의 설치 및 운영
3) 정보시스템을 이용한 민원 처리 방법 등에 대한 안내 및 교육
4) 위 사항 외 행정기관의 장이 민원 편의를 위하여 필요하다고 인정하는 사항

(4) 민원취약계층에 대한 수수료 감면

1) 행정기관의 장은 민원취약계층에 대하여 민원 처리에 따른 수수료를 감면할 수 있다.
2) 행정기관의 장은 민원취약계층에 대한 민원 처리 수수료의 감면 비율이나 감면 금액을 정한 경우 이를 행정기관의 인터넷 홈페이지 등을 통해 공개해야 한다.

03 민원실

(1) 민원실의 설치

행정기관의 장은 민원을 신속히 처리하고 민원인에 대한 안내와 상담의 편의를 제공하기 위하여 민원실을 설치할 수 있다.

(2) 민원실 장의 역할

민원실의 장은 민원이 신속히 처리될 수 있도록 그 처리에 관한 모든 진행과정을 확인·관리하여야 한다.

(3) 민원실의 구성

1) 행정기관의 장은 소속 직원 중에서 행정실무경험이 풍부하고 근무태도가 성실한 사람을 민원실에 배치하여야 하며, 필요하다고 인정하는 경우에는 관계 기관의 장에게 소속 직원의 파견을 요청할 수 있다.
2) 행정기관의 장은 민원실에 2년 이상 근무한 사람을 전보 시 우대할 수 있다.

(4) 민원실 내 편의제공 및 시설 환경 개선 사항

1) 행정기관의 장은 민원인에게 편의를 제공하기 위하여 민원실에 민원을 신청하는 데 필요한 용지·필기구 등을 갖추어 두어야 한다.
2) 행정기관의 장은 민원인에게 편의를 제공하고 담당자의 안정적인 근무환경 조성을 위하여 민원실 시설·환경 등의 개선에 노력하여야 한다.

(5) 민원상담인

행정기관의 장은 민원인에 대한 안내와 상담을 위하여 필요하다고 인정되는 경우에는 행정실무에 관한 지식과 경험이 있는 사람을 민원상담인으로 위촉할 수 있다.

(6) 민원실의 운영방법

1) 민원실의 1일 운영시간은 오전 9시부터 오후 6시까지로 한다. 행정기관의 장은 민원의 효율적인 접수·처리와 민원인의 권리 보호를 위해 소관 민원의 성격·접수 형태, 방문 민원인 수 등을 고려하여 민원실 운영시간을 단축·연장·변경할 수 있다.
2) 민원실 운영시간을 단축·연장·변경하는 경우, 그 운영시간을 행정기관의 인터넷 홈페이지 및 민원실 주변에 게시해야 하며, 민원인의 불편을 최소화하기 위하여 필요한 편의를 제공해야 한다.
3) 행정기관의 장은 민원인 접근의 편의를 위하여 행정기관 외의 공공장소 등에 다양한 형태의 민원실을 설치하여 운영할 수 있으며 이 경우 설치 장소·목적 등을 고려하여 특정한 종류의 민원만을 처리하는 방식으로 운영할 수 있다.
4) 민원실의 운영시간이나 운영방법은 각 행정기관의 특성에 따라 행정안전부령 또는 해당 지방자치단체의 조례로 달리 정할 수 있다.

> **민원처리에 관한 법률 시행규칙**
>
> **제4조의2(민원실의 운영)** ① 행정기관(지방자치단체는 제외한다. 이하 이 조에서 같다)의 장은 영 제8조의3제3항에 따라 민원의 효율적인 접수·처리와 민원인의 권리 보호를 위해 소관 민원의 성격·접수 형태, 방문 민원인 수 등을 고려하여 민원실의 운영시간을 단축·연장·변경할 수 있다.
> ② 행정기관의 장은 제1항에 따라 민원실의 운영시간을 단축·연장·변경하는 경우에는 그 운영시간을 행정기관의 인터넷 홈페이지 및 민원실 주변에 게시해야 하며, 운영시간의 단축·연장·변경으로 인한 민원인의 불편을 최소화하기 위하여 필요한 편의를 제공해야 한다.

③ 행정기관의 장은 영 제8조의3제3항에 따라 행정기관 외의 장소에 민원실을 설치하여 운영하는 경우에는 설치 장소·목적 등을 고려하여 특정한 종류의 민원만을 처리하는 방식으로 운영할 수 있다.
④ 제1항 및 제2항에 따른 민원실의 운영시간 및 운영방법에 관한 사항은 행정기관의 장이 훈령·예규·고시 등(법 제2조제3호나목 및 다목에 따른 행정기관인 경우에는 내부규정을 말한다)으로 정한다.

04 민원편람

(1) 민원 편람의 비치

행정기관의 장은 민원인이 민원편람을 열람할 수 있도록 민원실에 민원편람을 비치하거나 컴퓨터를 설치하는 등 필요한 조치를 하여야 한다.

(2) 민원편람 게재사항

1) 민원편람에 민원의 종류별로 신청서식, 구비서류, 처리주무부서, 경유기관·협의기관, 처리절차, 처리기간, 심사기준, 수수료, 그 밖에 민원에 관한 안내에 필요한 사항을 분명히 적어야 한다.
2) 행정기관의 장은 무인민원발급창구를 통하여 발급할 수 있는 민원, 팩스·인터넷 등 정보통신망 또는 우편 등으로 신청할 수 있는 민원, 민원인이 구술하고 담당자가 그 사항을 문서로 작성하여 신청할 수 있는 민원은 그 종류를 정하여 민원실에 게시하거나 민원편람에 게재하여야 한다.

05 민원수수료의 납무방법 다양화

행정기관의 장은 민원인의 편의를 위하여 민원인이 현금·수입인지·수입증지 외의 다양한 방법으로 민원 처리에 따른 수수료 등을 납부할 수 있도록 조치하여야 한다.

주제 08 전자민원창구 및 통합전자민원창구

01 전자민원창구

(1) 전자민원창구의 개념

인터넷을 통하여 민원을 신청·접수받아 처리할 수 있는 정보시스템을 말한다.

(2) 정보시스템 구축·운영

1) 행정기관의 장은 인터넷을 통하여 민원을 신청·접수받아 처리할 수 있는 정보시스템을 구축·운영할 수 있다.
2) 전자민원창구를 구축하지 아니한 경우에는 통합전자민원창구를 통하여 민원을 신청·접수받아 처리할 수 있다.

(3) 관계 법령 등의 개선 및 조치

행정기관의 장은 민원인이 해당 기관을 직접 방문하지 아니하고도 민원을 처리할 수 있도록 관계법령 등을 개선하고 민원의 전자적 처리를 위한 시설과 정보시스템을 구축하는 등 필요한 조치를 하여야 한다.

02 통합전자민원창구 구축 및 운영

(1) 행정안전부장관은 전자민원창구의 구축·운영을 지원하고 각 행정기관의 전자민원창구를 연계하기 위하여 통합전자민원창구를 구축·운영할 수 있다.

(2) 행정안전부장관은 통합전자민원창구를 통하여 둘 이상의 민원을 일괄적으로 신청 받아 소관 행정기관에 이송하여 처리하게 할 수 있다.

03 통합전자민원창구와의 연계

(1) 행정기관의 장은 전자민원창구를 설치하려는 경우에는 특별한 사유가 없으면 하나의 창구로 설치해야 하며, 통합전자민원창구와 효율적으로 연계될 수 있도록 해야 한다.

(2) 행정안전부장관은 각 행정기관의 전자민원창구를 효율적으로 연계하기 위하여 필요한 경우에는 국제표준의 범위에서 전자민원창구의 인터넷주소에 관한 세부 기준을 정할 수 있다.

04 전자민원창구의 운영 및 처리사항 안내

(1) 전자민원창구를 이용한 처리사항
① 민원의 신청·접수, 민원문서의 이송 및 처리결과의 통지
② 처리기간 연장의 통지, 처리진행상황과 처리완료예정일 등 민원의 처리상황 안내
③ 법령, 민원편람 및 민원처리기준표 등 민원 처리와 관련된 정보의 제공의 사항

(2) 보안강화
행정기관의 장은 전자민원창구를 통하여 민원을 처리할 때에는 개인정보 보호 등을 위하여 보안 강화 및 그 밖에 필요한 조치를 하여야 한다.

05 전자민원창구 신청의 효과

민원인이 전자민원창구나 통합전자민원창구를 통하여 민원을 신청한 경우에는 관계법령 등에 따라 해당 민원을 소관하는 행정기관에 민원을 신청한 것으로 본다.

06 전자민원담당관 및 분임전자민원담당관

(1) 행정기관의 장은 전자민원창구를 효율적으로 운영하기 위하여 소속 공무원 중에서 전자민원담당관을 임명해야 한다. 이 경우 업무가 지나치게 많다고 판단되는 경우에는 그 업무의 일부를 분장하게 하기 위하여 분임전자민원담당관을 둘 수 있다.

(2) 행정기관의 장은 민원창구의 단일화와 업무의 효율적 처리를 위하여 민원심사관 또는 분임 민원심사관으로 하여금 전자민원담당관 또는 분임전자민원담당관을 겸임하게 할 수 있다.

07 수수료

(1) 수수료 감면
1) 행정기관의 장은 전자민원창구나 통합전자민원창구를 통하여 민원을 처리하는 경우에는 다른 법률에도 불구하고 수수료를 감면할 수 있다.
2) 행정기관의 장은 전자민원창구나 통합전자민원창구를 통하여 처리하는 민원에 대한 수수료의 감면 비율

이나 감면 금액을 정한 경우에는 행정안전부장관에게 통보해야 한다.
3) 행정안전부장관은 통보받은 감면 비율이나 감면 금액을 민원처리기준표에 반영해야 한다.

(2) 업무처리비용의 청구

행정기관의 장은 전자민원창구나 통합전자민원창구를 통하여 민원을 신청한 민원인이 정보통신망을 이용한 전자화폐·전자결제 등의 방법으로 수수료를 납부하는 경우에는 해당 수수료 외에 별도의 업무처리비용을 함께 청구할 수 있다.

08 전자민원창구 이용 제한

행정기관의 장은 민원인 또는 그 위임을 받은 자가 동일한 민원을 반복하여 신청함으로써 민원 처리를 지연시키는 등 공무를 방해하는 경우에는 해당 민원인 또는 그 위임을 받은 자의 전자민원창구 또는 통합전자민원창구의 이용을 제한할 수 있다.

09 전자민원창구 이용 제한

행정기관의 장은 전자민원창구 또는 통합전자민원창구를 통하여 전자증명서를 발급할 수 있고, 이 경우 수수료를 감면할 수 있음

※ 행정기관의 장이 특정한 사실이나 관계 등을 증명하기 위하여 전자문서 및 전자화문서로 발급하는 민원문서

주제 09 　민원의 접수

01 　민원의 접수 의의

행정기관의 장은 민원의 신청을 받았을 때에는 다른 법령에 특별한 규정이 있는 경우를 제외하고는 그 접수를 보류하거나 거부할 수 없으며, 접수된 민원문서를 부당하게 되돌려 보내서는 아니 된다.

02 　민원 접수 절차

(1) 민원실 접수

민원문서는 민원실(전자민원창구 포함)에서 접수하며 민원실이 설치되어 있지 않은 경우에는 문서담당부서 또는 처리주무부서에서 접수한다.

(2) 접수증 발급

행정기관의 장은 민원을 접수하였을 때에는 해당 민원인에게 접수증을 내주어야 한다.

```
                          접 수 증
            제    호              접수일:
    ① 민원명
    ② 민원인(대표자 또는 대리인)
    ③ 처리완료 예정일
    ④ 처리주무부서              (전화번호:       )
    ⑤ 안내사항

                     민원 접수자:
                       (전화번호:            )
                       (기관명)
```

다만, 기타민원과 민원인이 직접 방문하지 아니하고 신청한 민원(팩스, 인터넷, 우편 등으로 신청한 민원) 및 처리기간이 '즉시'인 민원, 접수증을 갈음하는 문서를 주는 민원(예 검사수수료 영수증)은 대통령령으로 정하는 경우에는 접수증 교부를 생략할 수 있다.

(3) 대표자를 정하여 신청하는 민원

2명 이상의 민원인이 대표자를 정하여 신청한 민원을 접수하였을 때에는 그 대표자에게 하나의 접수증을 발급한다.

03 민원문서 표시인

행정기관의 장은 민원문서를 접수할 때에는 그 민원문서의 왼쪽 윗부분에 민원문서 표시인을 찍어야 함. 다만, 전자문서로 접수 하는 경우에는 민원문서 표시인을 전자적 형태로 나타낼 수 있다.

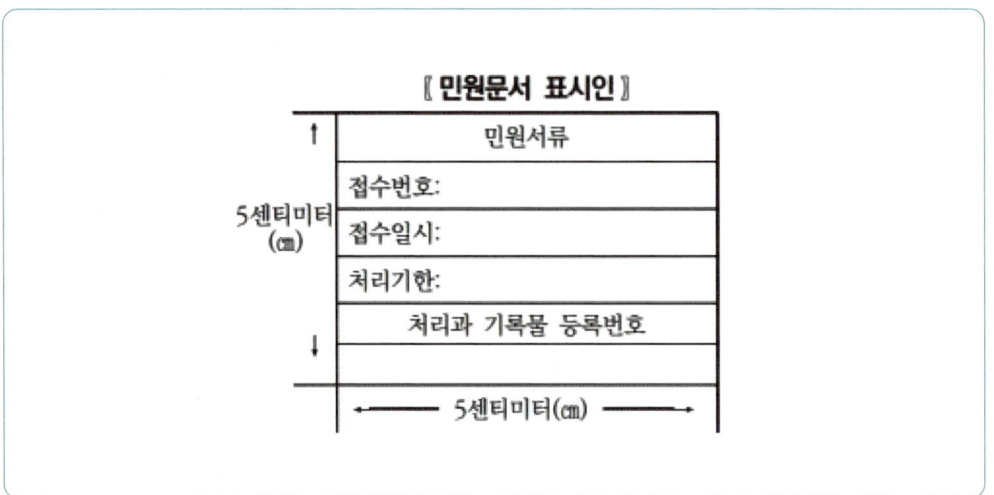

04 민원처리부 기록·관리

민원실 등에서 민원을 접수하였을 때에는 그 순서에 따라 민원 처리부에 기록하여 관리하여야 함. 다만, 가족관계등록·주민등록·병무(兵務)·인감·세무관계 등 취급건수가 많은 민원의 접수는 해당 행정기관의 장이 정하는 서식에 따를 수 있으며, 민원의 접수 편의와 효율적인 자료관리 등을 위하여 필요하다고 인정할 때에는 전자적 시스템으로 작성·관리할 수 있다.

【 민원 처리부 】

| 접수번호 | 접수일 | 처리부서 | 처리기한 | 신청방법 | 민원유형 | 민원인 | | | 민원내용 | 처분 | | 비고 |
						이름	전화번호	주소		내용	처분일	

05 민원 접수 시 안내 사항

행정기관의 장은 민원을 접수하였을 때에는 구비서류의 완비 여부, 처리 기준과 절차, 예상 처리소요기간, 필요한 현장확인 또는 조사 예정시기 등을 해당 민원인에게 안내하여야 한다.

06 민원 접수 시 본인확인

행정기관의 장은 민원을 접수할 때 필요하다고 인정되는 경우에는 해당 민원인 본인 또는 그 위임을 받은 사람이 맞는지 확인할 수 있다.

07 민원의 병합 접수

행정기관의 장은 5명 이상의 민원인으로부터 동일한 취지의 민원을 접수할 때에는 이를 병합하여 접수할 수 있다.

08 전자민원창구를 통한 민원의 접수

행정기관의 장은 전자민원창구를 통하여 민원이 신청된 경우에는 그 민원이 소관 행정기관의 전자민원창구에 도달한 때부터 8근무시간 이내에 접수해야 한다.

주제 10 불필요한 서류 요구의 금지

(1) 불필요한 서류 요구 금지
행정기관의 장은 민원을 접수·처리할 때에 민원인에게 관계법령 등에서 정한 구비서류 외의 서류를 추가로 요구하여서는 아니 된다.

(2) 사본 제출 허용
행정기관의 장은 동일한 민원서류 또는 구비서류를 복수로 받는 경우에는 특별한 사유가 없으면 원본과 함께 그 사본의 제출을 허용하여야 한다.

> 「전자정부법」
>
> 제36조(행정정보의 효율적 관리 및 이용) ① 행정기관등의 장은 수집·보유하고 있는 행정정보를 필요로 하는 다른 행정기관 등과 공동으로 이용하여야 하며, 다른 행정기관 등으로부터 신뢰할 수 있는 행정정보를 제공받을 수 있는 경우에는 같은 내용의 정보를 따로 수집하여서는 아니 된다.

(3) 민원처리담당자 직접 확인처리
1) 행정기관의 장은 민원을 접수·처리할 때에 다음에 해당하는 경우에는 민원인에게 관련 증명서류 또는 구비서류의 제출을 요구할 수 없으며, 그 민원을 처리하는 담당자가 직접 이를 확인·처리하여야 한다.
   ① 민원인이 소지한 주민등록증·여권·자동차운전면허증 등 행정기관이 발급한 증명서로 그 민원의 처리에 필요한 내용을 확인할 수 있는 경우
   ② 해당 행정기관의 공부(公簿) 또는 행정정보로 그 민원의 처리에 필요한 내용을 확인할 수 있는 경우
   ③ 「전자정부법」따른 행정정보의 공동이용을 통하여 그 민원의 처리에 필요한 내용을 확인할 수 있는 경우
   ④ 행정기관이 증명서류나 구비서류를 다른 행정기관으로부터 전자문서로 직접 발급받아 그 민원의 처리에 필요한 내용을 확인할 수 있는 경우로서 민원인이 행정기관에 미리 해당 증명서류 또는 구비서류에 대하여 관계법령등에서 정한 수수료 등을 납부한 경우
2) 행정기관의 장이 위 내용 따라 증명서류나 구비서류를 확인·처리한 경우에는 관계법령등에서 정한 절차에 따라 증명서류나 구비서류를 확인·처리한 것으로 본다.

(4) 이미 제출된 서류의 재요구 금지
행정기관의 장은 원래의 민원의 내용 변경 또는 갱신 신청을 받았을 때에는 특별한 사유가 없으면 이미 제출되어 있는 관련 증명서류 또는 구비서류를 다시 요구하여서는 아니 된다.

주제 11 민원인의 요구에 의한 본인정보 공동이용

01 본인정보 공동이용

민원인은 행정기관이 컴퓨터 등 정보처리능력을 지닌 장치에 의하여 처리가 가능한 형태로 본인에 관한 행정정보를 보유하고 있는 경우 민원을 접수·처리하는 기관을 통하여 행정정보 보유기관의 장에게 본인에 관한 증명서류 또는 구비서류 등의 행정정보(법원의 재판사무·조정사무 및 그 밖에 이와 관련된 사무에 관한 정보는 제외)를 본인의 민원 처리에 이용되도록 제공할 것을 요구할 수 있다.

02 서류 요구 금지

민원인이 본인정보 공동이용을 요구한 경우 민원을 접수·처리하는 기관의 장은 민원인에게 관련 증명서류 또는 구비서류의 제출을 요구할 수 없으며, 행정정보 보유기관의 장으로부터 해당 정보를 제공받아 민원을 처리하여야 한다.

03 본인정보 공동이용의 절차

(1) 절차

1) 민원인은 본인에 관한 행정정보의 제공을 요구하는 경우에는 본인정보의 종류, 접수하려는 민원 및 민원처리기관을 명시하여 민원접수기관의 장에게 신청해야 한다.
2) 신청을 받은 민원접수기관의 장은 그 내용을 지체 없이 행정정보 보유기관의 장에게 전달해야 한다.
3) 본인정보 제공 요구를 받은 행정정보 보유기관의 장은 해당 정보를 컴퓨터 등 정보처리능력을 지닌 장치에 의하여 처리가 가능한 형태로 본인 또는 본인이 지정한 민원처리기관에 지체 없이 제공하여야 한다. 다만, 아래와 같 제한 또는 거절의 사유에 해당하는 경우에는 그러하지 아니하다.

   1. 법률에 따라 열람이 금지되거나 제한되는 경우
   2. 다른 사람의 생명·신체를 해할 우려가 있거나 다른 사람의 재산과 그 밖의 이익을 부당하게 침해할 우려가 있는 경우
   3. 공공기관이 다음 각 목의 어느 하나에 해당하는 업무를 수행할 때 중대한 지장을 초래하는 경우
      가. 조세의 부과·징수 또는 환급에 관한 업무
      나. 「초·중등교육법」 및 「고등교육법」에 따른 각급 학교, 「평생교육법」에 따른 평생교육시설, 그 밖의 다른 법률에 따라 설치된 고등교육기관에서의 성적 평가 또는 입학자 선발에 관한 업무

다. 학력·기능 및 채용에 관한 시험, 자격 심사에 관한 업무
라. 보상금·급부금 산정 등에 대하여 진행 중인 평가 또는 판단에 관한 업무
마. 다른 법률에 따라 진행 중인 감사 및 조사에 관한 업무
4) 행정정보 보유기관의 장은 「개인정보 보호법」 따른 제한 또는 거절의 사유 등으로 본인정보 제공을 거절한 경우에는 지체 없이 해당 사실 및 그 사유를 민원접수기관을 통하여 민원인에게 알려야 한다.
5) 행정정보 보유기관의 장은 전산시스템 장애 등으로 본인정보 제공이 지연되거나 어려운 경우에는 지체 없이 해당 사실 및 그 사유를 민원접수기관을 통하여 민원인에게 알리고, 그 사유가 해소된 즉시 본인정보를 제공해야 한다.

(2) 민원인의 본인 증명방법

1) 「전자정부법」 따른 민원인의 본인 확인 방법
2) 행정기관이 보유하고 있는 지문 등의 생체정보를 이용하는 방법
3) 「주민등록법」, 「도로교통법」, 「여권법」 따라 신분증명서의 진위를 확인하는 방법

> **「전자정부법」**
>
> **제10조(전자정부서비스를 제공받는 자에 대한 본인 확인)** 행정기관등의 장은 전자정부서비스를 제공할 때 해당 이용자 등의 신원을 확인할 필요가 있는 경우에는 「전자서명법」 제2조제2호에 따른 전자서명이나 국회규칙, 대법원규칙, 헌법재판소규칙, 중앙선거관리위원회규칙 및 대통령령으로 정하는 방법으로 그 신원을 확인할 수 있다.

(3) 수수료 감면

행정기관의 장은 컴퓨터 등 정보처리능력을 지닌 장치에 의하여 처리가 가능한 형태로 행정정보를 제공하는 경우에는 다른 법률에도 불구하고 수수료를 감면할 수 있다.

04 행정정보를 제공받아 이용하는 장의 역할

다른 기관으로부터 행정정보를 제공받아 이용하는 행정기관의 장은 해당 행정정보가 위조·변조·훼손·유출 또는 오용·남용되지 아니하도록 적절한 보안대책을 마련하여야 하며, 행정안전부장관은 이에 대한 실태를 점검할 수 있다.

05 행정안전부장관의 역할

1) 행정안전부장관은 민원인이 행정정보 보유기관의 장에게 요구할 수 있는 본인에 관한 행정정보의 종류

를 보유기관의 장과 협의하여 정하고, 이를 국민에게 공표하여야 한다.
2) 행정안전부장관은 「전자정부법」 따른 행정정보 공동이용센터를 통하여 안전하고 신뢰할 수 있는 방법으로 정보시스템을 연계하는 등 해당 행정정보의 위조·변조·훼손·유출 또는 오용·남용을 방지하여야 한다.

> 제7조의3(민원인의 요구에 의한 본인정보 공동이용) ① 민원인은 법 제10조의2제1항에 따라 본인에 관한 행정정보(이하 "본인정보"라 한다)의 제공을 요구하는 경우에는 본인정보의 종류, 접수하려는 민원 및 민원처리기관을 명시하여 민원접수기관의 장에게 신청해야 한다.
> ② 제1항에 따른 신청을 받은 민원접수기관의 장은 그 내용을 지체 없이 행정정보 보유기관의 장에게 전달해야 한다.
> ③ 제2항에 따라 본인정보 제공 요구를 전달받은 행정정보 보유기관의 장은 법 제10조의2제2항에 따라 해당 민원처리기관에 본인정보를 제공해야 한다.
> ④ 행정정보 보유기관의 장은 「개인정보 보호법」 제35조제4항에 따른 제한 또는 거절의 사유 등으로 제3항에 따른 본인정보 제공을 거절한 경우에는 지체 없이 해당 사실 및 그 사유를 민원접수기관을 통하여 민원인에게 알려야 한다.
> ⑤ 행정정보 보유기관의 장은 전산시스템 장애 등으로 제3항에 따른 본인정보 제공이 지연되거나 어려운 경우에는 지체 없이 해당 사실 및 그 사유를 민원 접수기관을 통하여 민원인에게 알리고, 그 사유가 해소된 즉시 본인정보를 제공해야 한다.
> ⑥ 법 제10조의2제2항제12호에서 "대통령령으로 정하는 법률의 관련 규정"이란 「과세자료의 제출 및 관리에 관한 법률」 제11조제1항 본문을 말한다.
> ⑦ 법 제10조의2제3항 및 제8항에 따라 행정안전부 장관이 행정정보 보유기관의 장과 협의하여 정할 수 있는 본인정보의 종류 및 세부유형은 다음 각 호와 같다.
>   1. 개인의 신원에 관한 다음 각 목의 본인정보
>   가. 주민등록표 등 개인의 신원에 관한 사실을 확인하기 위하여 필요한 본인정보
>   나. 병적증명서 등 개인의 경력에 관한 사항 등을 확인하기 위하여 필요한 본인정보
>   2. 등기사항증명서 등 법인 또는 그 밖의 단체의 지위 및 성격을 파악하기 위하여 필요한 본인정보
>   3. 개인 또는 법인, 그 밖의 단체(이하 "개인등"이라 한다)의 자격의 증명에 관한 다음 각 목의 본인정보
>   가. 국가기술자격 증명 등 개인등의 자격을 확인하기 위하여 필요한 본인정보
>   나. 인가·허가 등 행정청의 처분의 존재 여부를 확인하기 위하여 필요한 본인정보
>   4. 물건 또는 법률상의 권리에 관한 다음 각 목의 본인정보
>   가. 부동산등기부 또는 자동차등록증 등 부동산 또는 동산의 권리를 확인하기 위하여 필요한 본인정보
>   나. 특허등록원부 등 법률상 등록 또는 등기된 권리의 내용에 관한 본인정보
>   5. 토지 등 특정한 물건이나 그 밖의 권리의 소재(所 在)·형상 및 그에 대한 평가를 확인하기 위하여 필요한 다음 각 목의 본인정보
>   가. 지적도, 임야도 등 특정한 부동산의 소재, 그 현황 등에 대하여 행정기관이 작성한 본인정보

나. 개별공시지가 확인서 등 특정한 물건에 대한 객관적인 평가 또는 가치 등에 대하여 행정기관이 작성한 정보로서 다른 개인등의 업무수행에 필요한 본인정보
　6. 개인등의 행위에 대한 사실을 증명하기 위하여 필요한 다음 각 목의 본인정보
　　　가. 출입국증명, 국내거소사실증명 등 개인의 소재 및 지위 등의 확인을 위하여 필요한 본인정보
　　　나. 납세증명, 각종 등록확인증 등 개인등의 법령에 따른 행위의 존재 여부 및 법령상의 의무 준수 여부를 확인하기 위하여 필요한 본인정보
　7. 그 밖에 행정기관이 민원처리 등 소관 업무를 수행하는 데에 반드시 필요한 본인정보
⑧ 본인정보를 제공받으려는 민원처리기관의 장은 법 제10조의2제7항에 따라 암호화, 전산시스템 접근통제 및 접속기록관리 등의 보안대책을 마련해야 한다.
⑨ 행정안전부장관은 제8항에 따른 보안대책 수립에 필요한 세부 기준을 정할 수 있다.
⑩ 행정안전부장관은 법 제10조의2제7항에 따라 실태점검을 하는 경우 민원처리기관의 장에게 점검항목·절차 및 시기 등을 미리 알려야 하고, 필요한 자료의 제출을 요구할 수 있다.
⑪ 민원처리기관은 법 제10조의2에 따라 본인정보의 공동이용에 관한 사무를 수행하기 위하여 불가피한 경우 「개인정보 보호법」 제23조에 따른 건강에 관한 정보나 같은 법 시행령 제19조제1호부터 제4호까지의 규정에 따른 주민등록번호, 여권번호, 운전면허의 면허번호 또는 외국인등록번호가 포함된 자료를 처리할 수 있다.
⑫ 제1항부터 제11항까지에서 규정한 사항 외에 민원인의 요구에 의한 본인정보 공동이용에 필요한 사항은 행정안전부장관이 정하여 고시한다.

06 정보의 최신성 유지

1) 민원인이 본인정보 제공을 요구할 때에는 행정정보 보유기관의 장에게 본인정보의 정확성 및 최신성이 유지될 수 있도록 정기적으로 같은 내역의 본인정보를 민원처리기관에 제공할 것을 요구할 수 있다.
2) 정기적인 본인정보 제공을 요구한 민원인은 그 요구를 철회할 수 있다.

민원인의 요구에 의한 본인정보 공동이용 운영 지침

제1조(목적) 이 지침은 「민원 처리에 관한 법률」(이하 "법"이라 한다) 제10조의2 및 같은 법 시행령(이하 "영"이라 한다) 제7조의2, 제7조의3의 규정에 따라 본인에 관한 행정정보(이하 "본인정보"라 한다)의 제공 요구 및 전자적 제공 등의 업무와 관련된 세부사항을 정함을 목적으로 한다.

제2조(정의) 이 지침에서 사용하는 용어의 정의는 다음과 같다.
　1. "본인정보 공동이용"이란 행정기관이 민원인의 제공 요구에 따라 본인정보를 제공하고 민원처리 기관이 법 제10조의2에 따라 제공받은 본인정보를 활용해 민원을 처리하는 일련의 활동을 말한다.
　2. "민원접수기관"이란 민원인으로부터 민원의 처리 및 본인정보 제공 요구를 신청받는 기관을 말한다.

3. "행정정보보유기관"이란 민원접수기관으로부터 본인정보 제공 요구를 전달받아 민원처리기관에 그 본인정보를 제공하는 기관을 말한다.
4. "민원처리기관"이란 행정정보보유기관으로부터 본인정보를 제공받아 접수기관으로부터 이송된 민원을 처리하는 기관을 말한다.
5. "본인정보 유통 내역"이란 행정정보보유기관이 민원처리기관에게 본인정보를 전자적으로 제공하는 과정에서 발생한 본인정보 제공·이용 등의 기록을 의미한다.
6. "보안저장소"란 민원처리기관이 제공받은 본인정보를 안전하게 보관하고 본인정보 이용 내역을 저장할 수 있는 데이터저장소를 말한다.

제3조(적용범위) 이 지침은 행정안전부, 행정정보보유기관, 민원접수·처리기관의 본인정보 공동이용에 대하여 적용한다.

제4조(다른 지침 등과의 관계) 민원인의 요구에 의한 본인정보 공동이용에 관하여 이 지침에서 규정하지 않은 사항은 다른 지침 등에 의한다.

제5조(행정안전부의 역할) 행정안전부는 다음 각 호의 업무를 수행한다.
1. 본인정보 공동이용의 추진계획 수립 및 시책 마련
2. 본인정보 공동이용 지원 시스템 구축 및 운영·관리
3. 본인정보 공동이용의 효율적 운영을 위한 기술 지원
4. 민원처리기관의 보안에 대한 실태점검
5. 그 밖에 본인정보 공동이용에 관하여 필요한 업무

제6조(행정정보보유기관의 역할) 행정정보보유기관은 다음 각 호의 업무를 수행한다.
1. 민원인에게 제공할 수 있는 본인정보 협의
2. 민원인의 요청에 따른 본인정보 제공 의무 이행
3. 본인정보 공동이용 지원 시스템과의 적정한 연계 확보 및 유지
4. 본인정보 제공 내역 관리
5. 영 제7조의2 제4항 및 제5항에 따른 민원접수기관에 대한 통지
6. 그 밖에 본인정보 공동이용에 관하여 필요한 업무

제7조(민원접수·처리기관의 역할) ① 민원접수기관은 다음 각 호의 업무를 수행한다.
1. 본인정보 공동이용을 위한 전담관리자의 지정
2. 민원인의 본인증명 수단 제공 및 본인정보 제공 요구 접수 및 전달
3. 영 제7조의2 제4항 및 제5항에 따른 민원인에 대한 통지
4. 그 밖에 본인정보 공동이용에 관하여 필요한 업무
② 민원처리기관은 다음 각 호의 업무를 수행한다.
1. 본인정보 공동이용을 위한 전담관리자의 지정
2. 본인정보 이용 내역 관리
3. 보안저장소 및 제공받은 본인정보의 안전한 관리

4. 그 밖에 본인정보 공동이용에 관하여 필요한 업무

제8조(본인정보 공동이용 지원 시스템의 구축·운영) 행정안전부는 법 제10조의2제4항에 따라 행정정보보유기관의 본인정보 관리 시스템과 민원 접수·처리기관의 민원 관련 시스템을 연계하여 본인정보 공동이용을 위해 필요한 지원 시스템을 구축·운영한다.

제9조(본인정보 공동이용 기관 신청 절차 등) ① 본인정보 공동이용을 원하는 기관은 별지 제1호서식에 따른 본인정보 공동이용 기관 신청서와 별지 제2호서식에 따른 환경조사표를 작성하여 행정안전부장관에게 제출하여야 한다.
② 제1항에 따른 신청이 있는 경우에는 행정안전부장관은 본인정보 공동이용 기관으로 지정하기에 적합한지 여부를 확인하기 위해 본인정보 공동이용 환경조사표의 본인정보 저장방식, 세부 보안수준 등에 대해 현장실사를 할 수 있다.
③ 행정안전부장관은 제1항 및 제2항을 고려하여 적합하다고 인정된 경우에는 본인정보 공동이용 기관으로 지정하여 통보한다.

제10조(전담관리자의 지정 등) ① 민원접수·처리기관의 장은 본인정보 공동이용을 위한 전담관리자를 지정하여야 한다. 다만, 민원접수기관과 민원처리기관이 동일한 경우에는 한 명의 전담관리자만 지정하고, 행정정보 공동이용 지침 제19조에 따라 지정된 공동이용관리자가 있는 경우 그 공동이용관리자가 전담관리자가 될 수 있다.
② 전담관리자는 다음 각 호의 업무를 수행한다.
 1. 본인정보 공동이용 지원 시스템 이용 권한 부여
 2. 민원접수·처리기관 정보시스템의 운영·통제
 3. 민원접수·처리기관 정보시스템에 대한 보안대책 수립 및 실태점검 실시
 4. 그 밖에 본인정보 공동이용 운영에 관하여 필요한 사항

제11조(제공 요구) 본인정보 공동이용을 하고자 하는 민원인은 별지 제3호서식에 따른 본인정보 제공 요구서(이하 "제공 요구서"라 한다)를 작성하여 민원접수기관을 통해 신청하여야 한다.

제12조(제공 요구서) ① 민원접수·처리기관이 제공 요구 서식(전자문서를 포함한다)을 별도로 정하여 사용하는 경우에도 별지 제3호서식의 내용이 반영되도록 하여야 한다.
② 민원접수기관은 제공 요구서를 받으면 지체없이 행정정보보유기관에 전달해야 한다. 다만, 행정정보보유기관이 별도로 정하는 경우에는 그에 따른다.

제13조(정기적 제공 요구 등) ① 민원인은 영 제7조의3에 따른 요구를 할 때 주기와 종료시점을 정할 수 있다.
② 민원인은 제1항에 따른 정기적 제공 요구를 철회하고자 할 때 별지 제4호서식에 따른 정기적 제공 철회 요구서를 작성하여 제출해야 한다.

제14조(제공 불가 등에 따른 통지) 행정정보보유기관이 영 제7조의2제4항 및 제5항에 따른 통지를 할 때 그 요구가 영 제7조의3제1항에 해당하는 경우에는 민원처리기관을 통해서 할 수 있다.

제5조(보안저장소의 구비) 민원처리기관은 본인정보를 저장할 수 있는 보안저장소를 구비하여야 한다.

제6조(본인정보 등의 보유기간) 민원처리기관이 제공받은 본인정보(제공 요구서 등 각종 신청서를 포함한다)의 보유기간은 다음 각 호의 기준을 따른다. 이 경우 제1호, 제2호 및 제3호의 기간이 상이한 경우에는 그 중 장기(長期)인 것에 따른다.
 1. 본인정보를 통해 처리한 민원에 관한 법령 등에 보존기간이 정해진 경우에는 그 보존기간
 2. 「공공기록물 관리에 관한 법률 시행령」 별표 1에 따른 보존기간
 3. 행정정보보유기관과 민원처리기관이 협의에 따라 보존기간을 정한 경우에는 그 보존기간
 4. 제1호부터 제3호까지의 보존기간 외의 경우에는 3년

주제 12 다른 행정기관 등을 이용한 민원의 접수·교부

01 다른 행정기관 등을 이용한 민원 의의

(1) 행정기관의 장은 민원인의 편의를 위하여 그 행정기관이 접수하고 처리결과를 교부하여야 할 민원을 다른 행정기관이나 특별법에 따라 설립되고 전국적 조직을 가진 법인 중 대통령령으로 정하는 법인(「농업협동조합법」에 따라 설립된 조합과 농업협동조합중앙회(이하 "농협"), 「새마을금고법」에 따라 설립된 새마을금고 및 새마을금고중앙회(이하 "새마을금고")로 하여금 접수·교부하게 할 수 있다.

(2) 전화, 방문, 정부24 내 별도로 구축된 '어디서나 민원처리시스템'을 이용하여 민원을 접수하고 팩스를 이용하여 송·수신하여 처리 후 민원문서를 민원인에게 발급한다.

> 접수기관 : 민원문서 발급을 신청 받거나 인·허가 민원 등 처리를 요청받은 기관
> - 처리(증명)기관 : 접수기관으로부터 이송된 민원 신청 사항을 처리하는 기관
> - 교부기관 : 신청 민원인이 민원처리 결과를 교부 받기 위해 지정한 기관
>   * 민원을 신청한 기관뿐만 아니라 민원인이 지정하는 기관에서도 교부 가능

02 다른 행정기관 등을 이용한 민원의 접수

(1) 절차

1) 민원을 접수한 다른 행정기관이나 농협 또는 새마을금고는 그 민원을 지체 없이 소관 행정기관에 보내야 한다.

2) 민원을 받은 소관 행정기관은 그 민원을 신속히 처리하고 그 처리 결과를 민원인이 교부 받으려는 다른 행정기관이나 농협 또는 새마을금고에 보내야 한다.
   이 경우 접수기관이 소관 행정기관으로부터 해당 민원과 관련한 신청서·구비서류 등의 송부를 요청받은 경우에는 지체 없이 이를 송부하여야 한다.

(2) 관인

민원문서를 교부하는 다른 행정기관의 장은 소관 행정기관의 관인(전자이미지 관인을 포함한)을 생략하고 해당 기관의 관인을 찍어 민원문서를 교부할 수 있다. 다만, 법령상 또는 그 민원의 성질상 소관 행정기관의 관인을 찍을 필요가 있는 민원문서에는 소관 행정기관의 관인을 찍어야 한다.

(3) 교부제한

민원을 받은 소관 행정기관의 장은 동일한 민원인이 동시에 많은 양의 동일한 증명서 등 문서(전자문서

제외)의 교부를 신청하여 처리기간 내에 처리하기 어려운 경우에는 20통마다 처리기간을 1일씩 연장하여 교부할 수 있다.

(4) 수수료

다른 행정기관 등을 이용하여 민원을 신청하는 경우에는 관계법령 등에서 정한 수수료 외에 업무처리비 등 추가비용을 교부기관에 납부하여야 한다.

- 사립대학 소관 민원의 경우 업무처리비와 발급수수료를 징수하여 업무처리비를 해당 사립대학에 정산

  ※ 수수료 및 업무처리비
  - 초·중·고 교육민원 지자체에서 발급 시 : 수수료 300원
  - 대학민원을 교육청(교육청, 교육지원청)에서 발급 시 : 수수료 300원, 사립대의 경우 업무처리비 1,000원 추가 징수
  - 대학민원을 지자체(읍·면·동)에서 발급 시 : 수수료 300원, 사립대 업무처리비 1,000원

03 다른 행정기관 등을 이용한 민원의 고시

행정안전부장관은 다른 행정기관이나 농협 또는 새마을금고를 통하여 접수·처리할 수 있는 민원의 종류, 접수·교부 기관 및 추가비용 등을 관계 행정기관의 장과 협의하여 정한 후 고시하여야 한다. 이 경우 농협이 접수·교부할 수 있는 민원은 농업협동조합중앙회장과 협의하고, 새마을금고가 접수·교부할 수 있는 민원은 새마을금고중앙회장과 협의하여야 한다.

04 통합 접수 교부

1) 다른 행정기관이나 농협 또는 새마을금고는 민원인이 소관 행정기관이 다른 둘 이상의 민원을 통합하여 신청했을 때에는 이를 통합하여 접수·교부할 수 있다.

2) 통합하여 접수된 민원은 그 민원의 소관 법령에 따라 각 소관 행정기관에 접수된 것으로 본다. 이 경우 통합하여 접수한 민원 중 다른 민원의 처리를 위하여 선행적으로 완결되어야 하는 민원이 있는 경우에는 그 선행 민원이 완결되는 데 걸린 기간은 다른 민원의 처리기간에 산입하지 아니한다.

05 민원을 접수 교부하는 법인의 임직원

다른 행정기관 등을 이용한 민원을 접수·교부하는 법인의 임직원은 「형법」이나 그 밖의 법률에 따른 벌칙을 적용할 때에는 공무원으로 본다.

06 정보통신망을 이용한 다른 행정기관 소관 민원의 접수교부

1) 행정기관의 장은 정보통신망을 이용하여 다른 행정기관 소관의 민원을 접수·교부할 수 있는 경우에는 이를 직접 접수·교부할 수 있다.
2) 정보통신망을 이용하여 다른 행정기관 소관의 민원을 접수·교부할 수 있는 민원의 종류는 행정안전부장관이 관계 중앙행정기관의 장과 협의를 거쳐 결정·고시한다.

07 고유식별정보의 처리

다른 행정기관 소관의 민원을 접수교부하는 행정기관(농협 및 새마을금고 포함)의 장은 민원을 접수·교부하기 위하여 불가피한 경우 주민등록번호, 여권번호, 운전면허의 면허번호 또는 외국인등록번호가 포함된 자료를 처리할 수 있다.

> ※참고
> - 접수기관 : 민원문서 발급을 신청 받거나 인·허가 민원 등 처리를 요청받은 기관
> - 처리(증명)기관 : 접수기관으로부터 이송된 민원신청 사항을 처리하는 기관
> - 교부기관 : 신청 민원인이 민원처리 결과를 교부받기 위해 지정한 기관
> * 민원을 신청한 기관뿐만 아니라 민원인이 지정하는 기관에서도 교부 가능

제1조(목적) 이 지침은「민원 처리에 관한 법률」(이하 "법"이라 한다) 제14조 및 같은 법 시행령 제12조의 규정에 따라 민원인의 편의를 도모하기 위하여 팩스·인터넷 등 정보통신망(「전자정부법」제2조제10호에 따른 정보통신망을 말한다) 또는 우편 등을 이용하여 접수·처리·교부할 수 있는 민원의 종류와 그 처리절차 등을 정함을 목적으로 한다.

제2조(용어의 정의) 이 지침에서 사용하는 용어의 정의는 다음과 같다.
1. "어디서나 민원처리제"라 함은 제1조에 의하여 처리되는 민원(다른행정기관 등을 이용하여 접수·처리·교부받을 수 있는 민원) 처리제도를 말한다.
2. "어디서나 민원처리시스템"이라 함은 제1호에 의하여 민원을 효율적으로 처리하고자 전자정부포털(정부24, www.gov.kr)에 행정안전부장관이 별도로 구축한 업무처리 시스템(이하 "어디서나 시스템"이라 한다)을 말한다.
3. "접수기관"이라 함은 민원문서의 발급을 신청 받거나 인·허가민원 등의 처리를 요청받은 기관을 말한다.
4. "처리기관"이라 함은 접수기관으로부터 이송된 민원신청 사항을 처리하는 기관을 말한다.
5. "교부기관"이라 함은 민원을 신청한 민원인이 민원처리 결과를 교부 받기 위해 지정한 기관을 말한다.

제3조(취급민원의 종류 등) ① 취급민원의 종류는 각 호와 같다.
  1. 별표 1 : 어디서나 시스템 등을 이용하는 민원
  2. 별표 2 : 별표 1의 민원 중 「민원 처리에 관한 법률 시행령」 제12조제1항의 법인을 이용하는 민원
  3. 별표 3 : 「부가가치세법 시행령」 제13조의 폐업신고와 통합하여 접수할 수 있는 인·허가 관련 민원(이하 "통합 폐업신고"라 한다)
  4. 별표 4 : 어디서나 시스템 등을 이용하는 민원으로 처리기관이 시·도인 자격·면허증 발급(교부) 관련 민원
② 중앙행정기관의 장은 제1항의 별표 1 또는 별표 3부터 별표 4까지의 소관 민원에 대해 추가, 삭제, 변경 등의 사유가 발생할 경우에는 행정안전부장관과 협의하여야 한다.
③ 행정안전부장관은 제2항의 규정에 의한 협의결과 별표 1 또는 별표 3부터 별표 4까지의 내용이 변경될 경우에는 이를 관보에 고시하여야 하며, 이 경우 고시된 내용을 별표 1 또는 별표 3부터 별표 4까지로 본다.

제4조(접수기관) ① 별표 1의 민원를 접수할 수 있는 기관은 다음 각 호와 같다.
  1. 모든 민원을 접수하는 기관
      가. 시·도, 시·군·구(일반구를 포함한다.), 읍·면·동 등 지방자치단체
      나. 지방자치단체의 장의 신청에 의하여 행정안전부장관이 정한 지방자치단체의 출장소 및 현장민원실 등
      다. 정부합동민원센터
  2. 소관민원만을 접수할 수 있는 기관(행정안전부장관과 협의)
      가. 부·처·청 등 중앙행정기관과 그 소속기관. 다만, 고용노동부 소속 고용지원센터는 대학민원 관련 사무를 접수할 수 있다.
② 별표 1의 민원 중 별표 2의 민원은 다음 각 호의 기관에서도 접수할 수 있다.
  1. 행정안전부장관이 농업협동조합법에 의하여 설립된 조합(이하 농협)중 농협중앙회장과 협의하여 정한 기관
  2. 행정안전부장관이 새마을금고법에 의하여 설립된 새마을금고(이하 새마을금고)중 새마을금고중앙회장과 협의하여 정한 기관
③ 별표 3의 통합 폐업신고를 접수할 수 있는 기관은 다음 각 호와 같다.
  1. 관할 시·군·구
  2. 관할 세무서
④ 별표 4의 자격·면허증 발급(교부) 신청 관련 민원을 접수 할 수 있는 기관
  1. 전국 시·군·구
  2. 정부합동민원센터

제5조(처리기관) 별표 1과 별표 3에서 별표 4까지의 소관 민원을 처리할 수 있는 기관은 다음 각 호와 같다.

1. 제4조제1항제1호부터 제2호까지의 기관(지방자치단체, 중앙행정기관)
2. 교육부장관과 행정안전부장관이 협의하여 정한 대학 등
3. 국방부장관과 행정안전부장관이 협의하여 정한 사관학교 등
4. 경찰청장의 요청으로 행정안전부장관이 정한 경찰대학

제6조(교부기관) ① 별표 1의 민원을 교부할 수 있는 기관은 다음 각 호와 같다.
1. 모든 민원을 교부하는 기관 : 제4조제1항제1호 기관(지방자치단체, 정부합동민원센터)
2. 소관 민원을 교부하는 기관 : 제4조제1항제2호 기관(중앙행정기관)
3. 별표 1의 민원 중 별표 2의 민원만을 교부하는 기관 : 제4조제2항 기관(농협·새마을금고)

② 별표 4의 민원을 교부할 수 있는 기관은 다음 각 호와 같다.
1. 별표 4의 민원 중 즉시 민원을 교부하는 기관 : 당해 민원의 접수기관
2. 별표 4의 민원 중 유기한 민원을 교부하는 기관 : 당해 민원의 처리기관

제7조(공무원 의제) 민원을 접수, 처리, 교부하는 공무원이 아닌 농협·새마을금고 등의 임·직원은 법 제14조제3항에 의하여 형법 기타 법률에 의한 벌칙의 적용에 있어서는 이를 공무원으로 본다.

제8조(민원의 접수·처리) ① 민원인은 별표 1부터 별표 4까지 지정되어 있는 신청방법과 신청서식으로 민원을 신청할 수 있다.
② 별표 1 또는 별표 2의 접수기관은 민원인이 신청한 민원사항(초중등학교 민원은 제외한다)을 어디서나 시스템에 입력한 후 신청서를 보관하여야 하고, 처리기관이 요청하는 경우에는 신청서를 전송하여야 한다.
③ 별표 1 또는 별표 2의 접수기관은 초중등학교 민원을 접수하였을 경우에는 별지 제1호 서식의 겉표지에 신청서를 첨부하여 처리기관에 전송한 후 보관하여야 한다.
④ 별표 3의 접수기관은 통합 폐업신고와 관련된 민원의 소관 처리시스템(이하 "소관 처리시스템"이라 한다)에 민원인이 신청한 민원사항을 입력한 후 신청서를 보관하여야 하고, 처리기관이 요청하는 경우에는 신청서를 전송하여야 한다.
⑤ 별표 3의 접수기관은 민원인이 신청한 민원사항을 소관 처리 시스템에 입력할 수 없는 경우, 신청서를 처리기관에 전송한 후 보관하여야 한다.
⑥ 별표 4의 접수기관은 민원인이 신청한 민원사항을 어디서나 시스템을 통해 처리기관에 전자적으로 전송한 후 보관하여야 하며, 처리기관이 요청하는 경우에는 관련서류를 처리기관에 송부하여야 한다.
⑦ 별표 1 또는 별표 4의 민원 중 접수기관이 처리기관 시스템을 통해 전자적으로 발급하여 즉시 교부할 수 있는 민원문서는 별표 5의 처리인을 생략할 수 있다.
⑧ 처리기관은 민원인이 신청한 민원이 즉시민원일 경우에는 민원문서를 발급하여 별표 5의 처리인과 직인을 날인하여 민원인이 지정한 교부기관에 전송하여야 하고, 유기한민원(인·허가민원 등)일 경우에는 그 처리결과를 민원인에게 직접 통보하여야 한다.
⑨ 교부기관은 처리기관이 민원문서를 전송하였을 때에는 그 민원문서에 별표 6의 처리인과 직인을 날인하여 민원인에게 교부하여야 한다.

⑩ 제4조제3항제2호의 기관이 별표 3의 민원을 접수한 경우 해당법령에 따라 제4조제3항제1호의 기관에 민원이 접수된 것으로 본다.
⑪ 접수·교부기관은 법 제7조 및 같은 법 시행령 제3조의 규정에 따라 민원인의 정보를 엄격히 보호하여야 하며 위반 사실 등이 있을 경우에는 지체 없이 이를 시정하는 등 필요한 조치를 하여야 한다.

제9조(신청인 자격제한 민원의 처리) ① 당해민원을 규정한 관계법령 등에서 본인이나 가족 또는 본인의 위임장 소지자에게 민원문서를 교부하도록 규정하고 있는 경우에는 접수기관은 신청인으로부터 위임장 등을 제출받아 이를 확인하여야 한다.
② 제1항에서 규정한 위임장은 별지 제2호 서식으로 한다.
③ 접수기관은 처리기관으로부터 위임장 또는 당해 민원사무의 구비서류에 명시된 위임받은 자의 신분증 사본 등의 송부를 요청받았을 경우에는 팩스 등의 방법으로 즉시 이를 처리기관으로 송부하여야 한다.

제10조(민원의 처리기한) ① 민원의 처리기한은 법 제36조에서 규정한 민원처리기준표에서 정한 바에 의한다.
② 민원인이 동시(같은 근무일에 여러 번 신청하는 경우를 포함한다)에 많은 양의 동일한 증명서 등 문서(「전자정부법」제2조제7호에 따른 전자문서는 제외한다)의 교부를 신청하여 처리기간 내에 처리하기 어려운 경우에는 제1항의 규정에도 불구하고 법 시행령 제12조제5항을 준용하여 20통마다 처리기간을 1일씩 연장하여 교부할 수 있다

제11조(처리결과의 입력 및 처리대장 통계의 관리) ① 처리 및 교부기관은 신청민원에 대한 처리결과를 어디서나 시스템에 즉시 입력하여야 한다. 다만, 별표 3의 민원으로서 처리기관이 소관처리 시스템에 처리결과를 입력한 경우 또는 처리기관 시스템을 통해 전자적인 방법으로 발급·전송되는 경우에는 어디서나 시스템에 입력한 것으로 본다.
② 처리·교부기관의 장은 처리결과가 반영된 일일, 주간, 월간 단위로 민원처리대장을 확인하고 정확한 통계관리가 될 수 있도록 관리하여야 한다.
③ 어디서나 시스템에 처리결과를 입력할 수 없는 초중등학교 민원을 접수·처리·교부한 기관은 각각 접수·처리·교부대장(별지 제3~5호 서식)을 작성·관리하여야 한다.
④ 제4조제3항의 접수기관이 소관사무가 아닌 민원을 접수하여 소관처리 시스템에 처리결과를 입력할 수 없는 경우 접수대장(별지 제6호 서식)을 작성·관리해야한다.

제12조(수수료 등의 징수 및 정산) ① 이 지침에서 규정한 민원문서의 수수료는 관련법령 또는 교부기관 조례의 규정에서 정한 금액으로 하며, 교부기관에서 징수하되 건당 수수료가 1만원 이상인 경우에는 처리기관 세입으로 하여야 한다. 다만, 교부기관의 조례로 정하지 않은 경우 소재지 자치단체에서 징수하는 수수료를 적용하고, 학교민원의 경우에는 행정안전부장관과 교육부장관 등 소관 행정기관의 장이 협의하여 정한 별표 7의 금액(수수료 및 업무처리비)으로 한다.
② 교부기관이 별표 7에서 정한 업무처리비나 건당 1만원 이상의 수수료를 징수하였을 경우에는 다음 달 20일까지 정산하여 처리기관에 송금하고 통보하여야 한다.

③ 제6조제3호의 교부기관(농협과 새마을금고)이 제1항에 따라 민원문서의 수수료를 현금 등으로 징수하였을 경우에는 다음 달 20일까지 정산하여 소재지를 관할하는 시·군·구에 송금하여야 한다.

제13조(처리민원의 종결) 민원인 또는 그 위임을 받은 자가 처리된 민원문서(전자문서를 제외한다)를 정당한 사유 없이 15일이 경과할 때까지 수령하지 아니한 경우에는 이를 종결 처리할 수 있다.

제14조(재검토기한) 행정안전부장관은 이 예규에 대하여 「훈령·예규 등의 발령 및 관리에 관한 규정」에 따라 2025년 1월 1일 기준으로 매3년이 되는 시점(매 3년째의 12월 31일까지를 말한다)마다 그 타당성을 검토하여 개선 등의 조치를 하여야 한다.

주제 13 민원문서의 이송

01 민원문서의 이송 의의

행정기관의 장은 접수한 민원이 다른 행정기관의 소관인 경우에는 접수된 민원문서를 지체 없이 소관 기관에 이송하여야 한다.

※ 이는 소관이 아닌 기관에서 민원에 대해 답변하는 경우에는 업무에 관한 지식이나 전문성이 부족하여 부정확한 답변을 할 우려가 있으며 적법한 행정권한 행사로 볼 수 없기 때문이다.

02 민원문서의 이송 절차 및 방법

(1) 처리주무부서 이송

민원실에 접수된 민원문서 중 그 처리가 민원실의 주관에 속하지 아니하는 것에 대해서는 1근무시간 이내에 이를 처리주무부서에 이송하여야 한다. 다만, 처리주무부서가 상당히 떨어져 있는 등 특별한 사유가 있어 1근무시간 이내에 이송하기 어려운 경우에는 3근무시간 이내에 이송할 수 있다.

(2) 같은 행정기관 내 소관이 아닌 민원문서의 접수

같은 행정기관 내에서 소관이 아닌 민원문서를 접수한 경우에는 3근무시간 이내에 민원실을 거쳐 처리주무부서에 이송하여야 한다.

(3) 다른 행정기관 소관의 민원문서의 접수

다른 행정기관 소관의 민원문서를 접수한 경우에는 8근무시간 이내에 소관 행정기관에 이송하고, 그 사실을 민원인에게 통지하여야 한다. 이 경우 민원문서를 이송받은 행정기관은 민원문서를 이송한 행정기관의 요청이 있을 때에는 그 행정기관에 처리 결과를 통보하여야 한다.

03 전자문서

민원문서가 전자문서인 경우에는 지체 없이 소관 기관에 전자적 방법으로 이송하여야 한다.

04 통지생략

민원인에게 인터넷 홈페이지 등에 민원문서의 이송 상황이 공개될 것임을 사전에 안내한 경우에는 통지를 생략할 수 있다.

> **참고** 이송·이첩·진달의 차이점
>
> 이송·이첩은 그 성격상 다른 기관에 보내는 것을 의미함. 실제 행정에서 이첩은 상급기관에서도 처리할 수 있으나 하급기관에서 처리하는 것이 더 바람직하다고 판단되어 상급기관에서 하급기관에 서류를 보내는 것을 의미하고, 진달은 하급기관에서 상급기관으로 보내는 것을 말함. 참고로 민원법령에서는 이첩, 진달 등의 용어를 사용하지 않고 있으며, 모두 이송으로 통일하였음(2011)

주제 14 민원의 처리

01 민원의 처리 원칙

(1) 민원처리 지연 금지
행정기관의 장은 다른 법령에 특별한 규정이 있는 경우를 제외하고는 법령등에서 정한 처리기간이 남아있다거나 그 민원과 관련 없는 공과금을 미납하였다는 이유로 민원처리를 지연시켜서는 아니된다.

(2) 민원처리 절차 강화금지
행정기관의 장은 법령의 규정 또는 위임이 있는 경우를 제외하고는 민원 처리의 절차 등을 강화하여서는 아니 된다.

02 민원처리 하지 않을 수 있는 사유(민원처리의 예외)

1) 고도의 정치적 판단을 요하거나 국가기밀 또는 공무상 비밀에 관한 사항
2) 수사, 재판 및 형집행에 관한 사항 또는 감사원의 감사가 착수된 사항
3) 행정심판, 행정소송, 헌법재판소의 심판, 감사원의 심사청구, 그 밖에 다른 법률에 따라 불복구제절차가 진행 중인 사항
4) 법령에 따라 화해·알선·조정·중재 등 당사자 간의 이해 조정을 목적으로 행하는 절차가 진행 중인 사항
5) 판결·결정·재결·화해·조정·중재 등에 따라 확정된 권리관계에 관한 사항
6) 감사원이 감사위원회의의 결정을 거쳐 행하는 사항
7) 각급 선거관리위원회의 의결을 거쳐 행하는 사항
8) 사인 간의 권리관계 또는 개인의 사생활에 관한 사항
9) 행정기관의 소속 직원에 대한 인사행정상의 행위에 관한 사항

03 관계 기관 부서 간의 협조

(1) 협조

민원을 처리하는 주무부서는 관계 기관·부서의 협조가 필요한 경우에는 민원을 접수한 후 지체 없이 그 민원의 처리기간 내에서 회신기간을 정하여 협조를 요청하여야 하며, 요청받은 기관·부서는 그 회신기간 내에 이를 처리하여야 한다.

(2) 연장

협조를 요청받은 기관·부서는 회신기간 내에 그 민원을 처리할 수 없는 특별한 사정이 있는 경우에는 그 회신기간의 범위에서 한 차례만 기간을 연장할 수 있다.

(3) 통보

협조를 요청받은 기관·부서가 기간을 연장하려는 경우에는 회신기간이 끝나기 전에 그 연장사유·처리진행상황 및 회신예정일 등을 협조를 요청한 민원 처리 주무부서에 통보하여야 한다.

주제 15 민원의 처리기간

01 법정민원의 처리기간 설정·공표

[민원종류별 처리기간]

법정민원	• 법령에 따름	건의민원	• 14일 이내
질의민원	• 법령관련 : 14일 이내	기타민원	• 즉시(3근무시간 이내)
	• 단순질의 : 7일 이내	고충민원	• 7일 이내

1) 행정기관의 장은 법정민원을 신속히 처리하기 위하여 행정기관에 법정민원의 신청이 접수된 때부터 처리가 완료될 때까지 소요되는 처리기간을 법정민원의 종류별로 미리 정하여 공표하여야 한다.

2) 행정기관의 장은 제1항에 따른 처리기간을 정할 때에는 접수기관·경유기관·협의기관(다른 기관과 사전 협의가 필요한 경우만 해당) 및 처분기관 등 각 기관별로 처리기간을 구분하여 정하여야 한다.

3) 행정기관의 장은 처리기간을 민원편람에 수록하여야 한다.

02 질의민원의 처리기간

행정기관의 장은 질의민원을 접수한 경우에는 특별한 사유가 없으면

① 법령에 관하여 설명이나 해석을 요구하는 질의민원 : 14일 이내,

② 제도·절차 등 법령 외의 사항에 관하여 설명이나 해석을 요구하는 질의민원 : 7일 이내 기간 이내에 처리하여야 한다.

03 건의민원의 처리기간 등

행정기관의 장은 건의민원을 접수한 경우에는 특별한 사유가 없으면 14일 이내에 처리하여야 한다.

04 기타민원의 처리기간 등

(1) 행정기관의 장은 기타민원을 접수한 경우에는 특별한 사유가 없으면 즉시 처리하여야 한다.

(2) 행정기관의 장은 구술 또는 전화로 신청한 기타민원을 처리하는 경우에는 민원 처리부에 기록하는 절차

　　 를 생략할 수 있다.
 (3) 행정기관의 장은 해당 기관의 특성을 고려하여 기타민원의 처리기간 및 처리절차 등을 달리 정하여 운영할 수 있다.

주제 16 　고충민원의 처리 등

01 　고충민원의 처리기간

행정기관의 장은 고충민원을 접수한 때에는 특별한 사유가 없으면 7일 이내에 처리하여야 한다.

02 　고충민원의 현장조사

(1) 행정기관의 장은 고충민원의 처리를 위하여 필요한 경우 14일의 범위에서 현장조사 등을 할 수 있다. 다만, 부득이한 사유로 14일 내에 현장조사 등을 완료하기 어렵다고 인정되는 경우에는 7일의 범위에서 그 기간을 한 차례만 연장할 수 있다.
(2) 현장조사 등에 걸린 시간은 처리기간에 산입하지 않는다.
(3) 민원인은 감사부서 등의 조사를 거친 경우에는 그 고충민원과 관련한 사무에 대한 지도·감독 등의 권한을 가진 감독기관의 장에게 고충민원을 신청할 수 있다.

03 　원 처리부서 및 기관 이송 금지

행정기관의 장은 민원인이 동일한 내용의 고충민원을 다시 제출한 경우에는 감사부서 등으로 하여금 이를 조사하도록 하여야 한다.

민원인은 감사부서 등의 조사를 거친 경우에는 그 고충민원과 관련한 사무에 대한 지도·감독 등의 권한을 가진 감독기관의 장에게 고충민원을 신청할 수 있다.

04 　조치사항

1) 행정기관의 장은 고충민원의 내용이 정당한 사유가 있다고 인정될 때에는 지체 없이 원처분(原處分)의 취소·변경 등 적절한 조치를 하고, 이를 민원인에게 통지하여야 한다.

2) 감독기관의 장은 고충민원의 처리결과를 소관 행정기관의 장에게 통보하여야 한다. 이 경우 소관 행정기관의 장은 특별한 사유가 없으면 그 결과를 존중하여 적절한 조치를 하고, 이를 민원인에게 통지하여야 한다.

05 국민권익위원회 등

민원인은 고충민원을 신청하거나 처리결과를 통보받은 경우에도 국민권익위원회 또는 시민고충처리위원회에 고충민원을 신청할 수 있다.

주제 17 민원의 처리기간 계산

01 민원의 처리기간의 계산

(1) 즉시처리 민원

민원의 처리기간을 '즉시'로 정한 경우에는 정당한 사유가 있는 경우를 제외하고는 3근무시간 이내에 처리하여야 한다.

(2) 5일 이하

민원의 처리기간을 5일 이하로 정한 경우에는 민원의 접수시각부터 "시간" 단위로 계산하되, 공휴일과 토요일은 산입(算入)하지 아니한다. 이 경우 1일은 8시간의 근무시간을 기준으로 한다.

(3) 6일 이상

민원의 처리기간을 6일 이상으로 정한 경우에는 "일" 단위로 계산하고 첫날을 산입하되, 공휴일과 토요일은 산입하지 아니한다.

> **민원 처리기간(6일 이상 민원) 산정 시 토요일 제외(2015.8.11. 민원처리법 전부개정 시)**
> 실제 근무하지 않는 토요일을 처리기간에 산입하여 민원인과 공무원 사이 분쟁 발생, 처리기간 준수를 위해 촉박하게 민원을 처리하는 불합리 시정필요

「민원 처리에 관한 법률」과 「민법」의 기간계산 비교

□ 일(日) 단위의 기간

구 분		계산단위	초일 산입	토요일 산입	공휴일 산입
민원법	5일 이하	8근무시간	○	×	×
	6일 이상	일(日)	○	×	×
민법		일(日) (기간말일의 종료로 만료)	×	○ (기간만료일 경우 익일)	○ (기간만료일 경우 익일)

※ 민원의 처리기간을 '주·월·년'으로 정한 경우에 처리기간이 '6일 이상'인 경우로 계산하지 않도록 주의
 (예) 처리기간이 한달인 민원을 30일로 혼동하여 토요일과 공휴일을 산입하지 아니함)

(4) 주·월·연으로 정한 경우

민원의 처리기간을 주·월·연으로 정한 경우에는 첫날을 산입하되, 「민법」 규정을 준용한다.

□ 주(週)·월(月)·년(年) 단위의 기간

구분	초일 산입	토요일 산입	공휴일 산입	기간계산
민원법	○	○	○	역(歷)에 의해 계산, 해당한 날의 전일로 만료
민 법	×	○	○	

> **참고** 20xx. 5. 1.(월) 10:00 접수한 민원의 처리기간 산정 예시
>
> ① 처리기간이 "즉시"인 경우 : 5. 1.(월) 14:00까지임(중식시간 제외)
>   10:00~12:00(2근무시간) + 13:00~14:00(1근무시간) = 3근무시간(중식시간 제외)
> ② 처리기간이 "5일"인 경우 : 5. 9.(화) 10:00까지임(토요일, 공휴일 제외)
>   5.1.(월) 10:00~18:00(7시간) + 5.2.(화) 09:00~18:00(8근무시간) + 5.3.(수) 09:00~18:00(8근무시간) + 5.4.(목) 09:00~18:00(8근무시간) + 5.5.(금) 공휴일(0근무시간) + 5.6.(토) 토요일(0근무시간) + 5.7.(일) 일요일(0근무시간) + 5.8.(월) 09:00~18:00(8근무시간) + 5.9.(화) 09:00~10:00(1근무시간) = 40근무시간
> ③ 처리기간이 "7일"인 경우 : 5. 10.(수)까지임(토요일, 공휴일 제외)
>   5.1.(월) 1일 + 5.2.(화) 1일 + 5.3.(수) 1일 + 5.4.(목) 1일 + 5.5.(금) 0일 + 5.6.(토) 0일 + 5.7.(일) 0일 + 5.8.(월) 1일 + 5.9.(화) 1일+ 5.10.(수) 1일 = 7일
> ④ 처리기간이 "1주"인 경우 : 5. 8.(월)까지임
>   역에 의한 계산결과 5.7.(일)까지이나, 말일이 공휴일이므로 그 익일인 5.8.(월)까지임
> ⑤ 처리기간이 "1월"인 경우 : 5. 31.(수)까지임
>   역에 의한 계산결과 5. 31.(수)까지임

> 「민법」
>
> **제156조(기간의 기산점)** 기간을 시, 분, 초로 정한 때에는 즉시로부터 기산한다.
>
> **제157조(기간의 기산점)** 기간을 일, 주, 월 또는 년으로 정한 때에는 기간의 초일은 산입하지 아니한다. 그러나 그 기간이 오전 영시로부터 시작하는 때에는 그러하지 아니하다.
>
> **제159조(기간의 만료점)** 기간을 일, 주, 월 또는 년으로 정한 때에는 기간말일의 종료로 기간이 만료한다.
>
> **제160조(역에 의한 계산)** ① 기간을 주, 월 또는 년으로 정한 때에는 역에 의하여 계산한다.
> ② 주, 월 또는 연의 처음으로부터 기간을 기산하지 아니하는 때에는 최후의 주, 월 또는 년에서 그 기산일에 해당한 날의 전일로 기간이 만료한다.
> ③ 월 또는 년으로 정한 경우에 최종의 월에 해당일이 없는 때에는 그 월의 말일로 기간이 만료한다.
>
> **제161조(공휴일 등과 기간의 만료점)** 기간의 말일이 토요일 또는 공휴일에 해당한 때에는 기간은 그 익일로 만료한다.

02 처리기간에 산입하지 아니하는 기간의 계산

(1) 신청서의 보완에 소요되는 기간
(2) 접수·경유·협의 및 처리하는 기관이 각각 상당히 떨어져 있는 경우 문서의 이송에 소요되는 기간
(3) 대표자를 선정하는 데 소요되는 기간
(4) 당해처분과 관련하여 의견청취가 실시되는 경우 그에 소요되는 기간
(5) 실험·검사·감정, 전문적인 기술검토등 특별한 추가절차를 거치기 위하여 부득이하게 소요되는 기간
(6) 행정안전부령이 정하는 선행사무의 완결을 조건으로 하는 경우 그에 소요되는 기간

03 처리기간의 연장 및 연장방법

(1) 행정기관의 장은 부득이한 사유로 처리기간 내에 민원을 처리하기 어렵다고 인정되는 경우에는 그 민원의 처리기간의 범위에서 그 처리기간을 한 차례 연장할 수 있다.
(2) 연장된 처리기간 내에 처리하기 어려운 경우에는 민원인의 동의를 받아 그 민원의 처리기간의 범위에서 처리기간을 한 차례만 다시 연장할 수 있다.
(3) 처리기간을 연장하였을 때에는 처리기간의 연장 사유와 처리완료 예정일을 지체 없이 민원인에게 문서로 통지하여야 한다.

【 민원 처리기간(이의신청 결정기간) 연장 통지서 】

행정기관명

수신자
(경유)
제 목   민원 처리기간(이의신청 결정기간) 연장 통지서

「민원 처리에 관한 법률 시행령」 제21조제2항 및 제40조제3항에 따라 귀하께서 신청하신
[ ]민원의 처리기간
[ ]이의신청의 결정기간
이 아래와 같이 연장되었음을 통지합니다.

접수번호			접수일	
민원명				
당초 처리기간			처리완료 예정일	
처리기간 연장사유				
처리 담당자	소속			
	이름		전화번호	
그 밖의 안내사항				

끝.

발 신 명 의 직인

기안자 (직위/직급) 서명   검토자 (직위/직급)서명   결재권자 (직위/직급)서명
협조자
시행   처리과명-일련번호(시행일)   접수   처리과명-일련번호(접수일)
우   도로명주소   /   홈페이지 주소
전화번호( )   팩스번호( )   / 기안자의 전자우편주소   / 공개구분

210㎜×297㎜[백상지 80g/㎡]

주제 18   처리진행상황과 처리결과의 통지

(1) 민원처리 진행상황 확인 및 점검

1) 행정기관의 장은 민원의 처리상황과 운영실태를 매월 1회 이상 확인·점검하여야 한다.
2) 행정기관의 장은 확인·점검 결과 법령 위반 사실을 발견하거나 민원 처리가 미흡하다고 판단되는 경우에는 지체 없이 이를 시정하고, 그 민원 처리와 관련 있는 직원 등에 대하여 징계 또는 그 밖에 필요한 조치를 하여야 한다.
3) 행정기관의 장은 제1항에 따른 확인·점검 결과 민원 처리가 우수하다고 판단되는 직원이나 부서에 대하여 포상할 수 있다.

(2) 처리진행상황 등의 통지

1) 행정기관의 장은 민원이 접수된 날부터 30일이 지났으나 처리가 완료되지 아니한 경우 또는 민원인의 명시적인 요청이 있는 경우에는 그 처리진행상황과 처리완료 예정일 등을 적은 문서를 민원인에게 교부하거나 정보통신망 또는 우편 등의 방법으로 통지하여야 한다.
2) 위 통지는 민원이 접수된 날부터 30일이 지날 때마다 통지하는 것을 원칙으로 한다.
3) 민원인에게 인터넷 홈페이지 등에 민원의 처리진행상황 등이 공개될 것임을 사전에 안내한 경우에는 통지를 생략할 수 있다.

(3) 민원심사관의 지정 및 업무

행정기관의 장은 민원 처리상황의 확인·점검 등을 위하여 소속 직원 중에서 민원심사관을 지정하여야 한다.

【민원처리진행상황 통지서】

행정기관명

수신자
(경유)
제 목 **민원처리진행상황 통지서**

「민원 처리에 관한 법률 시행령」 제23조제1항에 따라 귀하께서 신청하신 민원의 처리 진행상황을 아래와 같이 알려 드립니다. 궁금한 사항은 담당자에게 문의하시면 자세히 설명해 드리겠습니다.

민원명			
접수일		처리완료 예정일	
민원처리 진행상황			
처리 담당자	소속		
	이름	전화번호	
그 밖의 안내사항			

끝.

발 신 명 의 직인

기안자 (직위/직급) 서명   검토자 (직위/직급)서명   결재권자 (직위/직급)서명
협조자
시행   처리과명-일련번호(시행일)   접수   처리과명-일련번호(접수일)
우   도로명주소   / 홈페이지 주소
전화번호( )   팩스번호( )   / 기안자의 전자우편주소   / 공개구분

210㎜×297㎜[백상지 80g/㎡]

주제 19 민원문서의 보완 취하 등

01 민원 문서의 보완 요구

행정기관의 장은 접수한 민원문서에 보완이 필요한 경우에는 상당한 기간을 정하여 지체 없이 민원인에게 보완을 요구하여야 한다.

02 민원인 보완, 변경, 취하

1) 민원인은 해당 민원의 처리가 종결되기 전에는 그 신청의 내용을 보완하거나 변경 또는 취하할 수 있다.
2) 다른 법률에 특별한 규정이 있거나 그 민원의 성질상 보완·변경 또는 취하할 수 없는 경우에는 그러하지 아니하다.

03 민원인 보완 절차 및 방법 등

(1) 원칙

행정기관의 장은 민원인에게 민원문서의 보완을 요구하는 경우에는 문서 또는 구술 등으로 하되, 민원인이 특별히 요청한 경우에는 문서로 하여야 한다.

(2) 민원인의 보완 요청

행정기관의 장은 보완 요구를 받은 민원인이 보완 요구를 받은 기간 내에 보완을 할 수 없음을 이유로 보완에 필요한 기간을 분명하게 밝혀 기간 연장을 요청하는 경우에는 이를 고려하여 다시 보완기간을 정하여야 한다. 이 경우 민원인의 기간 연장 요청은 2회로 한정한다.

(3) 보완 요구

행정기관의 장은 민원인이 정한 보완기간 또는 다시 정한 보완기간 내에 민원문서를 보완하지 아니한 경우에는 10일 이내의 기간을 정하여 다시 보완을 요구할 수 있다.

(4) 민법 준용

민원문서의 보완에 필요한 기간의 계산방법에 관하여는 민법의 규정을 준용한다.

주제 20 민원문서의 반려 및 종결 처리

01 민원 문서의 반려

(1) 기간 내 보완하지 아니한 경우

행정기관의 장은 민원인이 기간 내에 민원문서를 보완하지 아니한 경우에는 그 이유를 분명히 밝혀 접수된 민원문서를 되돌려 보낼 수 있다.

(2) 민원인의 취하

행정기관의 장은 민원인이 민원을 취하하여 민원문서의 반환을 요청한 경우에는 다른 법령에 특별한 규정이 있는 경우를 제외하고는 그 민원문서를 민원인에게 돌려주어야 한다.

> **참고** 취하, 반려, 불가의 구분
> - 취하 : 민원인이 해당 민원의 처리가 종결되기 전 민원신청을 포기하겠다는 의사표시
> - 반려 : ① 보완 미이행(영 제25조제1항) ② 민원인의 취하(영 제25조제3항) ③ 필요한 법적 선행적 절차의 미이행(참고 : 행심 제2012-384호) ④ 현실적으로 실현불가능한 사항(참고 : 해석례 08-0076) 등의 이유로 행정기관에서 접수한 민원에 대하여 더 이상 처리를 할 수 없어 행정기관이 민원인에게 민원문서를 되돌려 주는 행위
> - 불가(처분) : 민원인의 신청문서에는 흠이 없지만 민원의 내용을 검토한 결과 법적으로 불가하여 민원 신청사항을 거부하는 행정기관의 의사표시

02 민원의 종결 처리

(1) 보완 요구의 반송

행정기관의 장은 민원인의 소재지가 분명하지 아니하여 보완요구가 2회에 걸쳐 반송된 경우에는 민원인이 민원을 취하(取下)한 것으로 보아 이를 종결처리할 수 있다.

(2) 직접 교부할 필요가 있는 문서의 종결

행정기관의 장은 민원인에게 직접 교부할 필요가 있는 허가서·신고필증·증명서 등의 문서를 정당한 사유 없이 처리완료 예정일부터 15일이 지날 때까지 민원인 또는 그 위임을 받은 자가 수령하지 아니한 경우에는 이를 폐기하고 해당 민원을 종결처리할 수 있다.

주제 21 위법·부당한 민원처리에 대한 시정 요구

01 민원 처리 과정에 대한 시정 요구

민원인은 민원처리 과정에서 다음 각 호의 어느 하나에 해당하는 경우에는 그 행정기관의 장 또는 감독기관의 장에게 이를 시정할 것을 요구할 수 있다.

02 민원처리 과정에 대한 시정 요구를 할 수 있는 경우

(1) 행정기관의 장이 민원의 접수를 보류·거부하거나 접수된 민원문서를 부당하게 되돌려보낸 경우
(2) 행정기관의 장이 관계법령등에서 정한 구비서류 외의 서류를 추가로 요구하는 경우
(3) 민원의 처리기간을 경과한 경우

03 시정 요구에 대한 조치

시정 요구를 받은 행정기관의 장 또는 감독기관의 장은 지체 없이 이를 조사하여 필요한 조치를 하고 그 처리 결과를 민원인에게 통지하여야 한다.

주제 22 반복 및 중복 민원의 처리

01 반복민원 처리·종결

(1) 반복민원

민원인이 동일한 내용의 민원을 정당한 사유 없이 3회 이상 반복하여 제출하는 경우를 말한다.

> "**정당한 사유**"는 행정기관의 중대한 착오 또는 위법·부당성을 객관적으로 증명할 수 있는 새로운 사유가 있거나 사실 또는 법률관계에 변동이 발생하여 그 처리결과가 달라질 것으로 기대할 수 있는 경우 등 동일한 민원을 반복하는 것에 민원인의 귀책사유가 없어야 함. 정당한 사유인지 역시 당해 행정기관이 종합적인 상황을 고려 해서 판단하여야 한다.

(2) 반복민원의 처리·종결

행정기관의 장은 민원인이 동일한 내용의 민원(법정민원을 제외)을 정당한 사유 없이 3회 이상 반복하여 제출한 경우에는 2회 이상 그 처리결과를 통지하고, 그 후에 접수되는 민원에 대하여는 종결처리할 수 있다.

02 중복민원 처리·종결

(1) 중복민원

민원인이 2개 이상의 행정기관에 제출한 동일한 내용의 민원을 다른 행정기관으로부터 이송받은 경우를 말한다.

(2) 중복민원 처리·종결

행정기관의 장은 민원인이 2개 이상의 행정기관에 제출한 동일한 내용의 민원을 다른 행정기관으로부터 이송받은 경우에도 종결처리에 준용하여 처리할 수 있다.

03 반복 및 중복 민원 여부

행정기관의 장은 반복 및 중복 민원인지 여부에 대하여는 해당 민원의 성격, 종전 민원과의 내용적 유사성·관련성 및 종전 민원과 동일한 답변을 할 수 밖에 없는 사정 등을 종합적으로 고려하여 결정하여야 한다.

주제 23 다수인관련민원의 처리

01 다수인관련민원의 의의

5세대(世帶) 이상의 공동이해와 관련되어 5명 이상이 연명으로 제출하는 민원을 말한다.

02 다수인관련민원의 처리

(1) 다수인관련민원을 신청하는 민원인은 연명부(連名簿)를 원본으로 제출하여야 한다.

(2) 행정기관의 장은 다수인관련민원이 발생한 경우에는 신속·공정·적법하게 해결될 수 있도록 조치하여야 한다.

03 반복 또는 중복되는 다수인관련민원의 처리

행정기관의 장은 다수인관련민원을 반복 또는 중복 민원으로 종결처리하려는 경우에는 민원조정위원회의 심의를 거쳐야 한다.

04 다수인관련민원의 관리

(1) 행정기관의 장은 다수인관련민원이 발생하지 아니하도록 사전예방대책을 마련하여야 한다.
(2) 행정기관의 장은 다수인관련민원을 효율적으로 처리하고 관리하기 위하여 다수인관련민원의 처리상황을 확인·분석하여야 한다.

05 다수인관련민원 등에 관한 민원조정위원회의 심의

(1) 민원조정위원회는 다수인관련민원 종결처리된 후 다시 접수된 민원에 관한 사항을 매년 1회 이상 심의해야 한다.
(2) 행정기관의 장은 민원조정위원회의 심의를 거쳐 거부된 다수인관련민원등이 같은 사유로 다시 접수된 경우에는 행정기관의 장을 지도·감독하는 행정기관의 장에게 의견 제시를 요청할 수 있다.
(3) 의견 제시를 요청받은 행정기관의 장이 의견을 제시하려는 경우에는 민원조정위원회의 심의를 거쳐야 한다.
(4) 행정기관의 장은 의견 제시 및 심의를 거쳐 거부된 다수인관련민원 등이 같은 사유로 다시 접수된 경우에는 민원조정위원회의 심의를 생략하고 종결처리할 수 있다.

06 민원심사관의 처리상황 확인·점검, 보고

민원심사관은 다수인관련민원의 처리상황을 확인·점검하고 그 결과를 소속 행정기관의 장에게 수시로 보고하여야 한다.

주제 24 민원심사관

01 민원심사관의 지정

행정기관의 장은 민원 처리상황의 확인·점검 등을 위하여 소속 직원 중에서 민원심사관을 지정하여야 한다.

02 분임 민원심사관의 지정

행정기관의 장은 민원심사관의 업무가 지나치게 많거나 특별히 전문성이 필요하다고 판단되는 경우에는 분임 민원심사관을 지정하여 민원심사관의 업무를 나눠 맡도록 할 수 있다.

03 민원심사관의 업무

(1) 독촉장 발급

민원심사관(분임 민원심사관을 포함)은 민원의 처리상황을 수시로 확인·점검하여 처리기간이 지난 민원을 발견한 경우에는 지체 없이 처리주무부서의 장(민원심사관이 처리주무부서의 장인 경우에는 관계 직원)에게 독촉장을 발급하여야 한다.

(2) 수시 보고

민원심사관은 다수인관련민원의 처리상황을 확인·점검하고 그 결과를 소속 행정기관의 장에게 수시로 보고하여야 한다.

> **참고 민원심사관의 임무**
> - 민원 처리상황의 확인·점검 및 민원 처리지연 시 독촉장 발급
> - 소관이 불분명한 민원의 처리부서 지정
> - 1차 시정요구 제기 시 처리결과 통보
> - 다수인관련민원의 처리상황의 확인·점검

주제 25 민원 처리 결과 통보

01 민원 처리결과의 통지

(1) 원칙

행정기관의 장은 접수된 민원에 대한 처리를 완료한 때에는 그 결과를 민원인에게 문서로 통지하여야 한다.

(2) 예외

기타민원의 경우와 통지에 신속을 요하거나 민원인이 요청하는 등 대통령으로 정하는 경우에는 구술, 전화, 문자메시지, 팩시밀리 또는 전자우편 등으로 통지할 수 있다.

> **참고법**
>
> **제29조(처리결과의 통지방법 등)** ① 행정기관의 장은 접수한 민원의 처리를 완료하였을 때에는 그 결과를 지체 없이 민원인에게 교부하거나 정보통신망 또는 우편 등의 방법으로 통지하여야 한다.
> ② 법 제27조제1항 단서에서 "기타민원의 경우와 통지에 신속을 요하거나 민원인이 요청하는 등 대통령령으로 정하는 경우"란 다음 각 호의 어느 하나에 해당하는 경우를 말한다.
>   1. 기타민원의 경우
>   2. 민원인에게 처리결과를 신속하게 통지하여야 하는 경우
>   3. 민원인이 구술 또는 전화로 통지하도록 요청하거나 구술 또는 전화로 통지하는 것에 동의하는 경우

(3) 전자문서 통지

1) 행정기관의 장은 ① 민원인의 동의가 있는 경우, ② 민원인이 전자민원창구나 통합전자민원창구를 통하여 전자문서로 민원을 신청하는 경우에는 통지를 전자문서로 통지하는 것으로 갈음할 수 있다.
2) 민원인이 요청하면 지체 없이 민원 처리 결과에 관한 문서를 교부하여야 한다.
3) 행정기관의 장은 민원인에게 전자문서로 통지하는 경우에 첨부되는 전자화문서가 행정기관이 보관하고 있는 전자화문서와 일치하는지에 대하여 민원인 또는 이해관계자 등이 확인을 요청한 경우에는 그 진본성을 확인해 주어야 한다.
4) 행정기관의 장이 위조·변조 방지조치, 출력한 문서의 진위확인조치 등을 하여 민원인에게 전자문서로 통지하고 민원인이 그 전자문서를 출력한 경우에는 이를 「행정업무의 운영 및 혁신에 관한 규정」에 따른 공문서로 본다.

(4) 거부 이유와 구제절차

행정기관의 장은 민원의 처리결과를 통지할 때에 민원의 내용을 거부하는 경우에는 거부 이유와 구제절차를 함께 통지하여야 한다.

(5) 민원인 확인 교부

행정기관의 장은 민원의 처리결과를 허가서·신고필증·증명서 등의 문서로 민원인에게 직접 교부할 필요가 있는 때에는 그 민원인 또는 그 위임을 받은 자임을 확인한 후에 이를 교부하여야 한다.

02 처리민원의 사후관리

행정기관의 장은 처리한 민원에 대하여 민원인의 만족 여부 및 개선사항 등을 조사하여 업무에 반영할 수 있다.

주제 26 무인민원발급창구

01 무인민원발급창구

(1) 무인민원발급창구를 이용한 민원문서의 발급

1) 행정기관의 장은 무인민원발급창구를 통하여 민원문서(다른 행정기관 소관의 민원문서를 포함한다)를 발급할 수 있다.
2) 무인민원발급창구를 이용하여 민원문서를 발급할 때에는 소관 행정기관의 관인(전자이미지 관인을 포함)을 생략하고 해당 기관의 관인을 찍어 발급할 수 있다. 다만, 법령상 또는 그 민원의 성질상 소관 행정기관의 관인을 찍을 필요가 있는 민원문서에는 소관 행정기관의 관인을 찍어야 한다.

(2) 수수료 감면

민원문서를 발급하는 경우에는 다른 법률에도 불구하고 수수료를 감면할 수 있다.

(3) 무인민원발급 민원문서

발급할 수 있는 민원문서의 종류는 행정안전부장관이 관계 행정기관의 장과의 협의를 거쳐 결정·고시한다.

02 본인확인방법

행정기관의 장은 민원문서를 발급할 때 법령에 따라 본인임을 확인하여야 하는 경우에 법령에서 특별히 본인 확인 방법을 정하고 있지 아니한 경우에는 행정안전부장관이 정한 전자적 매체를 이용하여 확인할 수 있다.

03 관보 고시 및 인터넷 홈페이지 게시

행정안전부장관은 무인민원발급창구를 이용하여 처리할 수 있는 민원의 종류 및 추가비용과 전자적 매체를 이용하여 본인 확인을 할 수 있는 민원의 종류 등을 정하여 관보에 고시하고, 인터넷 홈페이지에 게시하여야 한다. 이 경우 소관 민원을 관장하는 중앙행정기관의 장과 미리 협의하여야 한다.

주제 27 전자증명서

01 전자증명서의 발급

(1) 전자증명서 발급

행정기관의 장은 전자민원창구 또는 통합전자민원창구를 통하여 전자증명서(행정기관의 장이 특정한 사실이나 관계 등을 증명하기 위하여 전자문서 및 전자화 문서로 발급하는 민원문서를 말함)를 발급할 수 있다.

(2) 수수료 감면

전자증명서를 발급하는 경우 관계법령등에 특별한 규정이 있는 경우를 제외하고는 수수료를 감면할 수 있다.

(3) 전자증명서 민원문서

발급할 수 있는 전자증명서의 종류는 행정안전부장관이 관계 행정기관의 장과의 협의를 거쳐 결정·고시한다.

02 공문서 간주

행정기관의 장이 위조·변조 방지조치, 출력한 문서의 진위확인조치, 그 밖에 출력한 문서의 위조·변조를 방지하기 위한 조치를 하여 민원인에게 전자문서로 통지하고, 민원인이 그 전자문서를 출력한 경우에는 이를 행정업무의 운영 및 혁신에 관한 규정에 따른 공문서로 본다.

03 관보 고시 및 인터넷 홈페이지 등 게시

행정기관의 장은 민원인이 출력한 문서를 공문서로 보는 전자문서의 종류를 정하여 미리 관보에 고시하고, 해당 기관의 인터넷 홈페이지 등에 게시하여야 한다.

04 민원수수료 납부방법

행정기관의 장은 민원인의 편의를 위하여 민원인이 현금·수입인지·수입증지 외에 정보통신망을 이용한 전자화폐·전자결제 등 다양한 방법으로 민원 처리에 따른 수수료 등을 납부할 수 있도록 조치하여야 한다.

주제 28 복합민원

01 복합민원

하나의 민원 목적을 실현하기 위하여 관계법령등에 따라 여러 관계기관 또는 관계 부서의 인가·허가·승인·추천·협의 또는 확인 등을 거쳐 처리되는 민원

> **참고** **복합민원의 예**
>
> 공장을 설립하기 위해서는 「산업집적활성화 및 공장설립에 관한 법률」 및 「산업집적활성화 및 공장설립에 관한 법률 시행령」 등에 따라 '공장설립 승인'이라는 민원을 신청하는데 이 민원을 처리하기 위해서는 「농지법」에 의한 농지전용, 「국토의 계획 및 이용에 관한 법률」에 의한 개발행위, 「건축법」에 의한 건축허가 등 관계부서의 허가, 인가, 승인 등을 거치도록 되어 있음. 이러한 민원을 복합민원이라고 한다.

02 복합민원의 효율적 처리

민원 처리법령에서는 복합민원의 효율적 처리를 위해 사전심사청구제와 민원 1회 방문 처리제를 규정하고 있다.

03 복합민원의 처리주무부서 지정

행정기관의 장은 복합민원을 처리할 주무부서를 지정하고 그 부서로 하여금 관계 기관·부서 간의 협조를 통하여 민원을 한꺼번에 처리하게 할 수 있다.

04 복합민원의 처리 방법 및 절차 등

1) 행정기관의 장은 복합민원과 관련된 모든 민원문서를 지정된 주무부서에 한꺼번에 제출하게 할 수 있다.
2) 행정기관의 장은 관계 기관의 장과 협의하여 복합민원의 종류와 접수방법·구비서류·처리기간 및 처리절차 등을 미리 정하여 민원인이 이를 열람할 수 있도록 게시하고, 민원편람에 수록하여야 한다.

> **참고** **복합민원 처리**
>
> 1. 의제처리 : 어떠한 인·허가를 받기 위하여 근거법령이 서로 다른 인·허가를 함께 받아야 할 경우에 그 관련 인·허가가 주된 인·허가와 중복되거나 유사하다면 주된 인·허가만 받으면 관련 인·허가도 함께 받은 것으로 간주하여 처리하는 것
>   * 주된 인·허가증 하나만 교부하면 나머지는 다 인·허가를 받은 것으로 간주
>   * 의제처리 되는 복합민원의 경우 의제처리의 대상사무에 대해서는 개별법에 아래와 같이 구체적으로 명시되어 있음
> 2. 창구일원화 : 주된 인·허가와 관련되어 있는 인·허가의 접수를 모두 받도록 하되, 민원인이 일일이 담당부서 별로 직접 찾아다니지 아니 하고 주된 인·허가 제출하면 주된 민원 처리부서에서 책임을 지고 관련부서와 협의를 거쳐 처리해 주는 제도
>   * 주된 인·허가증 뿐만 아니라 관련되는 민원의 인·허가증을 모두 교부
> 3. 개별처리 : 주된 인·허가와 관련되어 있는 인·허가들을 민원인이 각각 신청·접수하여 처리하는 민원
>   * 각각의 인·허가증을 교부(구별의 실익이 없음). 창구일원화와 차이점은 관련된 인·허가를 한꺼번에 제출하지 않는 것임

주제 29 사전심사

01 사전심사

민원인은 법정민원 중 신청에 경제적으로 많은 비용이 수반되는 민원 등은 행정기관의 장에게 정식으로 민원을 신청하기 전에 미리 약식의 사전심사를 청구할 수 있다.

1) 사전심사청구의 정의

   인·허가 등의 민원을 정식으로 제출하기 전에 소정의 사전심사청구서와 최소한의 구비 서류만 제출하고 행정기관에서 민원의 가부, 적부 등을 사전에 심사하여 민원인의 사업 수행 상 안전성을 보장하고 시간적, 경제적 부담을 경감하여 행정서비스의 질적 향상을 도모하기 위한 제도이다.

02 사전심사청구 대상 민원

1) 법정민원 중 정식으로 신청할 경우 토지매입 등이 필요하여 민원인에게 경제적으로 많은 비용이 수반되는 민원

2) 행정기관의 장이 거부처분을 할 경우 민원인에게 상당한 경제적 손실이 발생하는 민원

03 다른 행정기관의 장과의 협의

사전심사가 청구된 법정민원이 다른 행정기관의 장과의 협의를 거쳐야 하는 사항인 경우에는 미리 그 행정기관의 장과 협의하여야 한다.

04 사전심사결과 통지

1) 행정기관의 장은 사전심사 결과를 민원인에게 문서로 통지하여야 하며, 가능한 것으로 통지한 민원의 내용에 대하여는 민원인이 나중에 정식으로 민원을 신청한 경우에도 동일하게 결정을 내릴 수 있도록 노력하여야 한다.

2) 민원인의 귀책사유 또는 불가항력이나 그 밖의 정당한 사유로 이를 이행할 수 없는 경우에는 그러하지 아니하다.

【 사전심사 청구서 】   【 사전심사 결과 통지서 】

05 사전심사 제도의 효율적 운영

행정기관의 장은 사전심사 제도를 효율적으로 운영하기 위하여 필요한 법적·제도적 장치를 마련하여 시행하여야 한다.

06 사전심사 처리 절차

(1) 정식민원 처리절차 준용

사전심사청구 대상 민원의 접수 및 처리절차에 관하여는 정식민원 처리절차(관계기관·부서 간의 협조, 민원의 접수, 민원문서의 보완 절차 및 방법 등, 민원문서의 반려 등)를 준용한다.

(2) 처리기간

1) 처리기간이 30일 미만인 민원 : 처리기간
2) 처리기간이 30일 이상인 민원 : 30일 이내

(3) 구비서류

행정기관의 장은 사전심사청구 대상 민원의 구비서류를 최소화하여야 하며, 사전심사의 청구 후 정식으로 민원이 접수되었을 때에는 이미 제출된 구비서류를 추가로 요구해서는 아니 된다.

주제 30 민원 1회 방문 처리제의 시행

01 민원 1회 방문 처리제의 시행

(1) 의의

행정기관의 장은 복합민원을 처리할 때에 그 행정기관의 내부에서 할 수 있는 자료의 확인, 관계 기관·부서와의 협조 등에 따른 모든 절차를 담당 직원이 직접 진행하도록 하는 민원 1회 방문 처리제를 확립함으로써 불필요한 사유로 민원인이 행정기관을 다시 방문하지 아니하도록 하여야 한다.

(2) 절차

1) 민원 1회 방문 상담창구의 설치·운영
2) 민원후견인의 지정·운영

3) 복합민원을 심의하기 위한 실무기구의 운영

4) 실무기구의 심의 결과에 대한 민원조정위원회의 재심의(再審議)

5) 행정기관의 장의 최종 결정

(3) 상담 창구의 설치

행정기관의 장은 제1항에 따른 민원 1회 방문 처리에 관한 안내와 상담의 편의를 제공하기 위하여 민원 1회 방문 상담창구를 설치하여야 한다.

(4) 민원후견인

1) 지정·운영

행정기관의 장은 민원 1회 방문 처리제의 원활한 운영을 위하여 민원 처리에 경험이 많은 소속 직원을 민원후견인으로 지정하여 민원인을 안내하거나 민원인과 상담하게 할 수 있다.

2) 민원후견인의 직무

① 민원처리방법에 관한 민원인과의 상담

② 민원실무심의회에 따른 민원조정위원회에서의 민원인의 진술 등 지원

③ 민원문서 보완 등의 지원

④ 민원처리 과정 및 결과의 안내

> **참고 민원후견인의 운영**
> - 후견인의 자격기준
>   행정경험이 풍부하고 지역실정에 밝은 주로 담당급 공무원으로 함. 특히 세무·건축·환경위생·경제 등 기능별로 전문후견인단을 구성하여 후견인의 전문성을 제고하도록 함
> - 후견인의 직무
>   민원처리방법에 관한 민원인과의 상담, 민원실무심의회 및 민원조정위원회에서의 민원인의 진술 등 지원, 민원문서의 보완 등의 지원, 민원처리 과정 및 결과의 안내 역할을 함
> - 민원인의 의사반영
>   민원접수 시 민원후견인 지정에 관한 민원인의 의견을 수렴하고 민원후견인제 적용 대상 민원이라도 민원인이 원치 않거나 또는 민원대행자가 있는 경우에는 후견인 지정을 제외함. 또한 후견활동 진행 중이라도 민원인의 요구가 있을 시에는 후견활동을 중단함
> - 운영방법
>   민원접수 시 민원창구에서 민원인이 후견인 명단을 보고 직접 지정하거나 민원처리 주무부서에서 민원후견인 지정 안내서를 통보하고, 후견인으로 지정된 공무원에게 민원후견인 지정 통보서를 통지하여 민원인을 보좌하도록 하고 민원처리 주무부서에서는 민원후견인의 요구가 있을 시 민원처리의 과정 등에 대한 자료를 제공함

02 민원실무심의회

(1) 민원실무심의회의 설치·운영 등

1) 설치·운영

행정기관의 장은 복합민원을 심의하기 위하여 그 소속으로 민원실무심의회를 설치·운영하여야 한다. 이 경우 민원실무심의회의 명칭은 해당 기관의 특성을 고려하여 달리 정할 수 있다.

2) 민원실무심의회의 구성

① 민원실무심의회의 위원장은 처리주무부서의 장이 되고, 위원은 관계 기관 또는 부서의 실무책임자가 된다.

② 행정기관의 장은 특히 필요하다고 인정하는 경우에는 민원 관련 외부전문가를 민원실무심의회의 위원으로 위촉할 수 있다.

3) 위원장의 역할

① 위원장은 관계 기관 또는 부서의 실무책임자에게 회의 참석을 요청할 수 있으며, 그 요청을 받은 사람은 정당한 사유가 없으면 이에 따라야 한다.

② 위원장은 심의를 위하여 필요하다고 인정되는 경우에는 관계 기관 또는 부서에 현장확인이나 조사 등을 합동으로 실시할 것을 요청할 수 있으며, 그 요청을 받은 관계 기관 또는 부서는 특별한 사유가 없으면 이에 따라야 한다.

③ 위원장은 민원실무심의회의 효율적인 운영을 위하여 필요하다고 인정되는 경우에는 이해관계인·참고인 또는 감정인 등의 의견을 들을 수 있다.

4) 회의 일정 통지

위원장은 민원실무심의회에 민원인을 참석하게 하는 경우에는 민원인에게 회의일정 등을 미리 통지하여야 한다. 이 경우 민원인이 희망하거나 출석할 수 없는 특별한 사정이 있는 경우에는 서면(전자적 방법에 의한 서면을 포함)으로 의견을 진술하게 할 수 있다.

5) 민원실무심의회의 심의 생략

행정기관의 장은 창업·공장설립 등 경제적으로 많은 비용이 수반되는 복합민원의 경우에는 신속한 처리를 위하여 민원실무심의회의 심의를 생략하고 민원조정위원회에 직접 상정하여 심의할 수 있다.

03 민원조정위원회

(1) 민원조정위원회 심의사항

1) 장기 미해결 민원, 반복 민원 및 다수인관련민원에 대한 해소·방지 대책

2) 거부처분에 대한 이의신청

3) 민원처리 주무부서의 법규적용의 타당성 여부 및 재심의

4) 그 밖에 대통령령으로 정하는 사항

   ① 소관이 명확하지 아니한 민원의 처리주무부서의 지정
   ② 민원 관련 법령 또는 제도 개선 사항
   ③ 창업·공장설립 등 경제적으로 많은 비용이 수반되는 복합민원의 경우에는 신속한 처리를 위하여 민원실무심의회의 심의를 생략하고 민원조정위원회에 직접 상정된 복합민원
   ④ 그 밖에 민원의 종합적인 검토·조정 또는 종결처리 등을 위하여 그 기관의 장이 민원조정위원회의 회의에 부치는 사항

(2) 민원조정위원회의 심의 생략 사항

1) 해당 민원을 처리할 때 행정기관의 판단 여지가 없는 경우

2) 법령에 따라 민원 처리요건이 구체적으로 규정되어 있어 해석의 여지가 없는 경우

3) 이미 민원조정위원회의 심의를 거쳐 거부된 민원이 같은 사유로 다시 접수된 경우

(3) 민원조정위원회의 구성

민원조정위원회의 위원장은 그 행정기관의 장이 소속 국장급 공무원 또는 그에 상당하는 직원 중에서 지명하고, 위원은 처리주무부서의 장, 관계부서의 장, 감사부서의 장, 외부 법률전문가 및 민원과 관련된 외부 전문가로 구성하는 것을 원칙으로 한다. 다만, 민원실무심의회에서 관계 기관과의 협의를 거쳐 거부하는 것으로 결정된 복합민원을 심의·조정하는 경우에는 그 관계 기관의 처리주무부서의 장을 위원으로 할 수 있다.

(4) 의견 청취

위원장은 민원조정위원회의 효율적인 운영을 위하여 필요하다고 인정되는 경우에는 이해관계인·참고인 또는 감정인 등의 의견을 들을 수 있다.

(5) 회의 통지

위원장은 민원조정위원회를 개최할 때에는 민원인 및 이해관계인 등이 참석할 수 있도록 민원인 및 이해관계인 등에게 회의일정 등을 미리 통지하여야 한다. 이 경우 민원인 및 이해관계인 등이 희망하거나 출석할 수 없는 특별한 사정이 있는 경우에는 서면으로 의견을 진술하게 할 수 있다.

04 행정기관의 장의 최종결정

행정기관의 장은 접수된 민원을 처리하려는 경우에는 민원실무심의회 및 민원조정위원회의 심의 결과를 존중하여야 한다.

주제 31 거부처분에 대한 이의신청

01 거부처분에 대한 이의신청

행정기관에게 자신이 행한 처분의 적정성을 다시 검토하여 스스로 잘못을 시정할 기회를 부여함으로써 불필요한 쟁송을 예방하고, 민원인의 시간적·경제적 부담을 줄이기 위한 제도이다.

02 민원인의 이의신청 방법

법정민원에 대한 행정기관의 장의 거부처분에 불복하는 민원인은 그 거부처분을 받은 날부터 60일 이내에 그 행정기관의 장에게 문서로 이의신청을 할 수 있다.

03 문서통지

1) 행정기관의 장은 이의신청을 받은 날부터 10일 이내에 그 이의신청에 대하여 인용 여부를 결정하고 그 결과를 민원인에게 지체 없이 문서로 통지하여야 한다.
2) 부득이한 사유로 정하여진 기간 이내에 인용 여부를 결정할 수 없을 때에는 그 기간의 만료일 다음 날부터 기산하여 10일 이내의 범위에서 연장할 수 있으며, 연장 사유를 민원인에게 통지하여야 한다.

04 행정심판 및 행정소송과의 관계

민원인은 이의신청 여부와 관계없이 행정심판 또는 행정소송을 제기할 수 있다.

05 이의신청의 방법

(1) 이의신청 문서에 적어야 하는 사항

1) 신청인의 성명 및 주소(법인 또는 단체의 경우에는 그 명칭, 사무소 또는 사업소의 소재지와 대표자의 성명)와 연락처
2) 이의신청의 대상이 되는 민원
3) 이의신청의 취지 및 이유
4) 거부처분을 받은 날 및 거부처분의 내용 및 처리절차 등

(2) 이의신청의 결과 통지

행정기관의 장은 이의신청에 대한 결과를 통지할 때에는 결정 이유, 원래의 거부처분에 대한 불복방법 및 불복절차를 구체적으로 분명하게 밝혀야 한다.

(3) 연장 통지

행정기관의 장은 이의신청 결정기간의 연장을 통지할 때에는 통지서에 연장 사유 및 기간 등을 구체적으로 적어야 한다.

(4) 처리상황 기록·유지

행정기관의 장은 이의신청에 대한 처리상황을 이의신청처리대장에 기록·유지하여야 한다.

【 이의신청처리대장 】

이의신청처리대장

접수번호	접수일	처리부서	민원사항	처리기한	신청인			처분		비고
					이름	전화번호	주소	내용	처분일	

제3장 민원제도의 개선 등

주제 32 민원처리기준표

01 민원처리기준표의 고시

행정안전부장관은 민원인의 편의를 위하여 관계법령등에 규정되어 있는 민원의 처리기관, 처리기간, 구비서류, 처리절차, 신청방법 등에 관한 사항을 종합한 민원처리기준표를 작성하여 관보에 고시하고 통합전자민원창구에 게시하여야 한다.

02 관계법령 등의 제정·개정 또는 폐지

행정기관의 장은 관계법령 등의 제정·개정 또는 폐지 등으로 고시된 민원처리기준표를 변경할 필요가 있으면 즉시 그 내용을 행정안전부장관에게 통보하여야 하며, 행정안전부장관은 그 내용을 관보에 고시하고 통합전자민원창구에 게시한 후 민원처리기준표에 반영하여야 한다.

03 행정안전부장관의 개정요청

행정안전부장관은 민원의 간소화를 위하여 필요하다고 인정하는 경우에는 관계 행정기관의 장에게 관계법령등에 규정되어 있는 처리기간, 구비서류, 처리절차, 신청방법 등의 개정을 요청할 수 있다.

04 민원처리기준표의 조정 등

(1) 행정안전부장관은 민원처리기준표를 작성·고시할 때에 민원의 간소화를 위하여 필요하다고 인정하는 경우에는 관계 행정기관의 장과 협의를 거쳐 관계법령등이 개정될 때까지 잠정적으로 관계법령등에 규정되어 있는 처리기간과 구비서류를 줄이거나 처리절차·신청방법을 변경할 수 있다.

(2) 행정기관의 장은 민원처리기준표가 조정·고시된 경우에는 이에 따라 민원을 처리하여야 하며, 중앙행정기관의 장은 민원처리기준표의 조정 또는 변경된 내용에 따라 관계법령등을 지체 없이 개정·정비하여야 한다.

주제 33 민원행정 및 제도개선 계획 등

01 민원행정 및 제도개선 계획

(1) 행정안전부장관은 매년 민원행정 및 제도개선에 관한 기본지침을 작성하여 행정기관의 장에게 통보하여야 한다.

(2) 행정기관의 장은 기본지침에 따라 그 기관의 특성에 맞는 민원행정 및 제도개선 계획을 수립·시행하여야 한다.

02 민원제도의 개선 추진

(1) 행정기관의 장은 민원제도에 대한 개선안을 발굴·개선하도록 노력하여야 한다.

(2) 행정기관의 장은 개선한 내용을 대통령령으로 정하는 바에 따라 행정안전부장관에게 통보하여야 한다. 이때 통보하여야 하는 내용에는 ① 민원제도 개선 추진 계획 및 경과, ② 개선 내용 및 실적, ③ 개선에 대한 완료시점의 사항이 포함되어야 한다.

(3) 행정기관의 장과 민원을 처리하는 담당자는 민원제도에 대한 개선안을 행정안전부장관 또는 그 민원의 소관 행정기관의 장에게 제출할 수 있다.

구분	내용	비고	조항 (법 제39조)
개선안 제출	행정기관의 장과 민원을 처리하는 담당자는 민원제도에 대한 개선안을 행정안전부장관 또는 그 민원의 소관 행정기관의 장에게 제출할 수 있음	행정기관의 장과 민원을 처리하는 담당자 ➡ 행정안전부장관 또는 소관 행정기관의 장	제3항
개선안 검토 요청	행정안전부장관은 제출받은 개선안을 검토하여 필요한 경우에는 그 소관 행정기관의 장에게 통보하여 검토하도록 하여야 함	행정안전부장관 ➡ 소관 행정 기관의 장 ※ 소관 행정기관의 장은 수용 여부 결정하여 행정안전부장관에게 통보	제4항
개선 권고	행정안전부장관은 행정기관의 장이 수용하지 아니하기로 한 사항 중 개선할 필요성이 있다고 인정되는 사항에 대하여는 소관 행정기관의 장에게 개선을 권고할 수 있음	행정안전부장관 ➡ 소관 행정 기관의 장 ※ 소관 행정기관의 장은 수용 여부 결정하여 행정안전부장관에게 통보	제5항
심의 요청	행정기관의 장이 행정안전부장관으로부터 권고받은 사항을 수용하지 아니하는 경우 행정안전부장관은 민원제도개선조정회의에 심의를 요청할 수 있음	행정안전부장관 ※ 소관 행정기관의 장은 수용 여부 결정하여 행정안전부장관에게 통보	제6항

03 개선안의 검토

행정안전부장관은 제출받은 개선안을 검토하여 필요한 경우에는 그 소관 행정기관의 장에게 통보하여 검토하도록 하여야 한다.

04 개선안 수용 여부 결정

(1) 개선안을 제출·통보받은 소관 행정기관의 장은 그 수용 여부를 결정하여야 하며, 행정안전부장관은 행정기관의 장이 수용하지 아니하기로 한 사항 중 개선할 필요성이 있다고 인정되는 사항에 대하여는 소관 행정기관의 장에게 개선을 권고할 수 있다.

(2) 행정기관의 장이 행정안전부장관으로부터 권고 받은 사항을 수용하지 아니하는 경우 행정안전부장관은 민원제도개선조정회의에 심의를 요청할 수 있다.

주제 34 민원제도개선조정회의

01 민원제도개선조정회의

(1) 여러 부처와 관련된 민원제도 개선사항을 심의·조정하기 위하여 국무총리 소속으로 민원제도개선조정회의를 둔다.

(2) 조정회의는 여러 부처와 관련된 민원제도 개선사항, 심의요청 사항 등 대통령령으로 정하는 사항을 심의·조정한다.

02 조정회의의 기능

(1) 여러 부처와 관련된 민원제도 개선사항

(2) 행정기관의 미이행 또는 미개선 과제에 대한 심의 및 이행 권고 등에 관한 사항

(3) 민원제도 개선업무의 효율적 추진에 관한 사항

(4) 심의를 요청받은 사항

(5) 그 밖에 조정회의 위원장이 필요하다고 인정하는 사항

03 조정회의의 구성 등

(1) 조정회의는 위원장 1명을 포함하여 10명 이내의 위원으로 구성한다.

(2) 조정회의의 위원장은 국무조정실장으로 하고, 위원은 기획재정부·행정안전부·국무조정실·법제처 및 관련 과제의 소관 행정기관의 부기관장으로 한다. 다만, 민원제도 개선을 위하여 필요한 경우에는 외부 전문가를 위원으로 위촉할 수 있다.

(3) 조정회의에 간사 2명을 두며, 간사는 행정안전부장관 및 국무조정실장이 소속 공무원 중에서 각각 지명하는 사람이 된다.

04 조정회의의 의견 청취 등

(1) 조치사항
1) 관계 행정기관의 장에 대한 설명 또는 자료·서류 등의 제출 요구
2) 참고인 또는 관계 직원의 출석 및 의견 진술의 요구

(2) 행정기관의 장은 요구를 받은 경우 특별한 사유가 없으면 이에 따라야 한다.

05 조정회의 위원장의 직무

조정회의 위원장은 조정회의를 대표하며 회의를 소집하고 그 의장이 된다.

06 조정회의 위원장의 직무대행

조정회의 위원장이 조정회의에 참석할 수 없을 때에는 위원장이 미리 지정한 위원의 순서로 그 직무를 대행한다.

주제 35 민원에 대한 조사와 점검

01 민원의 실태조사 및 간소화

(1) 중앙행정기관의 장은 매년 그 기관이 관장하는 민원의 처리 및 운영 실태를 조사하여야 한다.
(2) 중앙행정기관의 장은 조사 결과에 따라 소관 민원의 구비서류, 처리절차 등의 간소화 방안을 마련하여야 한다.

02 민원 간소화 방안의 제출 등

(1) 중앙행정기관의 장은 소관 민원의 구비서류, 처리절차 등의 간소화 방안을 마련한 경우 그 간소화 방안을 행정안전부장관에게 제출해야 한다.

(2) 행정안전부장관은 제출받은 간소화 방안을 점검하고 필요한 경우 개선을 권고할 수 있다.

(3) 중앙행정기관의 장은 행정안전부장관의 권고에 따라 개선하도록 노력해야 한다.

03 의견 수렴

중앙행정기관의 장은 소관 민원의 구비서류, 처리절차 등의 간소화 방안을 마련할 때에는 미리 이해관계인, 관련 단체 및 전문가 등의 의견을 수렴하여야 한다.

04 개선 상황 및 운영실태 확인·점검·평가 등

(1) 행정기관 장 통보

행정안전부장관은 효과적인 민원행정 및 제도의 개선을 위하여 필요하다고 인정할 때에는 행정기관에 대하여 민원의 개선 상황과 운영 실태를 확인·점검·평가하고 그 결과를 해당 행정기관의 장에게 통보할 수 있다.

(2) 공개

행정기관의 장은 확인·점검·평가 결과를 통보받은 경우에는 이를 해당 행정기관의 인터넷 홈페이지에 공개하여야 한다.

(3) 건의

행정안전부장관은 확인·점검·평가 결과 민원의 개선에 소극적이거나 이행 상태가 불량하다고 판단되는 경우 국무총리에게 이를 시정하기 위하여 필요한 조치를 건의할 수 있다.

05 법정민원 신설 사전진단

(1) 중앙행정기관의 장은 소관 법정민원을 신설하려는 경우에는 그 민원의 처리기간·구비서류·수수료 등의 적정성에 대해 사전진단을 실시해야 한다.

(2) 중앙행정기관의 장은 실시한 사전진단의 결과를 행정안전부장관에게 통보해야 한다.

(3) 행정안전부장관은 통보받은 사전진단의 결과에 대해 소관 중앙행정기관의 장과 그 법정민원의 개선에 필요한 사항을 협의할 수 있다.

(4) 사전진단 및 협의의 절차와 방법에 관하여 필요한 사항은 행정안전부령으로 정한다.

06 확인·점검 등

(1) 행정안전부장관은 시정조치가 필요하다고 판단되는 사항 중 처리기간의 경과, 구비서류의 추가 요구 및 부당한 접수 거부 등 경미한 사항은 직접 관계 행정기관의 장에게 그 시정에 필요한 조치를 요구할 수 있다.

(2) 국무총리로부터 시정 요구를 받거나 행정안전부장관으로부터 시정 요구를 받은 관계 행정기관의 장은 행정안전부장관에게 그 처리 결과를 통보하여야 한다.

07 평가

(1) 행정안전부장관은 민원행정 개선을 위하여 필요하다고 인정되는 경우에는 행정기관에 대한 민원행정 및 민원제도 개선의 추진상황에 대한 평가를 할 수 있다.

(2) 행정기관의 장은 평가 결과를 공개하는 경우에는 행정안전부장관이 평가 결과를 통보한 날부터 14일 이내에 해당 행정기관의 인터넷 홈페이지에 1개월 이상 공개해야 한다.

(3) 행정기관의 장은 평가 결과를 공개하는 경우에는 그 행정기관의 종합 평가 결과 및 주요 항목별 평가 결과를 공개해야 한다.

08 포상

행정안전부장관은 평가 결과에 따라 우수 기관 및 직원에 대하여 포상할 수 있다.

주제 36 　행정기관의 협조

01　행정기관의 협조 개념

행정기관의 장은 이 법에 따라 행정안전부장관이 실시하는 민원 관련 자료수집과 민원제도 개선사업에 적극 협조하여야 한다.

02　민원행정에 관한 여론 수집

행정안전부장관은 행정기관의 민원 처리에 관하여 필요한 경우 국민들의 여론을 수집하여 민원행정제도 및 그 운영의 개선에 반영할 수 있다.

03　민원행정에 관한 여론 수집 사항

(1) 행정안전부장관은 행정기관의 민원 처리에 관한 국민들의 여론을 수집하려는 경우 효율적인 여론 수집을 위하여 필요한 경우에는 관련 기관 또는 단체 등에 여론조사를 의뢰할 수 있다.

(2) 행정안전부장관은 국민들의 여론을 수집한 결과 민원행정제도 및 운영의 개선이 필요한 경우 국무총리의 승인을 받아 관계 행정기관의 장에게 시정에 필요한 조치를 요구할 수 있다. 이 경우 관계 행정기관의 장은 적절한 조치를 하고, 그 처리 결과를 행정안전부장관에게 통보하여야 한다.

memo.

행정사 2차 사무관리론

제2편

행정업무의 운영 및 혁신에 관한 규정

제1장 총칙
제2장 공문서 관리 등 행정업무의 처리
제3장 행정업무의 효율적 수행
제4장 행정업무의 관리
제5장 각종 서식

제1장 총칙

주제 01 목적 및 업무와 운영의 개념

01 행정업무의 운영 및 혁신에 관한 규정 목적

행정기관의 행정업무 운영에 관한 사항을 규정함으로써 행정업무의 간소화·표준화·과학화 및 정보화를 도모하고 행정업무 혁신을 통하여 행정의 효율을 높이는 것을 목적으로 한다.

02 '업무'의 개념 : 사무를 포함한 모든 일

종래에는 '업무'의 본질을 종이를 사용한 기록· 활용 및 보존이라는 '사무'의 범위내로 좁게 인식하였고, 이에 따라 '업무'의 개념도 사무실에서 이루어지는 서류의 생산·유통·보존 등 서류에 관한 작업(paper work, desk work)으로 한정하여 파악하였다. 현대에는 고도 정보화 사회가 되어 감에 따라 정보의 가치가 중요해지면서 '업무'의 개념에 행정목적을 달성하기 위한 정보의 수집·가공·저장·활용 등 일련의 정보처리과정을 포함시켰다. 또한 행정업무의 국민에 대한 성과를 강조함에 따라 사무실에서 이루어지는 일 뿐만 아니라 국민과의 접점에서 이루어지는 일련의 행정과정까지 포괄하는 것으로 업무의 개념이 확대되었다.

03 '운영'의 개념 : 정책의 품질관리 및 성과관리를 포함하는 총체적인 관리활동

고전적 의미의 운영은 인간, 기계, 설비, 자금 등을 잘 활용·조정하여 설정된 목표를 능률적으로 달성할 수 있도록 계획(plan)하고 실행(do)하고 통제(see)하는 관리를 말한다. 즉 행정의 목적달성을 위한 하나의 수단이다.

현대적 의미의 운영은 조직의 자원을 활용하여 조직내부의 생산목표(output)를 관리하는 고전적 개념에 더하여 국민의 만족도를 증가시키는 정책의 품질관리 및 성과관리를 포함하는 총체적인 관리활동을 의미한다.

주제 02 　 행정업무 운영

01 　 다른 사람들을 통한 업무 수행

운영은 임무성취를 위해 다른 사람 및 조직을 동원하고 이끌어간다. 즉 다른 사람들과 더불어 일하고 다른 사람들을 통해서 일한다.

02 　 조직목표의 설정과 성취

운영의 주된 임무는 조직목표를 설정하고 이를 성취하는 것이다. 운영은 현재의 목표성취뿐만 아니라 장래의 성취능력 확보에도 책임을 진다.

03 　 대상 영역·활동국면

운영의 대상영역은 조직 전반에 걸친다. 조직의 성립·생존·발전에 관련된 여러 국면들이 모두 운영의 대상이 된다. 이러한 운영의 활동과정은 목표설정과 계획수립, 자원의 동원, 조직화, 집행, 환류, 통제 등으로 구분해 볼 수 있다. 이러한 활동국면들의 구성양태와 상호관계는 개별적인 상황과 운영모형에 따라 달라질 수 있다.

04 　 복합적 과정

운영은 여러 가지 과정들을 내포하는 복합적인 과정이다. 이는 의사전달, 의사결정, 통제, 계획, 조정 등 다양한 과정들을 통해서 이루어진다.

05 　 개방체제적 교호작용

운영은 조직 내외의 여러 관계와 역동적 교호작용을 한다. 즉 행정 환경과 조직 내의 하위체제들이 엮어내는 상황에서 작동하는 과정이다.

주제 03 행정업무의 효율적 운영

01 '행정업무의 효율적 운영'의 의미

행정업무의 효율적 운영은 조직의 목적달성에 필요한 행정업무의 과정이 효율적으로 이루어질 수 있도록 행하는 제반 활동이라고 말할 수 있다. 이를 달리 표현하면, 조직의 최종 목적을 달성하기 위하여 업무 전반을 효율적으로 개선하고 비용을 최소화하기 위한 각종 관리활동이라 할 수 있다.

02 행정업무운영

(1) 업무의 간소화

불필요한 업무를 없애고, 최소한의 노력으로 최대한의 업무성과를 낼 수 있도록 하며 작업과정의 속도를 높일 수 있도록 보고·결재 단계의 축소, 전자결재의 활성화, 불필요한 보고서의 생산 지양 등을 추구한다.

(2) 업무의 표준화

업무 담당자가 바뀌어도 원활하게 업무를 처리하고, 일상 업무의 대응 속도를 높일 수 있게끔 업무의 인계·인수를 철저히 하고, 전자결재의 활성화, 업무의 자동화를 지향한다.

(3) 업무의 과학화

정보통신기술의 발달에 발맞춰 행정업무를 보다 정확하고 빠르게 처리할 수 있도록 전자결재 시스템, 지식행정 시스템, 협업 시스템 등을 활용하여 행정 지식을 공유하고 활용하여 정부 내 의사소통을 증진한다.

(4) 업무의 정보화

전산화, 정보화를 통하여 행정업무의 처리방식을 혁신함으로써 행정기관내 부적으로 행정의 효율화, 간소화를 추진하면서 대외적으로는 고도화되는 국민의 행정서비스 욕구를 충족시켜 줄 수 있는 첨단정보통신기술의 도입·활용을 추구한다.

주제 04 용어정리

(1) "공문서"

행정기관에서 공무상 작성하거나 시행하는 문서(도면·사진·디스크·테이프·필름·슬라이드·전자문서 등의 특수매체기록을 포함한다. 이하 같다)와 행정기관이 접수한 모든 문서를 말한다.

(2) "전자문서"

1) 전자문서

컴퓨터 등 정보처리능력을 가진 장치에 의하여 전자적인 형태로 작성되거나 송신·수신 또는 저장된 문서를 말한다.

2) "개방형 문서 형식"이란 다음 요건을 모두 갖춘 전자문서 형식을 말한다.

① 기술의 표준과 규격이 공개되어 있을 것

② 「공공데이터의 제공 및 이용 활성화에 관한 법률」에 따른 기계 판독이 가능한 형태일 것

(3) "문서과"

행정기관 내의 공문서를 분류·배부·보존하는 업무를 수행하거나 수신·발신하는 업무를 지원하는 등 문서에 관한 업무를 주관하는 과(課)·담당관 등을 말한다.

(4) "처리과"

업무 처리를 주관하는 과·담당관 등을 말한다.

(5) "서명"

기안자·검토자·협조자·결재권자[제10조에 따라 결재, 위임전결 또는 대결(代決)하는 자를 말한다. 이하 같다] 또는 발신명의인이 공문서(전자문서는 제외한다)에 자필로 자기의 성명을 다른 사람이 알아볼 수 있도록 한글로 표시하는 것을 말한다.

(6) "전자이미지서명"

기안자·검토자·협조자·결재권자 또는 발신명의인이 전자문서상에 전자적인 이미지 형태로 된 자기의 성명을 표시하는 것을 말한다.

(7) "전자문자서명"

기안자·검토자·협조자·결재권자 또는 발신명의인이 전자문서상에 자동 생성된 자기의 성명을 전자적인 문자 형태로 표시하는 것을 말한다.

(8) "행정전자서명"

기안자·검토자·협조자·결재권자 또는 발신명의인의 신원과 전자문서의 변경 여부를 확인할 수 있도록 그 전자문서에 첨부되거나 결합된 전자적 형태의 정보로서 「전자정부법 시행령」 제29조에 따른 인증기관으로부터 인증을 받은 것을 말한다.

(9) "전자이미지관인"

관인의 인영(印影 : 도장을 찍은 모양)을 컴퓨터 등 정보처리능력을 가진 장치에 전자적인 이미지 형태로 입력하여 사용하는 관인을 말한다.

(10) "전자문서시스템"

문서의 기안·검토·협조·결재·등록·시행·분류·편철·보관·보존·이관·접수·배부·공람·검색·활용 등 모든 처리절차가 전자적으로 처리되는 시스템을 말한다.

(11) "업무관리시스템"

행정기관이 업무처리의 모든 과정을 제22조제1항에 따른 과제관리카드 및 문서관리카드 등을 이용하여 전자적으로 관리하는 시스템을 말한다.

(12) "행정정보시스템"

행정기관이 행정정보를 생산·수집·가공·저장·검색·제공·송신·수신하고 활용할 수 있도록 하드웨어·소프트웨어·데이터베이스 등을 통합한 시스템을 말한다.

(13) "정보통신망"

「전기통신사업법」 제2조제2호에 따른 전기통신설비를 활용하거나 전기통신설비와 컴퓨터 및 컴퓨터의 이용기술을 활용하여 정보를 수집·가공·저장·검색·송신 또는 수신하는 정보통신체제를 말한다.

(14) "정책실명제"

정책의 투명성과 책임성을 높이기 위하여 행정기관에서 소관 업무와 관련하여 수립·시행하는 주요 정책의 결정 및 집행 과정에 참여하는 관련자의 실명과 의견을 기록·관리하는 제도를 말한다.

제2장 공문서 관리 등 행정업무의 처리

주제 05 공문서 관리 등 행정업무의 처리

01 공문서의 개념

(1) 행정상 공문서의 개념

문서는 일반적으로 사람의 의사나 사물의 형태·관계 등을 문자·기호·숫자 등을 활용하여 종이 등 매체에 기록·표기한 것을 말하는데, 행정기관의 의사도 문서의 형태로 표시된다.

행정상 공문서라 함은 행정기관 또는 공무원이 직무상 작성하고 처리한 문서 및 행정기관이 접수한 문서를 말한다.

「행정 효율과 협업 촉진에 관한 규정」에는 "공문서란 행정 기관에서 공무상 작성하거나 시행하는 문서(도면·사진·디스크·테이프·필름· 슬라이드·전자문서 등의 특수매체기록을 포함한다)와 행정기관이 접수한 모든 문서를 말한다."라고 규정하고 있으며, 전자문서에 대해서는 "컴퓨터 등 정보처리 능력을 가진 장치에 의하여 전자적인 형태로 작성되거나, 송신·수신 또는 저장된 문서"로 규정하고 있다.

한편 「민원 처리에 관한 법률 시행령」에는 행정기관의 장이 ① 위·변조 방지조치, ② 출력한 문서의 진위확인조치 등을 취하여 민원인에게 통지한 전자문서를 민원인이 출력한 경우 이를 「행정 효율과 협업 촉진에 관한 규정」에 따른 공문서로 인정하고 있다.

(2) 법률상의 공문서의 개념

1) 「형법」상의 공문서

「형법」에서 말하는 "공문서"라 함은 공무소 또는 공무원이 그 명의로써 권한 내에서 소정의 형식에 따라 작성한 문서를 말하며, 공문서 위조·변조, 허위공문서 등의 작성 및 행사 등 공문서에 관한 죄를 규정하여 공문서의 진정성(眞正性)을 보호하고 있는 데, 일반적으로 공문서에 관한 죄는 사문서에 관한 죄보다 무겁게 처벌되고 있다.

2) 「민사소송법」상의 공문서

「민사소송법」은 "문서의 작성방식과 취지에 의하여 공무원이 직무상 작성한 것으로 인정한 때에는 이를 진정한 공문서로 추정한다."라고 규정 하여 증거능력을 부여하고 있다.

02 문서의 필요성

(1) 내용이 복잡하여 문서 없이는 업무처리가 곤란할 때
(2) 업무처리에 대한 의사소통이 대화로는 불충분하여 문서가 필요할 때
(3) 행정기관의 의사표시 내용을 증거로 남겨야 할 때
(4) 업무처리의 형식상 또는 절차상 문서가 필요한 때
(5) 업무처리 결과를 보존할 필요가 있을 때

03 문서의 기능

(1) 의사의 기록·구체화

문서는 사람의 의사를 구체적으로 표현하는 기능을 갖는다. 사람이 가지고 있는 주관적인 의사는 문자·숫자·기호 등을 활용하여 종이나 다른 매체에 표시하여 문서화함으로써 그 내용이 구체화된다.

(2) 의사의 전달

문서는 자기의 의사를 타인에게 전달하는 기능을 갖는다. 문서에 의한 의사 전달은 전화나 구두로 전달하는 것보다 좀 더 정확하고 변함없는 내용을 전달할 수 있다.

(3) 의사의 보존

문서는 의사를 오랫동안 보존하는 기능을 갖는다. 문서로써 전달된 의사는 지속적으로 보존할 수 있고 역사 자료로써 가치를 갖기도 한다.

(4) 자료 제공

보관·보존된 문서는 필요한 경우 언제든 참고자료 내지 증거자료로 제공되어 행정활동을 지원·촉진시킨다.

(5) 업무의 연결·조정

문서의 기안·결재 및 협조 과정 등을 통해 조직 내외의 업무처리 및 정보 순환이 이루어져 업무의 연결·조정 기능을 수행하게 된다.

주제 06 문서의 종류

01 작성주체에 의한 구분

(1) 공문서
행정기관에서 공무상 작성하거나 시행하는 문서(도면, 사진, 디스크, 테이프, 필름, 슬라이드, 전자문서 등 특수매체기록 포함)와 행정기관이 접수한 모든 문서를 말한다.

(2) 사문서
개인이 사적(私的)인 목적을 위하여 작성한 문서를 말한다. 그러나 사문서도 각종 신청서·증명서·진정서 등과 같이 행정기관에 제출하여 접수가 된 것은 사문서가 아니고 공문서로 취급되며 그 문서를 제출한 사람도 접수된 문서를 임의로 회수할 수는 없다.

02 유통대상여부에 의한 구분

(1) 유통되지 않는 문서 : 내부결재문서
행정기관이 내부적으로 계획 수립, 처리방침 결정, 업무보고, 소관사항 검토 등을 하기 위하여 결재를 받는 문서를 말한다. 내부적으로 결재를 받는 문서이므로 발신하지 않는다.

(2) 유통대상 문서

1) 대내문서
해당 기관 내부에서 보조기관 또는 보좌기관 상호간 협조를 하거나 보고 또는 통지를 위하여 수신·발신 하는 문서를 말한다.

2) 대외문서
해당 기관 이외에 다른 행정기관(소속기관 포함)이나 국민, 단체 등에 수신·발신하는 문서를 말한다.

3) 발신자와 수진자 명의가 같은 문서
행정기관의 장 또는 합의제 행정기관이 자신의 명의로 발신하고 자신의 명의로 수신하는 문서를 말한다.

03 문서의 성질에 의한 분류

「행정 효율과 협업 촉진에 관한 규정」은 공문서를 그 성질에 따라 법규문서·지시문서·공고문서·비치문서·민원문서 및 일반문서로 구분하고 있다.

(1) 법규문서

주로 법규사항을 규정하는 문서로서 헌법·법률·대통령령·총리령·부령·조례 및 규칙 등에 관한 문서를 말한다.

(2) 지시문서

훈령·지시·예규·일일명령 등 행정기관이 그 하급기관이나 소속 공무원에 대하여 일정한 사항을 지시하는 문서를 말한다. 행정법에서는 지시문서를 행정규칙 또는 행정명령이란 용어로 사용하고 있다.

1) 훈령

상급기관이 하급기관에 대하여 장기간에 걸쳐 그 권한의 행사를 일반적으로 지시하기 위하여 발하는 명령

2) 지시

상급기관이 직권 또는 하급기관의 문의에 의하여 하급기관에 개별적·구체적으로 발하는 명령

3) 예규

행정업무의 통일을 기하기 위하여 반복적인 행정업무의 처리기준을 제시하는 문서로서 법규문서를 제외한 문서

4) 일일명령

일일명령 당직·출장·시간외근무·휴가 등 일일업무에 관한 명령

(3) 공고문서

고시·공고 등 행정기관이 일정한 사항을 일반에게 알리기 위한 문서를 말한다.

1) 고시

법령이 정하는 바에 따라 일정한 사항을 일반에게 알리는 문서

2) 공고

일정한 사항을 일반에게 알리는 문서

(4) 비치문서

행정기관이 일정한 사항을 기록하여 행정기관 내부에 비치하면서 업무에 활용하는 대장·카드 등의 문서를 말한다.

(5) 민원문서

민원인이 행정기관에 허가, 인가, 그 밖의 처분 등 특정한 행위를 요구하는 문서와 그에 대한 처리문서를 말한다.

(6) 일반문서

위 각 문서에 속하지 아니하는 모든 문서를 말한다. 일반문서 중 특수한 것으로서 회보와 보고서가 있다

주제 07 문서의 성립

01 문서의 성립

(1) 성립요건

1) 행정기관의 적법한 권한 범위 내에서 작성되어야 한다.
2) 위법·부당하거나 시행 불가능한 내용이 아니어야 한다.
3) 법령에 규정된 절차 및 형식을 갖추어야 한다.

(2) 성립시기

1) 문서는 결재권자가 해당 문서에 대하여 서명(전자이미지서명·전자문자서명 및 행정전자서명 포함)의 방식으로 결재함으로써 성립한다.
2) 결재권자란 행정기관의 장, 법령에 따라 행정권한을 위임받거나 위탁받은 자, 위임전결 또는 대결하는 자를 말한다.

> ※ **서명** : 기안자·검토자·협조자·결재권자 또는 발신명의인이 공문서(전자문서 제외)상에 자필로 자기의 성명을 다른 사람이 알아볼 수 있도록 한글로 표시하는 것
> ※ **전자이미지서명** : 기안자·검토자·협조자·결재권자 또는 발신명의인이 전자문서 상에 전자적인 이미지 형태로 된 자기의 성명을 표시하는 것
> ※ **전자문자서명** : 기안자·검토자·협조자·결재권자 또는 발신명의인이 전자문서 상에 자동 생성된 자기의 성명을 전자적인 문자 형태로 표시하는 것

※ **행정전자서명** : 기안자·검토자·협조자·결재권자 또는 발신명의인의 신원과 전자 문서의 변경여부를 확인할 수 있도록 그 전자문서에 첨부되거나 결합된 전자적 형태의 정보로서 「전자정부법 시행령」 제29조에 따른 인증기관 으로부터 인증을 받은 것

02 문서의 효력 발생

(1) 효력발생에 대한 입법주의

1) 표백주의

문서가 성립한 때 즉 결재로써 문서의 작성이 끝난 때에 효력이 발생한다는 견해이다. 이는 내부결재문서와 같이 상대방 없는 문서의 경우에는 합당하나, 상대방이 있는 경우에는 그 상대방이 해당 문서의 작성에 관해 전혀 알지 못하는데도 효력이 생기게 되어 문서발신 지연 등 발신자의 귀책사유로 인한 불이익을 상대방이 감수해야 하는 부당함이 발생한다.

2) 발신주의

성립한 문서가 상대방에게 발신된 때 효력이 발생한다는 견해이다. 이는 신속한 거래에 적합하며, 특히 다수의 자에게 동일한 통지를 해야 할 경우에 획일적으로 효력을 발생하게 할 수 있다는 장점이 있지만, 문서의 효력발생 시기가 발신자의 의사에 좌우되고, 상대방이 아직 알지 못하는 상황에서 효력이 발생한다는 단점이 있다.

▷ 발신주의를 채택한 예로는 「민법」 제531조(격지자간의 계약성립시기)를 들 수 있다.

3) 도달주의

문서가 상대방에게 도달해야 효력이 생긴다는 견해이며 수신주의라고도 한다. 여기서 도달이라 함은 문서가 상대방의 지배범위 내에 들어가 사회통념상 그 문서의 내용을 알 수 있는 상태가 되었다고 인정되는 것을 의미한다. 이는 쌍방의 이익을 가장 잘 조화시키는 견해라고 볼 수 있다. 「민법」 상의 의사표시와 「행정 효율과 협업 촉진에 관한 규정」 상의 문서의 효력발생 시기는 도달주의를 원칙으로 하고 있다.

「민법」
제111조 (의사표시의 효력발생시기) 상대방 있는 의사표시는 그 통지가 상대방에 도달한 때로부터 그 효력이 생긴다.

4) 요지주의

상대방이 문서의 내용을 안 때에 효력이 발생한다는 견해이다. 이는 상대방의부주의나 고의 등으로 인한 부지(不知)의 경우 발신자가 불이익을 감수해야하는 폐단이 발생하고, 지나치게 상대방의 입장에 치우친 것으로 타당한 견해라고 보기 어렵다.

(2) 문서의 효력발생 시기

1) 일반 원칙

문서가 수신자에게 도달됨으로써 그 효력을 발생하되, 전자문서는 수신자가 관리하거나 지정한 전자적 시스템 등에 입력됨으로써 그 효력을 발생한다고 규정하고 있어 도달주의를 원칙으로 하고 있다.

2) 공고문서의 효력발생

고시, 공고 등 공고문서는 그 문서상에 효력발생 시기를 명시하고 있지 않으면 그 고시 또는 공고가 있은 날부터 5일이 경과한 때에 효력이 발생한다.

여기서 5일의 경과기간은 일반에게 그 내용을 알리는데 필요한 최소한의 주지기간으로 볼 수 있기 때문에 공고문서에 효력발생 시기를 명시하는 때에는 최소한 5일 이상의 주지기간을 주어야 할 것이다.

다만, 「행정절차법」 다른 법령 등에 특별한 규정이 없으면 공고일부터 14일이 경과한 때에 그 효력이 발생한다. 라고 규정하고 있는데 여기서 14일의 경과기간은 처분, 신고, 행정상 입법예고, 행정예고 및 행정지도의 절차에 관하여 송달받을 자에게 공고를 통하여 송달하는 경우에 한하여 우선적으로 적용된다 할 것이다.

> 「행정절차법」
> 제14조(송달) 다음 각 호의 어느 하나에 해당하는 경우에는 송달 받을 자가 알기 쉽도록 관보, 공보, 게시판, 일간신문 중 하나 이상에 공고하고 인터넷에도 공고하여야 한다.
>   1. 송달받을 자의 주소 등을 통상의 방법으로 확인할 수 없는 경우
>   2. 송달이 불가능한 경우

주제 08 문서 처리, 작성의 원칙

01 문서 처리의 기본 원칙

1) 행정기관의 장(법령에 따라 행정권한을 위임받거나 위탁받은 자를 포함)은 문서의 기안·검토·협조·결재·등록·시행·분류·편철·보관·보존·이관·접수·배부·공람·검색·활용 등 처리절차를 전자문서시스템 또는 업무관리시스템 상에서 전자적으로 처리하도록 하여야 한다.

2) 행정기관의 장은 국민생활의 편의를 제고하고 전자문서를 체계적으로 관리·활용하기 위하여 다음 기준에 따라 문서를 처리하도록 노력해야 한다.

  ① 개방형 문서 형식으로 문서요지와 키워드를 포함하여 작성할 것
  ② 국민에게 문서를 다양한 형식으로 제공할 것

③ 국민이 다양한 장치에서 문서에 접근할 수 있도록 할 것

02 문서 작성의 일반 원칙

(1) 문서의 전자적 처리

문서의 기안·검토·협조·결재·등록·시행·분류·편철·보관·보존·이관·접수·배부·공람·검색·활용 등 모든 처리절차는 업무관리시스템 또는 전자문서시스템 상에서 전자적으로 처리되도록 하여야 한다.

(2) 이해하기 쉽게 작성

1) 어문규범의 준수

문서는 어문규범에 맞게 한글로 작성하되, 뜻을 정확하게 전달하기 위하여 필요한 경우에는 괄호 안에 한자나 그 밖의 외국어를 함께 적을 수 있으며, 가로로 쓴다.

2) 국민이 이해하기 쉬운 용어 사용

문서의 내용은 간결하고 명확하게 표현하고 일반화되지 않은 약어와 전문용어등의 사용을 피하여 이해하기 쉽게 작성하여야 한다. 행정용어 순화어를 활용하여 쉬운 우리말을 사용할 수 있도록 노력하고, 특히 대국민 행정명령이나 국민에 안내하는 고시공고문은 국민친화적 용어를 사용하여 작성하도록 노력하여야 한다.

03 문서작성의 방법

(1) 문서는 어문규범에 맞게 한글로 작성하되, 뜻을 정확하게 전달하기 위하여 필요한 경우에는 괄호 안에 한자나 그 밖의 외국어를 함께 적을 수 있으며, 특별한 사유가 없으면 가로로 쓴다.

(2) 문서의 내용은 간결하고 명확하게 표현하고 일반화되지 않은 약어와 전문용어 등의 사용을 피하여 이해하기 쉽게 작성하여야 한다.

(3) 문서에는 음성정보나 영상정보 등이 수록되거나 연계된 바코드 등을 표기할 수 있다.

(4) 문서에 쓰는 숫자는 특별한 사유가 없으면 아라비아 숫자를 쓴다.

(5) 문서에 쓰는 날짜는 숫자로 표기하되, 연·월·일의 글자는 생략하고 그 자리에 온점을 찍어 표시하며, 시·분은 24시각제에 따라 숫자로 표기하되, 시·분의 글자는 생략하고 그 사이에 쌍점을 찍어 구분한다. 다만, 특별한 사유가 있으면 다른 방법으로 표시할 수 있다.

04 공문서 작성의 방법

(1) 공문서의 내용을 둘 이상의 항목으로 구분할 필요가 있으면 그 항목을 순서대로 표시하고 필요한 경우에는 특수한 기호로 표시할 수 있다.

(2) 문서에 금액을 표시할 때에는 아라비아 숫자로 쓰되, 숫자 다음에 괄호를 하고 다음과 같이 한글로 적어야 한다.

(예시) 금113,560원(금일십일만삼천오백육십원)

05 문서의 쪽 번호 등 표시

(1) 의의

2장 이상으로 이루어진 문서가 대상문서, 문서의 순서 또는 연결 관계를 명백히 할 필요가 있는 문서, 사실관계나 법률관계의 증명에 관계되는 문서, 허가, 인가 및 등록 등에 관계되는 문서 해당하는 경우에는 쪽 번호 또는 발급번호를 표시하거나 간인(間印) 등을 해야 한다.

(2) 표시 방법

1) 전자문서인 경우

① 각종 증명발급에 관한 문서를 제외한 문서에는 문서의 중앙 하단에 쪽 번호를 표시하되, 문서의 순서 또는 연결관계를 명백히 할 필요가 있는 중요한 문서에는 해당 문건의 전체 쪽수와 그 쪽의 일련번호를 붙임표(-)로 이어 표시한다.

② 각종 증명발급에 관한 문서에는 해당 문서의 왼쪽 하단에 발급번호를 표시하되, 다음 예시와 같이 표시한다.

(예시) 단말번호-출력연월일/시·분·초 – 발급일련번호 – 쪽번호

2) 종이문서인 경우

관인 관리자가 관인을 이용하여 간인한다. 다만, 민원서류나 그 밖에 필요하다고 인정하는 종이 문서에는 간인을 갈음하여 구멍뚫기(천공) 방식으로 표시할 수 있다.

(3) 발급번호

각종 증명 발급 문서의 왼쪽 하단에 표시

(예시) 단말번호 – 출력년월일/시·분·초 – 발급일련번호 – 쪽번호

06 규격 용지의 사용

(1) 규격 표준화의 필요성

문서에 사용되는 용지의 규격을 통일하여 표준화함으로써 문서의 작성·처리·편철·보관·보존 등 뿐만 아니라 프린터, 복사기, 팩스 등 각종 사무자동화기기의 활용을 용이하게 할 수 있다.

(2) 용지의 기본규격

문서의 작성에 사용하는 용지는 가로 210mm, 세로 297mm(A4용지)의 직사각형으로 한다. A4용지는 국내외에 널리 통용되는 기본규격이다. 다만 도면 작성 등 기본규격을 사용하기 어려운 특별한 경우에는 그에 알맞은 규격의 용지를 사용할 수 있다.

주제 09 문서의 구성체제

01 일반 기안문

1) 일반적으로 사용하는 기안문·시행문은 두문·본문·결문으로 구성한다.

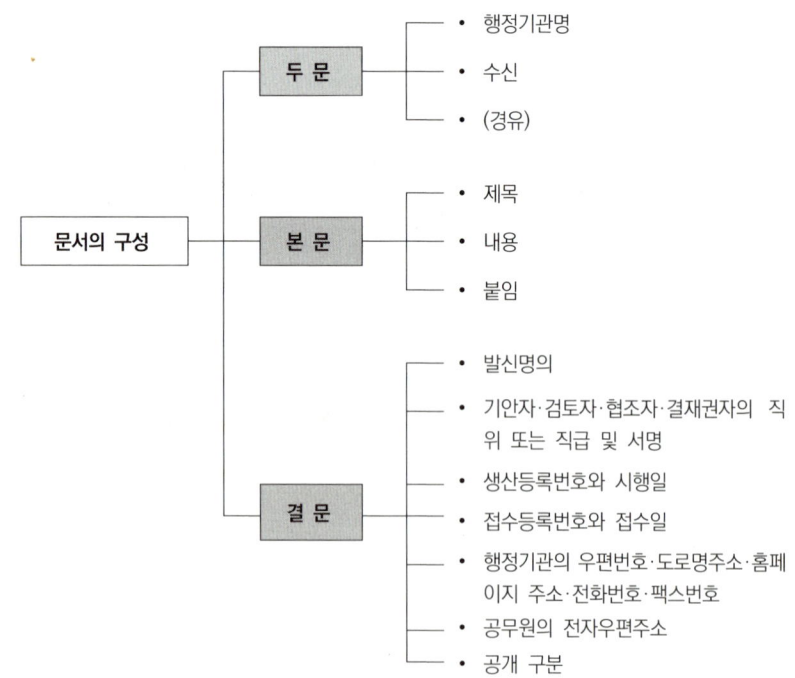

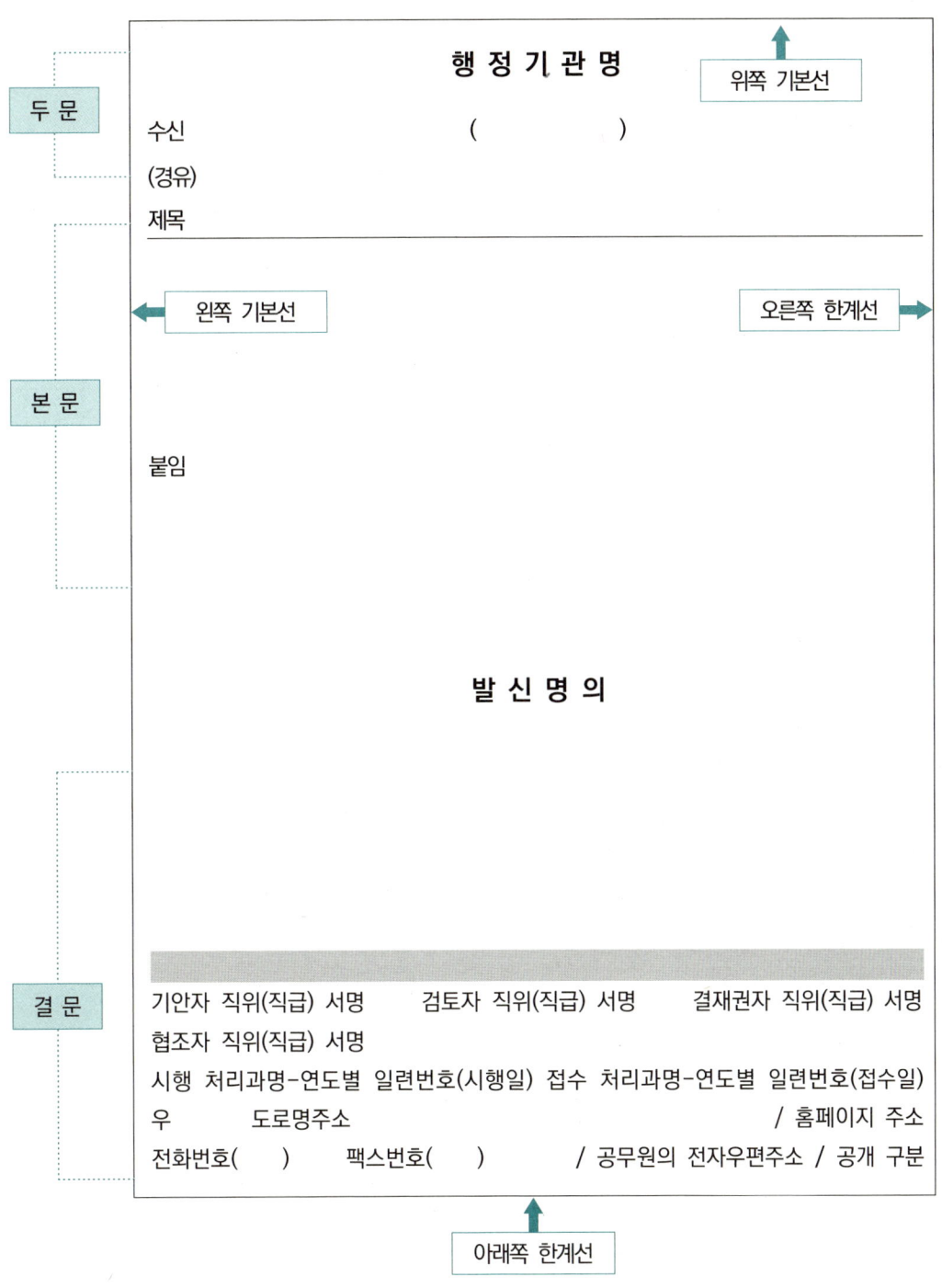

2) 간이기안문

왼쪽 상단에 문서등록 표시(생산등록번호, 등록일, 결재일 및 공개구분), 오른쪽 상단에 결재란(기안자, 검토자, 협조자, 결재권자)을 표시하고 그 아래에 제목·작성일·작성기관을 표시한다. 요약설명문이 필요한 경우에는 제목과 작성일 사이에 적는다.

생산등록번호	
등 록 일	
결 재 일	
공 개 구 분	

협조자			

(제 목)

※ 필요한 경우 보고근거 및 보고내용을
  요약하여 적을 수 있음

○○○○부(차·청 또는 위원회 등)   ○○○○부(차·청 또는 위원회 등)
          또는
     ○○○○국   ○○○○과

주제 10 문서의 기안

01 기안의 개요

기안이라 함은 행정기관의 의사를 결정하기 위하여 문안을 작성하는 것을 말한다. 기안은 주로 상급자의 지시사항이나 접수한 문서를 처리하기 위하여 행하여지나 법령·훈령·예규 등을 근거로 하거나 또는 순수한 자기발안(自己發案)으로 이루어지기도 한다.

02 기안의 원칙

(1) 문서의 기안은 전자문서로 하는 것을 원칙으로 한다. 다만, 업무의 성질상 전자문서로 기안하기 곤란하거나 그 밖의 특별한 사정이 있으면 종이문서로 기안할 수 있다.

(2) 문서의 기안은 행정안전부령으로 정하는 기안문으로 하여야 한다. 다만, 관계 서식이 따로 있는 경우에는 그 내용을 관계 서식에 기입하는 방법으로 할 수 있다.

(3) 둘 이상의 행정기관의 장의 결재가 필요한 문서는 그 문서 처리를 주관하는 행정기관에서 기안하여야 한다.

(4) 기안문에는 발의자(기안하도록 지시하거나 스스로 기안한 사람을 말한다)와 보고자를 알 수 있도록 표시하여야 한다.
다만, ① 검토나 결정이 필요하지 아니한 문서, ② 각종 증명 발급, 회의록, 그 밖의 단순 사실을 기록한 문서, ③ 일상적·반복적인 업무로서 경미한 사항에 관한 문서에는 발의자와 보고자의 표시를 생략할 수 있다.

03 기안자의 자격

(1) 기안자의 범위에 관하여는 아무런 제한이 없다. 공무원이면 누구든지 기안자가 된다.

(2) 분장 받은 업무에 대하여 그 업무를 담당하는 자는 직급 등에 관계없이 기안할 수 있다.

(3) 또한 결재권자는 접수문서를 공람할 때 처리담당자를 따로 지정할 수 있으므로 이 경우 지정된 자도 기안자가 된다.

04 기안자 등의 표시

(1) 기안문에는 발의자와 보고자의 직위나 직급의 앞 또는 위에 발의자는 ★표시를, 보고자는 ⊙표시를 한다.

(2) 기안문에 첨부되는 계산서·통계표·도표 등 작성상의 책임을 밝힐 필요가 있다고 인정되는 첨부물에는 작성자를 표시하여야 한다.

(3) 기안자, 검토자 또는 협조자는 기안문의 해당란에 직위나 직급을 표시하고 서명하되, 검토자나 협조자가 다른 의견을 표시하는 경우에는 직위나 직급 다음에 "(의견 있음)"이라고 표시하여야 한다.

(4) 총괄책임자는 총괄책임자가 총괄하는 단위업무를 분담하는 사람이 기안한 경우 그 기안문을 검토하고 검토자란에 서명을 하되, 다른 의견이 있으면 직위나 직급 다음에 "(의견 있음)"이라고 표시하고 기안문 또는 별지에 그 의견을 표시할 수 있다.
다만, 총괄책임자가 출장 등의 사유로 검토할 수 없는 등 부득이한 경우에는 검토를 생략할 수 있으며 서명란에 출장 등 검토할 수 없는 사유를 적어야 한다.

05 기안문의 작성 시 고려사항

(1) 작성 전 고려사항

1) 기안자는 안건에 관련된 문제를 파악하고 관계 규정 및 과거 행정선례를 숙지하고 있어야 한다.

2) 기안하는 목적과 필요성을 파악하고 자료를 수집·분석하며 필요한 경우에는 설문조사, 실태조사, 회의 등을 통하여 의견을 청취한다.

3) 복잡한 기안의 경우에는 초안을 작성하여 논리의 일관성을 해치는 사항이 없도록 검토한 다음 작성한다.

(2) 작성 시 유의사항

1) 정확성(바른 글)

① 일반적으로 6하 원칙에 따라 작성하고 오·탈자나 계수 착오가 없도록 한다.

② 필요한 내용을 빠뜨리지 않고, 잘못된 표현이 없도록 문서를 작성한다.

③ 의미전달에 혼동을 일으키지 않도록 정확한 용어를 사용하고 문법에 맞게 문장을 구성한다.

④ 애매모호하거나 과장된 표현에 의하여 사실이 왜곡되지 않도록 한다.

2) 용이성(쉬운 글)

① 상대방의 입장에서 이해하기 쉽게 작성한다.

② 문장은 가급적 짧게 끊어서 항목별로 표현한다.

③ 복잡한 내용일 때는 먼저 결론을 내린 후 이유를 설명하는 것이 좋다.

④ 추상적이고 일반적인 용어보다는 구체적이고 개별적인 용어를 쓴다.

⑤ 읽기 쉽고 알기 쉬운 용어를 사용하고, 한자나 어려운 전문용어 또는 일반화되지 않은 약어는 사용하지 않는다. 한자나 전문용어를 쓸 필요가 있을 때에는 ( )에 한자를 쓰거나 용어의 해설을 붙인다.

3) 성실성(호감 가는 글)

① 문서는 성의 있고 진실하게 작성한다.

② 상대방에게 불쾌감을 주거나 상대를 무시하는 듯한 표현은 피하고 적절한 경어를 사용한다.

③ 감정적이고 위압적인 표현을 쓰지 않는다.

4) 경제성(효율적으로 작성하는 글)

① 일상 반복적인 업무는 표준 기안문을 활용한다.

② 용지의 규격·지질을 표준화한다. 규격이나 지질이 다르면 표준화된 경우에 비하여 많은 시간과 노력이 요구된다.

③ 서식을 통일하여 규정된 서식을 사용하는 것이 경제적이다.

④ 한눈에 내용을 파악할 수 있고 다루기 쉽게 1건 1매 주의로 하는 것이 효율적이다.

주제 11 기안의 종류

01 일반기안

(1) 의의

일반기안이라 함은 가장 일반적인 형태로 어떤 하나의 안건을 처리하기 위하여 정해진 기안서식에 문안을 작성하는 것을 말한다. 기안문 서식은 일반기안문, 간이기안문의 2가지가 있다.

(2) 간이기안문

보고서·계획서·검토서 등 내부적으로 결재하는 문서에 한하여 사용하며, 시행문으로 변환하여 사용할 수 없다.

02 일괄기안

(1) 의의

일괄기안이라 함은 서로 관련성이 있는 2개 이상의 안건을 동시에 일괄하여 기안하는 것을 말한다.

(2) 작성 및 시행방법

1) 일괄기안은 각각의 기안문에 작성한다. 이 경우 각각의 기안문에는 두문, 본문 및 결문의 구성요소가 모두 포함되어야 한다.
2) 업무관리시스템 또는 전자문서시스템에서 한 번의 지정(확인)으로 각각의 기안문에 기안자·검토자·협조자·결재권자의 정보가 동시에 생성되도록 하여야 한다.
3) 제목은 각 안의 내용 및 성격에 따라 다르게 설정할 수 있다.
4) 특별한 사유가 있는 경우를 제외하고는 각각 다른 생산등록번호를 사용하여 같은 날짜로 시행하여야 한다.
5) 발송할 것을 전제로 하는 기안문이 내부결재의 내용과 동일한 경우에는 내부결재 안건을 별도로 작성할 필요 없이 생략할 수 있다.
6) 대내외로 발송할 문서의 경우, 각각의 기안문에 발신명의를 모두 표시해야 한다. 기안문과 시행문이 통합된 서식을 사용하게 됨에 따라 발신명의를 생략하게 되면, 발신명의 없이 그대로 시행되어 형식상 흠이 있는 공문서가 되기 때문이다.

[제1안]

행정안전부

수신 내부결재
(경유)
제목 「행정 효율과 협업 촉진에 관한 규정」 개정내용 설명회 개최

「행정 효율과 협업 촉진에 관한 규정」 및 같은 규정 시행규칙의 전부개정에 따라 각급 행정기관의 교육수요에 대비하고 개정내용을 학계 등에 전파하기 위하여 (사)○○협회 소속 행정업무 운영 분야 교수 또는 행정학 교수 대상으로 붙임과 같이 설명회를 개최하고자 합니다.

붙임 「행정 효율과 협업 촉진에 관한 규정」 개정내용 설명회 개최 계획 1부. 끝.

전결 2020. 11. 27.
행정사무관 **임**○○ 정보공개정책과장 **김**○○ 정부혁신기획관 **고**○○
협조자

시행 정보공개정책과-901   접수
우 30116 세종특별자치시 한누리대로 411 (어진동) /www.mois.go.kr
전화번호 044-205-2262 팩스번호 044-204-8920 / honeykyo@mois.go.kr / 대국민공개

[제2안]

행정안전부

수신 (사)○○협회장
(경유)
제목 「행정 효율과 협업 촉진에 관한 규정」 개정내용 설명회 개최 계획 통보

1. 「행정 효율과 협업 촉진에 관한 규정」의 전부개정에 따른 개정내용 설명회 개최 계획을 통보하오니,

2. (사)○○협회 소속 행정업무 운영 분야 교수 또는 행정학 교수들이 설명회에 많이 참석하실 수 있도록 협조하여 주시기 바랍니다.

붙임 「행정 효율과 협업 촉진에 관한 규정」 개정내용 설명회 개최 계획 1부. 끝.

행정안전부장관

전결 2020. 11. 27.
행정사무관 **임○○** 정보공개정책과장 **김○○** 정부혁신기획관 **고○○**
협조자
시행 정보공개정책과-901   접수
우 30116 세종특별자치시 한누리대로 411 (어진동) / www.mois.go.kr
전화번호 044-205-2262 팩스번호 044-204-8920 / honeykyo@mois.go.kr / 대국민공개

[제3안]

행정안전부

수신 정부청사관리소장(관리총괄과장)
(경유)
제목 회의장소 사용 및 통신장비 설치 협조

「행정 효율과 협업 촉진에 관한 규정」 개정내용 설명회 개최에 따라 회의장소 사용 및 통신장비 설치 등의 협조를 요청하오니 조치하여 주시기 바랍니다.

1. 설명회 개요
   가. 일시: 2020. 11. 27.(금) 11:00~18:00
   나. 장소: 정부세종청사 행정안전부 별관 8층 대회의실(8층 820호)
   다. 참석: 30명

2. 협조요청 사항
   가. 참석자용 책상 30개 및 의자 40개(배석자 포함) 배치
   나. 강의 시설(마이크, 빔 프로젝트, 스크린 등) 설치

붙임 「행정 효율과 협업 촉진에 관한 규정」 개정내용 설명회 개최 계획. 1부. 끝.

행정안전부장관

행정사무관 임○○ 정보공개정책과장 김○○ 정부혁신기획관 고○○ 전결 2020. 11. 27.
협조자
시행 정보공개정책과-901   접수
우 30116 세종특별자치시 한누리대로 411 (어진동) / www.mois.go.kr
전화번호 044-205-2262 팩스번호 044-204-8920 / honeykyo@mois.go.kr / 대국민공개

03 공동기안

(1) 의의

공동기안이라 함은 2이상의 행정기관의 장의 결재를 받아 공동 명의로 시행하기 위하여 문안을 작성하는 것을 말한다.

(2) 작성 및 시행방법

1) 공동기안 문서는 그 문서 처리를 주관하는 기관에서 기안하여 먼저 그 기관의 장의 결재를 받은 후 관계 행정기관의 장의 결재를 받는다.

2) 공동기안은 특히 관계 기관 간의 긴밀한 사전협의가 요구되므로 관계 기관의 장의 결재를 받기 전에 그 기관의 해당 보조기관 등과 충분한 사전협의가 있어야 한다.

```
[일반기안문의 결재 표시]

▶ 주관기관을 먼저(왼쪽), 관계 기관을 뒤(오른쪽)에 표시

  행정안전부장관  2020. 11. 14.    외교부장관   2020. 11. 15.
                 김행정                        이외교

▶ 또는 주관기관을 위에 관계 기관을 아래에 표시

  행정안전부장관  2020. 11. 14.
                 김행정
  외교부장관     2020. 11. 15.
                 이외교
```

3) 공동기안 문서는 해당 문서의 처리를 주관하는 행정기관의 문서(기록물)등록대장에 등록하고 그 등록번호를 부여하는 등 주관기관의 문서 처리절차에 따른다.

4) 공동기안문의 발신 명의 표시

① 해당 문서처리를 주관하는 행정기관 장의 명의를 맨 위에 표시하고, 관계행정기관 장의 명의를 그 밑에 표시한다.

② 관계 행정기관의 장이 동일 직위일 때에는 「정부조직법」에 의한 부·처·청의 순위에 따라 표시하고, 동일 직급이 아닌 때에는 상위 직급 행정기관장 명의부터 표시한다.

```
┌─────────────────────────┐
│   행정안전부장관         │
│   교육부장관             │
│   인사혁신처장           │
│   경찰청장               │
│ ※ 문서처리를 주관하는 행정기관의 발신 명의에만 관인 날인 │
└─────────────────────────┘
```

04 서식에 의한 처리

생산등록번호란·접수등록번호란·수신자란 등이 설계된 서식으로 작성한 문서는 별도의 기안문을 작성하지 아니하고 해당 서식의 기안자·검토자·협조자·결재권자의 서명란에 결재를 받아야 한다.

다만, 서명란이 따로 설치되지 않은 경우에는 〈간이결재인〉을 찍어 이에 결재함으로써 기안에 갈음할 수 있다.

주제 12 기안의 검토 및 협조

01 검토 및 협조의 개념

검토는 보조기관 또는 보좌기관이 그 소속 공무원이 기안한 내용을 분석하고 점검하여 동의 여부를 결정하는 것을 말하고, 협조는 기안내용과 관련이 있는 다른 부서나 기관의 합의를 얻는 것을 말한다. 즉, 검토는 직제상 수직적 합의를, 협조는 수평적 합의를 의미한다.

02 검토 및 협조의 절차

(1) 검토 절차

1) 기안자는 기안문의 형식·내용을 최종적으로 확인한 후 기안자란에 서명하고, 결재권자의 결재를 받기 전에 하위 보조(보좌)기관에서 상위 보조(보좌)기관의 순으로 검토를 받는다.

2) 업무분담자가 기안한 경우에는 총괄책임자의 검토를 거친 후 보조(보좌)기관의 검토·결재를 받는다. 업무분담자는 기안자란에, 총괄책임자는 검토자란에 서명한다.

> 주무관 **김주무** 행정사무관 **김담당** 정보공개정책과장 **장과장** 정부혁신기획관관 전결 2020. 11. 15. **박국장**
> 협조자
> ※ 업무분담자: 업무분장에 따라 단위업무를 담당하는 자
> ※ 총괄책임자: 업무분장상 여러 개의 단위업무를 총괄하는 책임자(직제상 직위 없음)

3) 총괄 책임자가 기안하는 경우에는 업무분담자의 의견을 들은 후 보조(보좌)기관의 검토·결재를 받는다. 총괄책임자는 기안자란에, 업무분담자는 협조자란에 서명한다.

> 행정사무관 **김담당**   정보공개정책과장 **장과장**   정부혁신기획관 전결 2020. 11. 15. **박국장**
> 협조자 주무관 **김주무**

4) 총괄책임자나 보조(보좌)기관이 출장 등의 사유로 검토를 할 수 없는 등 부득이한 경우에는 검토를 생략하되, 서명란에 출장 등 검토를 할 수 없는 사유를 적어야 한다.

> | 주무관 | **김주무** | 행정사무관 | **김담당** | 정보공개정책과장 | **출장** | 정부혁신
기획관 | **박국장** | 전결
2020. 11. 15. |
> |---|---|---|---|---|---|---|---|---|
> | 협조자 | | | | | | | | |

(2) 협조 절차

기안문의 내용이 행정기관 내의 다른 보조기관 또는 보좌기관의 업무와 관련이 있을 때에는 그 기관의 협조를 받아야 한다.

03 다른 의견의 표시

(1) 기안문을 검토 또는 협조하는 경우에 그 내용과 다른 의견이 있으면 본문의 마지막 또는 별지에 그 의견을 표시하여야 한다. 이 경우 의견 내용과 함께 의견을 표시한 사람의 소속, 직위(직급) 및 성명을 함께 표시한다.

(2) 다른 의견을 표시하는 때에는 서명란의 해당 직위 또는 직급 다음에 "(의견있음)"이라고 표시하고 서명하여야 한다.

> ················(본 문)················
> ················. 끝.
>
> ┌─────────────────────┐
> │ (본문내용에 대한 의견 있음) │ ⇒ 시행문에는 의견내용을 표시하지
> │ 1. 의견내용   │   않는다.
> │ 2. 민원서비스정책과 과장   │
> │   한○○   │
> └─────────────────────┘
>
> | 주무관 | **김주무** | 행정사무관 | **임담당** | 정보공개정책과장 | **김과장** | 정부혁신
기획관 | **고국장** | 전결
2020. 11. 15. |
> |---|---|---|---|---|---|---|---|---|
> | 협조자 민원서비스정책과장 **(의견있음) 한과장** | | | | | | | | |

(3) 기안문의 내용에 대한 검토 또는 협조 과정에서 기안자·검토자·협조자 상호간에 의견이 다를 경우 가능한 한 의견을 조정하여 합의하도록 노력하여야 하며, 합의가 가능한 때에는 문안을 수정하거나 재작성하면 되기 때문에 의견표시는 불필요할 수 있다.

※ 이 경우 기안자와 검토자는 기안문의 문안을 직접 수정하거나 재작성할 수 있지만, 협조자는 수정 또는 재작성할 수 없다.

주제 13 문서의 결재

01 결재의 의의

결재란 해당 사안에 대하여 행정기관의 의사를 결정할 권한이 있는 자가 그 의사를 결정하는 행위를 말한다. 따라서 기관의 장 또는 결재권을 위임받은 자가 행정기관의 의사를 결정하기 위한 과정에서 각급 보조기관 또는 보좌기관의 서명을 받는 검토와 협조는 결재의 개념에 해당되지 않는다.

02 결재의 기능

(1) 순기능

1) 기관의 의사결정과정에서 현실적이고 실무적인 사정을 반영할 수 있다.
2) 결재권자의 의사결정에 필요한 지식과 정보를 제공·보완시켜 준다.
3) 하위직원의 창의·연구 및 훈련의 기회로 활용될 수 있다.
4) 결재과정을 통해 직원의 직무수행에 대한 통제가 가능하다.

(2) 역기능

1) 여러 단계의 검토 과정을 거쳐 결재에 이르기 때문에 의사결정이 지연되기 쉽다.
2) 상위자의 결정에 의존하기 때문에 하위자가 자기책임하에 창의성을 발휘하기 어렵고, 소극적인 자세로 업무를 처리하는 경향이 있다.
3) 결재 과정이 형식적인 확인 절차에 그치는 경우도 많다.
4) 상위자에게 결재안건이 몰리는 경우, 상세한 내용 검토 없이 문구 수정 정도에 그치기도 하고, 결재하느라 보내는 시간 때문에 상위자 역할인 정책 구상, 계획 수립 등에 시간을 할애하기 어렵게 된다.

(3) 역기능 해소 방안

1) 결재권을 하위자에게 대폭적으로 위임한다.
2) 검토 과정이나 업무처리 절차를 간소화한다.
3) 안건에 따라서는 상위자가 직접 기안하거나 처리지침을 지시한다.

03 결재의 종류

(1) 결재

결재란 법령에 따라 소관 사항에 대한 행정기관의 의사를 결정할 권한을 가진 자(주로 행정기관의 장)가 직접 그 의사를 결정하는 행위를 말한다.

문서는 해당 행정기관의 장의 결재를 받되, 보조(보좌)기관의 명의로 발신하는 문서는 그 보조(보좌)기관의 결재를 받아야 한다.

(2) 전결

전결이란 행정기관의 장으로부터 업무의 내용에 따라 결재권을 위임받은 자(보조기관·보좌기관·업무담당 공무원)가 행하는 결재를 말하며, 그 위임 전결사항은 해당 기관의 장이 훈령 또는 지방자치단체의 규칙으로 정한다.

(3) 대결

대결이란 결재권자가 휴가, 출장, 그 밖의 사유로 결재할 수 없을 때에 그 직무를 대리하는 자가 행하는 결재를 말한다. 대결한 문서 중에서 내용이 중요하다고 판단되는 문서는 결재권자에게 사후에 보고하여야 한다.

> **참고 결재권자**
> ① 행정기관의 장
> ② 행정기관의 장으로부터 결재권을 위임받은 자
> ③ 대결하는 자

04 결재의 효과

문서는 결재권자가 해당 문서에 서명(전자이미지서명, 전자문자서명 및 행정전자서명 포함)의 방식으로 결재함으로써 성립한다.

05 결재의 표시

기안문, 시행문에 기안자, 검토자, 협조자 및 결재권자의 직위(직급)를 온전하게 나타내고, 서명을 그대로 표시하도록 한 것은 의사결정 과정과 참여자를 알 수 있도록 하여 행정의 책임성·투명성제고를 위한 것임.
⇨ 정책실명제 실현

(1) 결재의 표시

1) 행정기관의 장이 결재하는 경우에는 기관장의 직위를 직위란에 간략히 표시하고 결재란에 서명한다.
2) 결재권자의 서명란에는 서명날짜를 함께 표시한다.

> ○○정책과장 **김과장**　○○기획관 **고국장**　○○실장 **한실장**　차관 **이차관**　장관 **전장관**　2021. 11. 15.
> 협조자

(2) 전결의 표시

1) 전결하는 사람의 서명란에 "전결" 표시를 한 후 서명한다.
2) 서명하지 않는 사람의 결재란은 설치하지 않는다.

> 정보공개정책과장 **김과장**　정부혁신기획관 **고국장**　정부혁신조직실장 **한실장**　전결 2021. 11. 15.
> 협조자

(3) 대결의 표시

1) 위임전결 사항이 아닌 사항을 대결하는 경우("대결"만 표시)
2) 대결하는 사람의 서명란에 "대결" 표시를 하고 서명하며, 서명하지 않는 사람의 결재란은 설치하지 않는다.

> ○○정책과장 **김과장**　○○기획관 **고국장**　○○실장 **한실장**　차관 **이차관**　대결 2021. 11. 15.
> 협조자

(4) 위임전결 사항을 대결하는 경우 ("전결"과 "대결"을 함께 표시)

전결권자의 서명란에는 "전결" 표시를, 대결하는 사람의 서명란에는 "대결"이라고 표시하고 서명하며, "전결" 표시를 하지 않거나 서명을 하지 않는 사람의 결재란은 설치하지 않는다.

06 결재 받은 문서의 수정

(1) 원칙
결재 받은 문서의 일부분을 삭제하거나 수정할 때에는 수정한 내용대로 재작성하여 결재를 받아 시행하여야 한다.

(2) 종이문서의 경우
1) 종이문서의 경우로서, 삭제하거나 수정하려는 사항이 명백한 오류의 정정 등 경미한 사항인 경우에는 원안의 글자를 알 수 있도록 삭제 또는 수정하는 글자의 중앙에 가로로 두 선을 그어 삭제 또는 수정한다.
2) 문서의 일부분을 삭제 또는 수정하는 경우, 삭제 또는 수정한 자가 그 곳에 서명 또는 날인한다.
3) 시행문을 삭제 또는 수정하는 경우, 그 줄의 오른쪽 여백에 삭제 또는 수정한 글자 수를 표시하고 관인으로 날인한다.

주제 14 문서의 등록

01 문서의 등록

(1) 행정기관은 문서를 생산(문서가 성립된 경우)하였을 때에는 지체 없이 생산등록번호를 부여하고 등록하여야 한다.

(2) 생산등록번호 외 부여하는 번호

1) 법규문서에는 연도구분과 관계없이 누적되어 연속되는 누년 일련번호를 부여한다.
2) 지시문서 중 훈령 및 예규에는 누년 일련번호를 부여하고, 일일명령에는 연도별로 구분하여 매년 새로 시작되는 일련번호로서 연도별 일련번호를 부여하며, 지시에는 연도표시 일련번호를 부여한다.
3) 공고문서에는 연도표시 일련번호를 부여한다.

02 등록 대상 문서 및 항목

(1) 등록 대상 문서
1) 해당 부서에서 기안하여 결재를 받은 모든 문서

2) 기안문 형식 외의 방법으로 작성하여 결재권자의 결재를 받은 문서

3) 접수한 문서

(2) 등록 항목

등록구분, 제목, 단위업무명(기록물철), 기안자(업무담당자), 결재권자, 생산(접수)등록번호, 생산(접수)등록일자, 수신자(발신자), 공개구분 등

03 문서 등록 요령

(1) 행정기관이 생산(접수)한 문서는 해당 문서에 대한 결재(접수)가 끝난 즉시 결재(접수)일자 순에 따라 반드시 각 처리과별로 업무관리시스템 또는 전자문서시스템에 의하여 문서(기록물)등록대장에 등록하고 생산(접수)등록번호를 부여하여야 한다.

(2) 문서의 등록번호는 처리과별로 문서(기록물) 등록대장에 생산문서·접수문서를 통합하여 등록된 순서에 따라 연도별 일련번호를 부여하여 관리한다.

(3) 내부결재 문서는 문서(기록물) 등록대장의 수신자란에 "내부결재"라고 표시한다.

(4) 전자적으로 문서 등록 표시를 할 수 없는 결재문서는 문서의 표지 왼쪽 상단에 문서등록(생산등록번호)의 표시를 한 후 등록한다.

(5) 일반문서에 첨부된 녹음테이프, 큰 도면 등 기록물 종류나 규격이 달라 함께 관리가 곤란한 첨부물은 별도로 등록한다. (생산등록번호의 표시)

☞ **생산등록번호의 표시** (「공공기록물 관리에 관한 법률 시행규칙」 별표 1)

가. 문서, 카드·도면류 등의 기록물

등록번호	
등록일자	
처 리 과	

나. 사진·필름·테이프·디스켓 등 소형 규격의 기록물

등 록	(등록번호)
	(등록일자)

주제 15 문서의 시행

01 문서 시행의 개념

문서시행이라 함은 내부적으로 성립한 행정기관의 의사를 외부로 표시하는 단계로서 문서의 효력을 발생하게 하는 절차를 말한다.

02 문서 시행의 절차

문서를 시행하기 위해서는 일반적으로 시행문의 작성, 관인 날인 또는 서명, 문서 발신 등의 절차를 거친다.

03 문서 시행의 방법

문서를 시행하는 방법으로는 발신, 홈페이지 게시, 관보 게재, 고시·공고, 교부 등이 있다.

04 시행문의 작성

(1) 일반 사항

결재 받은 문서 중 발신할 문서는 시행문을 작성하여야 하며 별도의 시행문 서식은 없다. 따라서 결재가 끝난 일반기안문에 관인을 찍으면 시행문이 된다.

1) 전자문서
업무관리시스템 또는 전자문서시스템에서 전자이미지관인을 찍으면 시행문이 된다.

2) 종이문서
결재받은 기안문을 복사하여 관인을 찍으면 시행문이 된다.

(2) 예외 사항

1) 전신·전신타자·전화 발신 문서
전신·전신타자·전화로 발신하는 문서는 시행문을 작성하지 아니하나, 시행문 형식으로 발신한다.

2) 생산(접수)등록번호란·수신란 등이 설계된 서식으로 작성한 문서
서식 자체를 기안문·시행문으로 갈음할 수 있도록 설계된 서식으로 기안한 경우에도 별도의 시행문을 작성하지 아니하고 해당 문서의 발신명의란에 관인(전자이미지관인 포함)을 찍거나 행정기관의 장이 서명(전자이미지서명 포함)하여 시행할 수 있다.

(3) 시행문의 수신자가 여럿인 경우

그 수신자 전체를 함께 표시하여 시행문을 작성·시행할 수 있다. 다만, 수신자의 개인정보 보호 등을 위하여 필요할 때에는 수신자별로 작성·시행하여야 한다.

(4) 시행 간주

행정기관의 장이 소속공무원 또는 소속기관에 발신하는 시행문이나 보조기관 및 보좌기관 상호간에 발신하는 시행문 중에서 단순한 업무에 관한 지시나 자료요구 업무연락, 통보, 공지사항, 일일명령 등에 해당하는 시행문은 업무관리시스템 또는 전자문서시스템의 전자게시판이나 행정기관의 홈페이지 등에 게시된 때에 시행된 것으로 본다.

주제 16 관인 날인 또는 서명

01 관인을 날인하거나 서명하는 문서

(1) 행정기관의 장 또는 합의제기관의 명의로 발신하는 문서

시행문, 고시·공고 문서, 임용장·상장 및 각종 증명서에 속하는 문서에는 관인(전자이미지관인 포함)을 찍거나 행정기관의 장이 서명(전자이미지관인 포함)한다.

관인은 발신 명의 표시의 마지막 글자가 인영의 가운데 오도록 찍는다. 다만, 등·초본 등 민원서류를 발급할 때 사용하는 직인은 발신 명의 표시의 오른쪽에 찍을 수 있다.

(2) 보조기관 또는 보좌기관의 명의로 발신하는 문서

발신 명의 표시의 마지막 글자 위에 보조기관 또는 보좌기관이 서명(전자이미지서명, 전자문자서명 및 행정전자서명 포함)하여 시행하되, 전자이미지서명, 전자문자서명, 행정전자서명은 전자적으로 자동 생성되도록 하여야 한다.

다만, 보조기관이나 보좌기관의 직무를 대리하는 사람이 서명을 하는 경우에는 서명 앞에 "직무대리"의 표시를 하여야 한다.

(3) 관인 날인 또는 서명을 생략하는 문서

1) 생략 표시를 하지 않는 문서

관보나 신문 등에 실리는 문서의 경우 관인 날인 또는 서명을 생략할 수 있으며, 별도의 생략 표시를 하지 않는다. (기관 대표 홈페이지에 공고되는 문서 포함)

2) 생략 표시를 해야 하는 문서

① 대상문서
  ㉠ 일일명령 등 단순 업무처리에 관한 지시문서
  ㉡ 행정기관 또는 보조(보좌)기관 간의 단순한 자료요구, 업무연락, 통보 등을 위한 문서
② 표시위치는 발신명의 표시의 오른쪽에 한다.

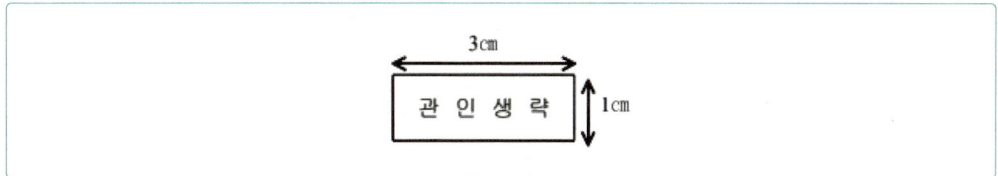

(4) 관인의 인영을 인쇄하여 사용하는 문서

1) 관인을 찍어야 할 문서로서 다수의 수신자에게 동시에 발신 또는 교부하거나 알리는 문서에는 관인의 날인을 갈음하여 관인의 인영을 인쇄하여 사용할 수 있다.

2) 관인의 인영을 인쇄하여 사용하려면 미리 관인을 관리하는 부서의 장과 협의하고 해당 행정기관의 장의 승인을 받아야 한다.

3) 관인의 인영을 실제 규격대로 인쇄하기 어려운 경우에는 문서의 크기, 용도에 따라 인영의 크기를 적절하게 축소하여 인쇄할 수 있다.

4) 관인의 인영을 인쇄하여 사용하는 처리과의 장은 다른 법령에 특별한 규정이 없으면 관인인쇄용지 관리대장을 갖추어 두고 그 사용 내역을 기록·유지하여야 한다.

[별지 제5호서식]

관인인쇄용지 관리대장

인쇄문서명					
관인명			인쇄관인규격		
일 자	인쇄량 (매)	사용량 (매)	사 용 명 세	잔여량 (매)	확인 (서명)

주제 17 문서의 발신

01 발신 원칙

(1) 문서는 직접 처리하여야 할 행정기관에 발신한다. 다만, 필요한 경우에는 행정조직상의 계통에 따라 발신한다.

(2) 하급기관이 바로 위 상급기관 외의 상급기관(바로 위 상급기관에 대한 지휘·감독권을 갖는 상급기관)에 발신하는 문서 중 필요하다고 인정되는 문서는 바로 위 상급기관을 거쳐 발신하여야 한다.

(3) 상급기관이 바로 아래 하급기관 외의 하급기관(바로 아래 하급기관의 지휘·감독을 받는 하급기관)에 문서를 발신하는 경우에도 필요하다고 인정되는 문서는 그 바로 아래 하급기관을 경유하여 발신하여야 한다.

(4) 문서는 처리과에서 발송한다. 다만, 인편 또는 우편으로 발송하는 경우에는 문서과의 지원을 받아 발송할 수 있다.

> ※ **처리과** : 업무처리를 주관하는 과·담당관 등
> ※ **문서과** : 행정기관 내의 공문서를 분류·배부·보존하거나 수신·발신하는 업무를 지원하는 등 문서에 관한 업무를 주관하는 과·담당관 등

(5) 다음의 경우에는 문서를 생산한 처리과의 장의 승인을 받아 이미 발신할 문서의 수신자를 변경하거나 추가하여 다시 발신할 수 있다.

1) 결재권자나 해당 문서를 생산한 처리과의 장의 지시가 있는 경우

2) 수신자의 명칭이 변경된 경우

3) 착오로 인하여 수신자를 누락하였거나 잘못 지정한 경우

4) 해당 업무와 관련된 기관의 요청이 있는 경우

02 발신 방법

(1) 일반 사항

1) 문서는 업무관리시스템이나 전자문서시스템 등의 정보통신망을 이용하여 발신한다. 이 경우 그 발신 기록을 전자적으로 관리하여야 한다.

2) 업무의 성질상 정보통신망을 이용하여 발신하는 것이 적절하지 않거나 그 밖의 특별한 사정이 있으면 우편·팩스 등의 방법으로 문서를 발신할 수 있으며 이 경우 발신 기록을 증명할 수 있는 관계 서류 등을 기안문과 함께 보관하여야 한다.

3) 우편·팩스 등의 방법으로 발신하는 경우 내용이 중요한 문서는 등기우편이나 그 밖에 발신 사실을 증명할 수 있는 특수한 방법으로 발신하여야 한다.

4) 행정기관이 아닌 자에게는 행정기관의 홈페이지나 행정기관에서 공무원에게 부여한 전자우편주소를 이용하여 문서를 발신할 수 있다.
다만, 이 방법으로 문서를 발신하는 것은 수신자가 사전에 그 사실을 알고 있는 경우에만 가능하다.

5) 관인을 찍는 문서가 전자문서인 경우에는 기안자나 문서의 수신·발신 업무를 담당하는 사람이 전자이미지관인을 찍고, 종이문서인 경우에는 관인을 관리하는 사람이 관인을 찍은 후 처리과에서 발송한다.

(2) 특수 사항 : 암호 또는 음어 송신

시행할 문서의 내용이 비밀사항이거나 비밀은 아니라도 누설되면 국가안 전보장, 질서유지, 경제안정, 그 밖의 국가이익을 해칠 우려가 있는 내용의 문서를 결재할 때 결재권자는 그 문서 내용의 암호화 등 보안 유지가 가능한 발신방법을 지정하여야 한다. 이 경우 본문의 마지막에 "암호" 등으로 발신방법을 표시하여야 한다.

(3) 문서의 게시

단순한 업무 관련 지시 또는 자료요구, 업무연락, 통보, 공지사항, 일일명령등의 문서는 업무관리시스템 또는 전자문서시스템의 전자게시판이나 행정기관의 홈페이지 등에 게시하여 시행할 수 있다.

(4) 관보 게재

1) 법령 공포의 통지
2) 대통령 및 국무총리의 훈령과 지시사항의 통지
3) 각급 기관에 대한 인사발령 통지
그 밖에 관보에 공문을 대체한다는 내용을 적어 실은 사항 등은 시행한 것으로 본다.
4) 문서 등의 보안 유지

① 행정기관의 장은 문서를 수신·발신하는 경우에 문서의 보안 유지와 위조, 변조, 분실, 훼손 및 도난 방지를 위한 적절한 조치를 마련하여야 한다.

② 행정기관의 장은 보유하고 있는 컴퓨터에 대하여 비밀번호를 부여하여야 한다.

③ 업무관리시스템 또는 전자문서시스템을 이용하여 문서를 작성·처리하고자 하는 자는 개인별 사용자 계정(ID)·비밀번호 및 전자이미지서명을 등록하여 사용한다.
이 경우 비밀번호는 최초로 등록한 후 즉시 변경하여야 한다.

④ 컴퓨터 및 개인별 비밀번호는 문서의 보호 및 보안유지를 위하여 수시로 변경하여야 한다.

03 발신 명의

(1) 문서의 발신 명의는 행정기관의 장으로 한다. 다만, 합의제기관의 권한에 속하는 문서의 발신 명의는 그 합의제기관으로 한다.

(2) 행정기관 내의 보조기관 또는 보좌기관 상호간에 발신하는 문서는 해당 보조기관 또는 보좌기관의 명의로 한다.

(3) 발신할 필요가 없는 내부결재문서는 발신 명의를 표시하지 아니한다.

주제 18 문서의 접수

(1) 처리과

1) 문서는 처리과에서 접수한다.

2) 접수한 문서는 접수일시와 접수등록번호를 접수란에 전자적으로 표시하여야 한다.

3) 접수란이 없거나 전자적으로 표시할 수 없는 문서인 경우에는 두문의 오른쪽 여백에 '접수인'을 찍고 접수일시와 접수등록번호를 적는다.

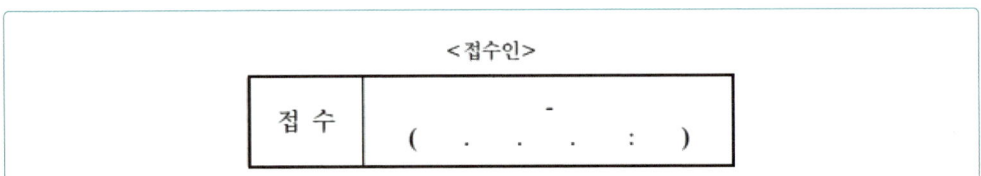

(2) 문서과

1) 문서과에서 받은 문서는 문서과에서 접수일시를 전자적으로 표시하거나 적고 지체 없이 처리과에 배부하여 접수하게 하여야 한다. 이 경우 접수등록번호는 처리과에서 전자적으로 표시하거나 적는다.

2) 문서의 접수 및 배부 경로에 관한 정보는 등록정보로 관리하여야 한다.

(3) 행정기관 외의 자로부터 정보통신망으로 받은 문서

1) 일반적인 접수절차를 거쳐 업무관리시스템 또는 전자문서시스템 상에서 처리하되, 발신자의 주소와 성명 등이 불분명하거나 담당 업무와 관련이 없는 사항인 경우에는 접수하지 아니할 수 있다.

2) 접수하려는 문서의 위조, 변조 방지 조치 등으로 인하여 그 문서에 접수일시와 접수등록번호를 전자적으로 표시할 수 없는 경우에는 이를 표시하지 아니할 수 있다.

(4) 둘 이상의 보조(보좌)기관 관련 문서

관련성이 가장 높은 보조기관 또는 보좌기관에서 그 문서를 접수하여야 한다. 단, 문서과에서 해당 문서를 받게 되면 그 관련성이 가장 높다고 판단되는 보조기관 또는 보좌기관에 보내야 한다.

(5) 당직근무자가 받은 문서

일반적인 접수절차를 거쳐 문서를 접수할 수 있도록 다음 근무시간 시작 후 지체 없이 문서과에 인계하여야 한다.

(예시) 금요일 19:00 수령 → 월요일 출근시간 직후 문서과에 인계

주제 19 문서의 반송 및 이송

01 반송

(1) 의의

발신한 기관으로 되돌려 보내는 것을 말한다.

(2) 행정기관 간의 반송

접수한 문서에 형식상의 흠이 있으면 그 문서의 생산등록번호, 시행일, 제목 및 반송사유를 구체적으로 밝혀 발신한 행정기관의 장에게 반송할 수 있다.

(3) 보조기관 또는 보좌기관 간의 반송

처리과에서 그 소관에 속하지 아니하는 문서를 접수한 때에는 지체 없이 그 문서를 발신한 처리과에 반송하여야 하며, 문서과로부터 배부 받은 문서인 경우에는 문서과에 재배부 요청을 하여야 한다.

02 이송

(1) 의의

발신기관이 아니라 소관기관으로 송부하는 것을 말한다.

(2) 행정기관 간의 이송

행정기관의 장은 접수한 문서가 다른 행정기관의 소관사항인 경우에는 그 문서를 지체 없이 소관 행정기관

의 장에게 이송하여야 한다.

(3) 보조기관 또는 보좌기관 간의 이송

처리과에서 접수한 문서가 다른 보조기관이나 보좌기관의 소관사항인 경우에는 지체 없이 소관 보조기관 또는 보좌기관에 이송하여야 한다.

> 처리과에서 직접 받은 문서의 발신자가 행정기관 또는 행정기관내의 보조기관· 보좌기관이 아닌 경우(즉, 발신자가 행정기관외의 자인 경우)
> - 소관사항이면 일반적인 절차에 따라 접수·처리
> - 소관사항이 아닌 경우 소관 처리과로 배부될 수 있도록 지체 없이 문서과로 보내야 함(규칙 제16조제3항)

주제 20 | 문서의 공람 및 경유

01 의의

처리과의 문서 수신·발신 업무 담당자는 접수한 문서를 처리담당자에게 인계하고 처리담당자는 해당 문서에 대한 공람할 자의 범위를 정하여 문서를 공람하게 할 수 있다.

02 공람 대상 문서

(1) 결재권자로부터 처리지침을 받아야 할 필요가 있는 문서

(2) 민원문서

(3) 행정기관이나 보조기관 또는 보좌기관 간의 업무협조에 관한 문서

(4) 접수된 문서를 처리하기 위하여 미리 검토할 필요가 있는 문서

(5) 그 밖에 공무원의 신상(身上), 교육·훈련 등과 관련하여 공무원이 알아야 할 필요가 있는 문서

03 공람순서

공람의 순서에 대하여는 특별한 규정을 두고 있지 않다.

04 공람의 표시

업무관리시스템 또는 전자문서시스템 상에서 공람하였다는 기록(공람자의 직위 또는 직급, 성명 및 공람일시 등)이 자동으로 표시되도록 한다.

05 결재권자의 지시

공람을 하는 결재권자는 문서의 처리기한 및 처리방법을 지시할 수 있으며 필요하면 업무분장에 따른 담당자 외에 그 문서의 처리담당자를 따로 지정할 수 있다.

06 문서의 경유

(1) 접수

일반문서의 접수절차와 동일

(2) 결재 및 처리

1) 경유문서를 접수한 기관은 해당 기관장의 명의로 다음 경유기관의 장이나 최종 수신자에게 경유문서를 첨부하여 발신하여야 한다.

2) 경유기관의 의견이 있으면 그 의견을 시행문 본문에 표시하거나 첨부하여 보내야 한다.

(3) 반송 및 보완

1) 경유기관의 장은 그 문서를 최종적으로 처리할 권한이 있는 자가 아니므로 검토과정에서 형식상, 내용상 흠이 있더라도 발신 행정기관의 장에게 반송할 수 없다.

2) 경유문서에 대하여 수정 또는 보완요구를 할 수 없다. 위에서 설명한 바와 같이 경유기관의 장은 경유문서에 대한 검토를 하고, 이에 대한 의견이 있는 경우에는 이를 첨부하여 경유순서에 따라 보내야 한다.

```
                     행정기관명
   수신  ○○○
   (경유) 이 문서의 경유기관의 장은 ○○○(또는 제1차 경유기관의
         장은 ○○○, 제2차 경유기관의 장은 ○○○, ……………)이고,
         최종 수신기관의 장은 ○○○입니다.
   제목  경유문서의 이송
   (본문 내용)
                     발신명의  [직인]
```

주제 21 업무관리시스템 구축 및 운영

01 업무관리시스템의 개념

업무관리시스템이란 행정기관이 업무처리의 전 과정을 과제관리카드 및 문서관리카드 등을 이용하여 전자적으로 관리하는 시스템을 말한다. 공직사회의 일하는 방식을 근본적으로 개선하기 위해 행정기관의 업무처리절차를 통합화·표준화하여 업무처리과정에서 생산된 각종 업무 관련 자료를 과제에 따라 일정, 메모보고, 문서관리카드, 지시사항, 회의관리 등으로 체계적인처리를 할 수 있도록 구축한 온라인 시스템이다.

- 정책에 대한 모든 의사결정을 온라인으로 처리하고, 그 결과를 기록으로 유지, 관리
- 단위과제별 추진실적 관리 및 주요 정책의 추진상황 분석·피드백을 위한 틀 제공
- 업무추진과정에서 생성되는 각종 보고서, 활동실적 등의 축적, 기록관리

- 정책결정과정에서 제시된 다양한 의견의 기록관리로 정책의 투명성·책임성 제고
- 업무수행과 전자적 문서관리, 과제관리, 정책품질관리 등 연계, 정책품질 제고

02 업무관리시스템의 기대효과

일하는 방식의 표준화·시스템화로 신속한 업무처리가 가능하고 업무과정이 표준화되어 시스템에서 관리되고, 관련 업무담당자 사이에 업무처리 내용이 긴밀하게 공유된다. 또한 업무내용은 과제별로 체계적으로 분류·등록되며 추진내용이나 과제수행에 대한 정확한 상황을 실시간으로 확인할 수 있고 추진실적은 자동으로 기록·관리되어 행정의 효율성을 크게 향상시킬 수 있다.

03 업무관리시스템의 구축·운영

(1) 운영 주체

1) 행정기관의 장은 업무처리의 전 과정을 효율적으로 관리하기 위하여 업무관리시스템을 구축·운영하여야 한다.
2) 중앙행정기관과 지방자치단체, 지방교육행정기관의 장은 그 소속기관이나 산하기관 등을 포함하여 업무관리시스템을 구축·운영할 수 있다.

3) 행정안전부장관은 행정기관의 업무관리시스템 구축·운영을 지원하기 위한 계획을 수립·시행할 수 있으며, 지원계획을 수립하는 경우에는 관계 행정기관의 장에게 관련자료 및 필요한 의견의 제출을 요청할 수 있다.

04 시스템의 구성

(1) 과제관리카드

1) 과제관리카드는 행정기관 업무의 기능별 단위과제의 담당자·내용 및 추진실적등을 기록·관리할 수 있도록 구성되어야 한다.

2) 과제관리카드에는 표제·실적관리·계획관리·품질관리·홍보관리·고객관리 그 밖에 필요한 사항이 포함되어야 한다. 다만, 행정기관의 장이 특별한 사유가 있다고 인정하는 경우에는 일부 사항을 제외할 수 있다.

(2) 문서관리카드

1) 문서관리카드는 문서의 작성·검토·결재·등록·공개 등 문서처리의 모든 과정을 기록·관리 할 수 있도록 ① 기안한 내용, ② 의사결정 과정에서 제기된 의견, 수정한 내용 및 지시 사항, ③ 의사결정 내용을 포함하여 구성하여야 한다.

2) 문서관리카드는 문서정보, 경로정보, 시행정보, 관리정보 그 밖에 필요한 사항이 포함되어야 한다. 다만, 행정기관의 장이 특별한 사유가 있다고 인정하는 경우에는 일부 사항을 제외할 수 있다.

3) 문서의 기안은 업무관리시스템의 문서관리카드로 할 수 있다. 이 경우 검토자·협조자 및 결재권자는 보고경로의 의견·지시란에 의견을 표시할 수 있고 전결·대결 및 끝 표시를 생략할 수 있다.

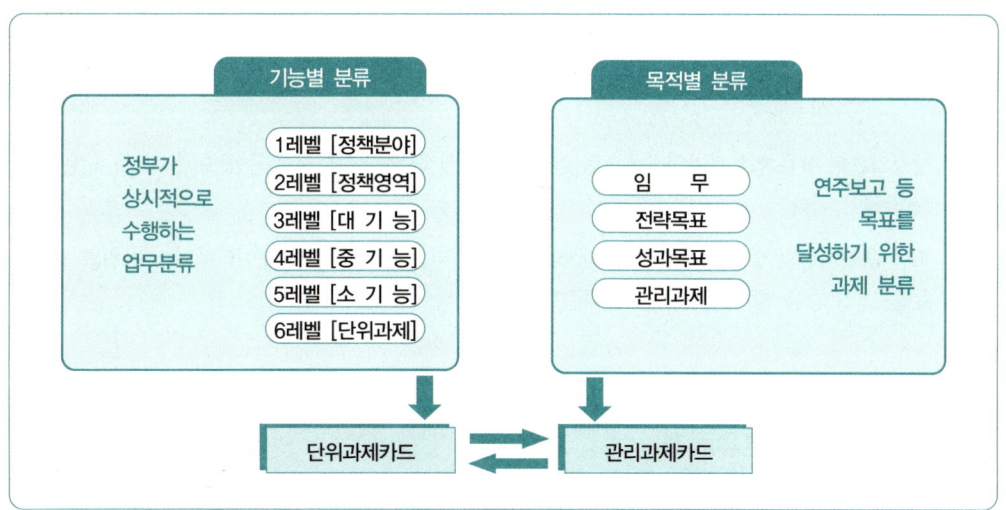

05 업무관리시스템의 연계

(1) 행정기관의 장은 효율적인 업무운영을 위하여 업무관리시스템 또는 전자문서시스템을 기능분류시스템 등 행정정보시스템과 연계·운영하여야 한다. 다만, 업무의 성격이 연계·운영에 적합하지 아니하거나 그 밖의 특별한 사유가 있는 경우에는 그러하지 아니하다.

(2) 행정기관의 장은 업무관리시스템으로 관리한 업무실적 등을 효과적으로 활용하도록 노력하여야 한다.

06 업무관리시스템의 표준관리

(1) 규격 및 유통표준 제정

행정안전부장관은 업무관리시스템 및 전자문서시스템 관련 규격에 관한 표준 및 유통에 관한 표준 등을 정하여야 한다. 다만, 「산업표준화법」에 따른 한국산업표준이 제정되어 있는 사항은 그 표준을 따른다.

(2) 규격 및 유통표준 고시

업무관리시스템 및 전자문서시스템의 규격·유통 및 연계에 관한 표준 등을 정한 경우에는 이를 관보에 고시하고 인터넷에 게시하여야 한다. 그 표준을 변경하는 경우에도 또한 같다.

(3) 표준에 적합한 시스템 사용

행정기관의 장은 특별한 사유가 없으면 규격에 관한 표준 및 유통에 관한 표준및 「공공기록물 관리에 관한 법률」 따른 표준에 적합한 업무관리시스템이나 전자문서시스템 등을 구축·운영하여야 한다.

07 업무관리시스템의 활용 및 보안

(1) 행정기관의 장은 업무관리시스템으로 관리한 업무실적 등을 성과평가 등에 효과적으로 활용하도록 노력하여야 한다.

(2) 또한 행정기관의 장은 업무관리시스템에 따라 관리되는 전자문서 및 데이터베이스의 위조·변조·훼손·누출·멸실 등을 방지하기 위하여 적절한 조치를 하여야 한다.

08 참고 : 과제분류체계

업무관리시스템(온-나라 문서 시스템)은 과제분류체계를 기반으로 하는 시스템입니다. 과제를 중심으로 조직의 역할과 기능에 적합한 업무를 정의하고, 업무별로 세분화된 목표를 설정합니다. 목표를 달성하기 위하여 과학적인 전략과 계획에 따라 업무를 수행하게 되며 업무과정과 결과는 과제실적으로 축적되어 관리됩니다.

1. 과제의 개념

업무관리시스템(온-나라 문서 시스템)을 활용하려면 단위과제, 관리과제의 의미를 이해해야 합니다. 과제는 조직 또는 개인이 수행하는 일의 최소단위를 의미합니다.

가. 단위과제

단위과제는 직제를 근거로 부서내 구체화된 업무실적을 관리하는 단위입니다. 공무원이 수행하는 최소 업무단위로 계획수립·집행평가 등 일련의 업무과정을 통합적으로 관리 하는 기본적 단위입니다. 단위과제에서 추진한 모든 업무실적은 '단위과제카드'에 자동으로 축적됩니다.

나. 관리과제

관리과제는 각 부처의 연도별 전략목표를 달성하기 위한 연두업무보고, 성과관리 전략 목표, 정책품질 등을 관리하는 단위입니다.

2. 과제의 분류

과제분류는 크게 조직이 수행하는 일의 단위인 기능별 분류와 기관의 연도별 목표 달성을 위한 관리과제 등 목적별 분류 및 조직별 분류로 나눕니다.

가. 기능별 과제분류

정부조직법, 행정각부의 직제 및 직제시행규칙에 의한 기관의 기능을 정책분야, 정책 영역, 대기능, 중기능, 소기능, 단위과제의 6레벨로 분류하며, 단위과제는 기관고유, 유사 기관공통, 각 부처 공통, 과단위 공통의 4가지 유형으로 관리됩니다.

나. 목적별 과제분류

기관의 연도별 목표(임무)를 달성하기 위해 전략목표를 세우고 그것을 달성하기 위한 조직의 성과목표, 관리과제 등을 구성합니다. 이를 관리하기 위해 임무, 전략목표, 성과 목표, 관리과제의 4레벨로 분류합니다.

다. 조직별 과제분류

사용자가 편리하게 알아볼 수 있도록 조직도를 근간으로 기능별 분류체계의 단위과제와 목적별 분류체계의 관리과제가 연결된 상태를 보여줍니다.

주제 22 정부전자문서유통지원센터

(1) 센터 설치·운영
행정안전부장관은 전자문서의 원활한 유통을 지원하기 위하여 정부전자문서유통지원센터를 설치·운영한다.

(2) 센터의 업무
1) 전자문서의 원활한 유통을 위한 지원과 유통 및 연계에 관한 표준 등의 운영
2) 전자문서의 효율적인 유통을 위한 프로그램의 개발·보급
3) 전자문서의 유통 시 발생하는 장애의 복구를 위한 지원
4) 유통되는 전자문서의 위조·변조·훼손 또는 유출 방지를 위한 보호대책 마련다.

(3) 센터 운영에 필요한 사항
1) 센터 관리자는 전자문서유통상의 장애가 발생하거나 시스템 간의 문제가 발생한 경우에는 센터 이용자에게 업무관리시스템 또는 전자문서시스템 등의 관련 정보를 요청할 수 있다.
2) 센터 관리자의 역할 및 이용절차 등 센터 운영에 필요한 세부사항은 행정안전부장관이 정한다.

주제 23 서식의 제정 및 활용

01 서식의 개념

서식이란 장기간에 걸쳐 반복되는 업무와 관련하여 행정상의 필요사항을 기재할 수 있도록 도안한 일정한 형식 또는 그 업무용지를 말한다.

서식은 상자형·비상자형 또는 기안문서 형태를 이용하여 글씨의 크기, 항목간의 간격, 기재할 여백의 크기 등을 균형 있게 조절하여 사용하기 편리하도록 제정한다.

02 서식의 종류

(1) 법령서식
법률·대통령령·총리령·부령·조례·규칙 등 법령으로 정한 서식을 말한다.

(2) 일반서식

법령서식을 제외한 모든 서식을 말한다.

03 서식의 제정

(1) 제정 원칙

행정기관에서 장기간에 걸쳐 반복적으로 사용하는 문서로서 정형화할 수 있는 문서는 특별한 사유가 없으면 서식으로 정하여 사용한다.

(2) 제정 방법

1) 법령 제정

① 국민의 권리·의무와 직접 관련되는 사항을 기재사항으로 정하는 서식

② 인가, 허가, 승인 등 민원에 관계되는 서식

③ 행정기관에서 공통적으로 사용하는 서식중 중요한 서식

2) 고시·훈령·예규 제정

법령으로 정하여야 하는 서식 가운데 법령에서 고시 등으로 정하도록 한 경우와 그 밖의 특별한 사유가 있는 경우에는 고시·훈령·예규 등으로 정할 수 있다.

04 서식 설계의 일반 원칙

(1) 민원인의 개인정보를 보호할 수 있도록 설계

주민등록번호란은 '생년월일'로 대체하고 등록기준지란은 설치하지 아니하되, 행정정보공동이용, 신원조회 등 꼭 필요한 경우에만 '주민등록번호' 또는 '등록기준지'란을 설치하며, 개인정보보호위원회의 개인정보 침해요인평가 확인을 받아야 한다.

(예시) 성명+주소+생년월일로 신청인 특정 가능

[별지 제1호서식]　　　　　　　　　　　　　　　　　　　　(앞 쪽)

| 학교환경위생정화구역내금지행위 및 시설해제신청서 | 처리기간 15일 |

신청인	성 명		생년월일 주민등록번호	
	주 소			(전화:)
예정 행위및 시설	업 종		명 칭(상 호)	
	소재지			
	위 치	( )층 건물의 ( )층	면적(㎡)	

(2) 기입항목의 식별이 용이하도록 설계

서식은 글씨의 크기, 항목 간의 간격, 적어 넣을 칸의 크기 등을 균형 있게 조절하여 서식에 적을 사항을 쉽게 알 수 있도록 하여야 한다.

(3) 쉬운 용어를 사용하고 필요한 항목만 설계

서식에는 누구나 쉽게 이해할 수 있는 용어를 사용하고, 불필요하거나 활용도가 낮은 항목을 넣어서는 아니 된다.

(4) 기안(시행)문 겸용 설계

서식은 특별한 사유가 없으면 별도의 기안문과 시행문을 작성하지 아니하고 그 서식 자체를 기안문과 시행문으로 갈음할 수 있도록 생산등록번호·접수등록번호·수신자·시행일 및 접수일 등의 항목을 넣어야 한다.

(5) 서명 또는 날인의 선택적 설계

법령에서 서식에 날인하여야 한다고 정하고 있지 아니하면 서명이나 날인을 선택할 수 있도록 하여야 한다.

(6) 행정기관의 이미지 제고 노력

서식에는 가능하면 행정기관의 로고·상징·마크·홍보문구 등을 표시하여 행정기관의 이미지를 높일 수 있도록 하여야 한다.

(7) 민원 서식의 설계

민원서식에는 민원인의 편의를 도모하기 위하여 그 민원업무의 처리흐름도, 처리기간, 전자적 처리가 가능한지 등을 표시하여야 하며, 음성정보나 영상정보 등을 수록하거나 연계한 바코드 등을 표기할 수 있다.

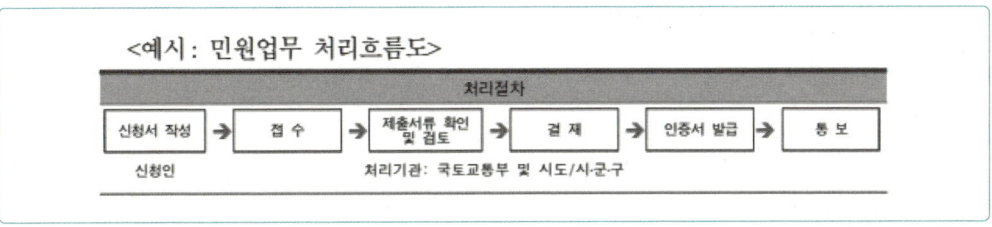

(8) 용지의 규격

서식에는 행정안전부령으로 정하는 바에 따라 용지의 규격 등을 표시할 수 있다.

서식에 용지의 규격 등을 표시하는 경우에는 다음의 예시와 같이 해당 서식의 우측 하단에 표시한다.

(예시) 182mm×257mm(백상지 80g/㎡) 182mm×257mm 백상지 80g/㎡

(9) 큰글자 서식의 적용

1) 노년층 등 디지털 약자의 이용 빈도가 높은 서식
2) 오프라인 방문 이용 건수가 많은 서식
3) 다수의 국민이 큰글자 서식으로의 개편을 요구하는 서식
4) 그 밖에 소관 행정기관의 장이 큰글자 서식으로 개편할 필요가 있다고 인정하는 서식

주제 24 서식의 승인

01 서식의 승인

(1) 승인기관

1) 행정안전부장관

중앙행정기관이 법령으로 제정하는 서식

2) 중앙행정기관의 장

중앙행정기관이 법령으로 개정하는 서식, 중앙행정기관 및 그 소속기관이 훈령·고시·예규 등으로 제정 또는 개정하는 서식

3) 지방자치단체 또는 지방교육행정기관의 장

지방자치단체의 조례·규칙, 훈령·고시·예규 등으로 제정 또는 개정하는 서식

(2) 승인의 신청

1) 승인신청서 제출

서식의 제정 또는 개정 승인을 받고자 하는 행정기관의 장은 입법예고와 동시에 서식 목록과 서식 초안을 첨부하여 문서로 승인을 신청하여야 한다.

이 경우 서식 초안은 컴퓨터 등 정보처리능력을 가진 장치로 작성한다.

2) 관계 기관 간 사전 협의

둘 이상 기관의 업무에 관계되는 서식은 관계 기관 간의 사전 협의를 거쳐 승인을 신청하여야 한다.

3) 신설민원 사전영향평가제 운영(민원행정 및 제도개선 기본지침)

중앙행정기관은 법령 재개정으로 민원사무 신설 시 '사전영향평가 매뉴얼'에 수록된 5개 진단항목을 토대로 자체 진단하고 그 결과를 서식 심사의뢰 시 행정안전부에 제출하여야 한다.

(3) 승인서식의 통보

승인기관이 서식을 승인한 때에는 서식 목록과 승인서식안을 첨부하여 문서로 승인신청기관에 통보하여야 한다.

02 서식의 관리

(1) 서식의 전자적 제공

행정기관장은 국민이 편리하게 사용할 수 있도록 소관 업무와 관련된 서식을 정보통신망을 이용하여 제공하여야 한다.

(2) 서식의 변경 및 폐지

1) 서식의 변경사용

승인된 서식을 업무관리시스템, 행정정보시스템 등에서 그대로 사용할 수 없는 경우에는 서식의 주요내용을 변경하지 아니하는 범위에서 기재항목 또는 형식을 변경할 수 있으며, 필요한 경우에는 단순히 자구, 활자크기, 용지의 지질 등을 변경하여 사용할 수 있다. 이 경우 서식승인기관에 사후 통보로 승인을 갈음할 수 있다.

2) 서식의 폐지

서식제정기관이 서식을 폐지한 때에는 지체없이 그 사실을 서식승인기관에 통보하여야 한다.

(3) 해당 국가 언어의 병기

재외공관의 장은 재외공관에서 사용하는 서식에 그 국가의 언어를 병기하여 사용하게 하거나 그 국가의 언어로 번역한 서식을 사용하게 할 수 있다.

주제 25 관인의 관리

01 관인의 개념

관인(官印)이란 일반적으로 정부기관에서 공식문서에 사용하는 인장을 말한다.

합의제 행정기관의 명의로 발신하거나 교부하는 문서에 사용하는 청인(廳印)과 행정기관의 장이나 보조기관의 명의로 발신하거나 교부하는 문서에 사용하는 직인(職印)을 통틀어 관인이라고 말한다.

또한 각급 행정기관은 전자문서에 사용하기 위하여 전자이미지관인을 가진다.

> ※ **행정기관**: 독임제 · 합의제 행정기관을 의미함. 합의제 행정기관은 기관 구성 자가 다수인이며, 다수인의 의사합치(다수결)에 의하여 결정을 내리고, 책임을 지는 행정 기관으로서 국가인권위원회, 방송통신위원회, 공정거래위원회, 금융위원회, 국민권익위원회, 소청심사위원회, 중앙노동위원회 등이 있음
> ※ **행정기관의 장**: 독임제 또는 합의제 행정기관의 장을 의미함
> ※ **보조기관**: 행정기관의 장으로부터 법령(「행정권한의 위임 및 위탁에 관한 규정」)이 정하는 바에 의하여 행정권한을 위임받아 그 범위 안에서 업무를 수행하는 때의 보조기관을 의미함

02 관인의 효력

행정기관의 장 또는 합의제기관의 명의로 발신하거나 교부하는 문서에는 관인(또는 행정기관장의 서명도 가능)을 찍는다.

따라서 관인을 찍지 아니하거나 관인생략 대상 문서를 제외하고는 관인이 날인되지 아니한 문서는 흠이 있는 문서로서 해당 문서를 시행한 행정기관에 보완을 요청할 수 있다.

또한 이러한 문서를 접수한 행정기관의 장은 형식상의 흠을 이유로 발신 행정기관의 장에게 반송할 수 있다.

03 관인의 종류

(1) 관인

일반적으로 합의제 행정기관은 청인을, 독임제 행정기관은 직인을 비치하여 사용한다.

1) 청인

합의제기관은 청인을 가진다.

> ※ 자문에 응하기 위해 설립된 합의제기관은 필요한 경우에만 청인을 가질 수 있음.

2) 직인

위 합의제기관외의 각급 행정기관의 장 (독임제 행정기관), 법령에 따라 합의제기관의 장으로서 사무를 처리하는 경우의 합의제기관, 정부조직법에 따라 위임받은 사무를 행정기관으로서 처리하는 보조기관의 장은 직인을 가진다.

> **의결기관** : 행정에 관한 의사를 결정할 수 있는 권한을 가지는 기관으로서 내부적으로 기관의 의사를 결정할 수 있을 뿐, 그것으로써 외부에 대하여 당해 기관을 대표할 수 없음. 행정심판위원회, 도시계획위원회 등이 있음
>
> **자문기관** : 행정기관의 자문에 응하거나 의견을 진술하는 기관으로서 의결권이 없고, 행정기관은 그 의견 에 법적으로 구속되지 아니함. 심의회·협의회·조사회·위원회·회의 등의 명칭을 붙임

(2) 전자이미지관인

각급 행정기관은 전자문서에 사용하기 위하여 관인의 인영을 컴퓨터 등 정보처리능력을 가진 장치에 전자적인 이미지 형태로 입력하여 사용하는 전자이미지관인을 가진다.

(3) 특수관인

1) 의의

특수관인도 관인의 범주에 들어간다. 다만, 일반적인 관인과 구분하기 위하여 특수관인이라는 용어를 사용한다. 특수관인은 특별한 기관에서 사용하는 관인과 특별한 용도에 사용하는 관인으로 구분하고, 그 규격·등록 등 관리에 관하여 필요한 사항은 따로 정한다. 특수 관인은 해당 기관의 관인 외에 따로 비치하여 사용한다.

2) 특수관인 종류

① 행정기관의 장은 유가증권 등 특수한 증표 발행, 민원업무 또는 재무에 관한 업무 등 특수한 업무 처리에 사용하는 관인을 따로 가질 수 있다.

② 세입징수관, 지출관, 회계 등 재무에 관한 업무를 담당하는 공무원의 직인은 기획재정부장관이, 국립의 각급 학교에서 사용하는 관인은 교육부장관이, 외교부와 재외공관에서 외교문서에 사용하는 관인은 외교부장관이, 검찰기관에서 사용하는 관인은 법무부장관이, 군 기관에서 사용하는 관인은 국방부장관이 각각 그 규격과 등록 등 관리에 필요한 사항을 정한다.

구분	종류	관련규정
특별한 용도에 사용하는 관인	유가증권 등 특수한 증표발행에 필요한 관인	「행정 효율과 협업 촉진에 관한 규정」 및 같은 규정 시행규칙 (행정안전부장관)
	민원업무 등 특수업무를 처리하기 위한 관인	
	분리된 청사에서 사용하는 관인	
	세입징수관·지출관회계 등 재무에 관한 업무를 담당하는 공무원의 직인	「회계관계공무원직인규칙」 (기획재정부장관)
특별한 기관에서 사용하는 관인	국립 및 공립 각급 학교에서 사용하는 관인	「국립및공립각급학교관인규칙」 (교육부장관)
	외교부 및 재외공관에서 외교문서에 사용하는 관인	「외무관인규칙」 (외교부장관)
	검찰기관이 사용하는 관인	「검찰청관인관리규칙」 (법무부장관)
	군기관에서 사용하는 관인	「국방 사무관리 훈령」 (국방부장관)

04 관인의 규격

관인의 모양은 행정기관의 장이 정한다. 따라서, 정사각형, 직사각형, 마름모, 원형, 타원형, 다각형 등 다양한 모양으로 새겨서 사용할 수 있다.

05 관인의 조각 및 사용

(1) 관인의 재료
관인의 재료는 쉽게 닳거나 부식되지 아니하는 재질을 사용하여야 한다.

(2) 관인의 글자
1) 관인의 글자는 국민이 쉽고 간명하게 알아볼 수 있는 한글로 하여 가로로 새기되, 그 기관 또는 직위의 명칭에 "인" 또는 "의인"자를 붙인다

2) 민원업무 등 특수업무를 처리하기 위한 관인은 그 업무 집행 목적에만 사용되는 것임을 그 관인의 인면(글자를 새기는 부분)에 표시하여야 한다.

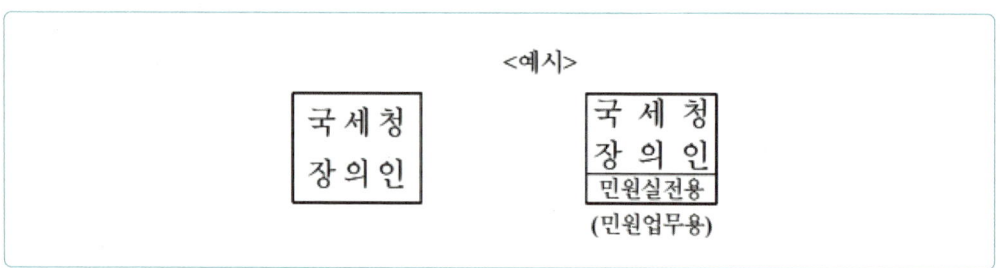

(3) 인영의 색깔
관인의 인영 색깔은 빨간색으로 한다. 다만, 문서를 출력 또는 복사하여 시행 하거나 팩스를 통하여 문서를 접수하는 경우에는 검정색으로 할 수 있다.

(4) 관인을 찍는 위치
관인은 발신명의 표시의 마지막 글자가 인영의 가운데 오도록 찍는다. 다만, 등본·초본 등 민원서류를 발급할 때 사용하는 직인은 발신명의 표시의 오른쪽 여백에 찍을 수 있다.

(5) 행정기관 장의 조치
행정기관의 장은 관인을 위조·변조하거나 부정하게 사용하지 못하도록 필요한 조치를 하여야 한다. 전자이미지관인의 경우에도 그러하다.

주제 26 관인의 등록

01 등록(재등록) 기관

(1) 각급 행정기관은 관인의 인영을 해당 행정기관의 관인대장에, 전자이미지관인의 인영을 해당 행정기관의 전자이미지관인대장에 각각 등록(재등록)하여야 한다.
    다만, 부득이한 경우에는 바로 위 상급기관에 신청하여 바로 위 상급기관에서 등록(재등록)할 수 있다.
(2) 행정기관은 등록하지 아니한 관인을 사용할 수 없다.
(3) 행정기관의 장은 관인을 위조·변조하거나 부정하게 사용하지 못하도록 필요한 조치를 하여야 한다.

관 인 대 장

관인 명칭			
종류	[ ] 청인 [ ] 직인 [ ] 특수관인	관리부서	
[ ] 등록 [ ] 재등록 (인영)	등록일(재등록일)	년 월 일	
	새긴 날짜	년 월 일	
	새긴 사람	주소: 성명 및 상호: 생년월일:	
	최초 사용일	년 월 일	
	재료		
	등록(재등록) 사유		
	관보 공고	년 월 일 공고 제 - 호	
	비고		
폐기 (인영)	등록일(재등록일)	년 월 일	
	폐기일(분실일)	년 월 일	
	폐기 사유	[ ] 마멸 [ ] 분실 [ ] 기타( )	
	폐기 방법	[ ] 이관 [ ] 기타( )	
	폐기 또는 분실한 사람	소속: 직급: 성명:	
	관보 공고	년 월 일 공고 제 - 호	
	비고		

02 등록(재등록) 사유

(1) 행정기관이 신설 또는 분리된 경우
(2) 기존 기관의 명칭이 변경된 경우
(3) 관인이 분실되거나 마멸된 경우
(4) 법령에 따라 권한을 위임받은 경우
(5) 그 밖에 관인을 다시 새길 필요가 있는 경우 등을 들 수 있다.

03 등록(재등록) 방법

(1) 관인

1) 행정기관이 직접 등록(재등록)하는 경우
해당 행정기관의 관인대장에 관인을 등록(재등록)하여 보존한다. 이 경우 내부결재를 받아 등록(재등록)한다.

2) 바로 위 상급기관에 등록(재등록)하는 경우
바로 위 상급기관에 관인등록(재등록)을 신청(규칙 별지 제9호서식)하여 바로 위 상급기관에서 그 상급기관의 관인대장에 등록(재등록)한다.

(2) 전자이미지관인

1) 의의
관인의 인영을 컴퓨터 등 정보처리능력을 가진 장치에 전자적인 이미지 형태로 입력하여 사용하는 관인을 말한다.

2) 관인의 인영 입력
관인의 인영을 컴퓨터 등 정보처리능력을 가진 장치에 전자적인 이미지 형태로 입력하여 사용하여야 한다.

3) 등록과 관리
① 전자이미지관인은 문서과에서 관리하는 전자이미지관인대장에 등록(재등록)하고, 전자이미지관인 컴퓨터 파일은 정보화 담당 부서에서 관리하여야 한다.
② 전자이미지관인을 등록하는 때에는 문서과에서 관인의 인영을 전자이미지 관인대장의 해당란에 찍

고, 정보화 담당 부서에서 그 찍은 인영을 전자적인 이미지 형태로 컴퓨터 파일에 입력한 후 이를 출력하여 전자이미지관인대장의 해당란에 붙여야 한다.

4) 폐기 및 재등록

전자이미지관인을 사용하는 기관은 관인을 폐기하거나 재등록한 경우 즉시 사용중인 전자이미지관인을 삭제하고, 재등록한 관인의 인영을 전자이미지 관인으로 재등록하여 사용한다.

또한, 사용중인 전자이미지관인의 인영의 원형이 제대로 표시되지 아니하는 경우에도 전자이미지관인을 재등록하여 사용하여야 한다.

5) 전자이미지관인의 제출 및 관리

① 둘 이상의 행정기관이 공동으로 사용하는 행정정보시스템을 구축·운영하는 행정기관의 장은 그 행정정보시스템에 전자이미지관인을 전자입력하기 위하여 그 행정정보시스템을 사용하는 행정기관의 장에게 전자이미지관인을 제출하게 할 수 있다.

② 전자이미지관인을 제출한 행정기관의 장은 전자이미지관인을 재등록하거나 폐기하려는 경우에는 그 사실을 지체 없이 행정정보시스템 운영기관장에게 통보하여야 한다.

③ 전자이미지관인을 재등록하거나 폐기한 행정기관의 장은 공동으로 사용하는 행정정보시스템에 재등록한 전자이미지관인을 전자입력하거나 폐기한 전자이미지관인을 삭제하여야 한다.

다만, 직접 전자이미지관인을 전자입력하거나 삭제할 수 없는 경우에는 행정정보시스템 운영기관장이 재등록된 전자이미지관인을 제출받아 전자입력하거나 폐기된 전자이미지관인을 삭제할 수 있다.

전자이미지관인대장

관인 명칭					
종류	[ ] 청인		[ ] 직인	[ ] 특수관인	
[ ] 등록 [ ] 재등록	전자이미지관인 인영	등록일(재등록일)	년 월 일		
		등록(재등록) 사유			
		관리부서			
		전자이미지관인 사용 기관(부서) 현황			
	전자이미지관인 등록 당시 관인의 인영	사용 기관(부서)	시스템 명칭	통보일	최초 사용일
		비고			
폐기	전자이미지관인 인영	폐기일	년 월 일		
		폐기 사유			
		폐기한 사람	소속 : 직급 : 성명 :		
		전자이미지관인 사용 기관(부서)에 대한 조치			
		사용 기관(부서)	시스템 명칭	통보일	최종 사용일

주제 27 관인의 폐기

01 폐기 사유

(1) 행정기관이 폐지된 경우
(2) 기관 명칭이 변경된 경우
(3) 관인이 분실 또는 마멸된 경우
(4) 그 밖에 관인을 폐기할 필요가 있는 경우

02 폐기 방법

(1) 관인을 폐기할 때에는 관인 등록기관이 관인대장에 관인 폐기일과 폐기사유 등의 내역을 기재한 후 그 관인의 인영을 등록하여 보존하고, 그 관인은 관인폐기 공고문과 함께「공공기록물 관리에 관한 법률」에 따른 영구기록물관리기관에 이관하여야 한다.
  바로 위 상급기관이 하급기관으로부터 관인폐기 신고를 받은 경우에도 또한 같다.
(2) 바로 위 상급기관에 등록된 하급기관의 관인을 폐기하고자 하는 경우에는 폐기 대상 관인을 첨부하여 관인 등록기관(바로 위 상급기관)에 신고하여야 한다.
(3) 영구기록물관리기관은 폐기된 관인이 사용되거나 유출되지 아니하도록 하여야한다.

행 정 기 관 명

수신
(경유)

제목
- [ ] 관인 등록(재등록) 신청
- [ ] 관인(전자이미지관인) 폐기 신고
- [ ] 전자이미지관인 등록(재등록) 신청

「행정 효율과 협업 촉진에 관한 규정 시행규칙」제29조제3항, 제30조제3항에 따라 [ ] 관인 등록(재등록) 신청 [ ] 관인(전자이미지관인) 폐기 신고 [ ] 전자이미지관인 등록(재등록) 신청합니다.

관인 명칭		
종 류		[ ] 청인 [ ] 직인 [ ] 특수관인
등록(재등록, 폐기) 사유		
폐기 대상 관인 처리	폐기 예정일 (분실일)	년 월 일
	폐기 방법	[ ] 이관 [ ] 기타( )
	폐기한 사람 (분실한 사람)	소속 : 직급 : 성명 :
비 고		

발 신 명 의

기안자 직위(직급) 서명   검토자 직위(직급) 서명   결재권자 직위(직급) 서명
협조자
시행   처리과명-연도별 일련번호(시행일)   접수   처리과명-연도별 일련번호(접수일)
우   도로명주소   / 홈페이지 주소
전화번호(   )   팩스번호(   )   / 공무원의 전자우편주소   / 공개 구분

주제 28 관인의 공고

01 공고 사유

관인 등록기관은 관인을 ① 등록, ② 재등록, ③ 폐기한 경우에는 그 사실을 관보에 공고하여야 한다.

02 공고 방법

관인 등록기관은 공고 사유가 발생한 때에는 행정안전부장관에게 관보게재를 의뢰하여 공고하여야 한다. 다만, 지방자치단체는 조례가 정하는 바에 따른다.

03 공고 내용

(1) 관인의 등록·재등록 또는 폐기 사유
(2) 등록·재등록 관인의 최초 사용 연월일 또는 폐기 관인의 폐기 연월일
(3) 등록·재등록 또는 폐기 관인의 이름 및 인영
(4) 공고 기관의 장

제3장 행정업무의 효율적 수행

주제 29 행정업무의 혁신

1. 행정업무 혁신 의의

행정기관의 장은 업무의 효율성을 높이고 행정서비스에 대한 국민의 만족도를 높이기 위하여 해당 행정기관의 업무 수행 방식을 지속적으로 혁신(이하 "행정업무 혁신"이라 한다)해야 한다.

2. 행정업무 혁신대상 업무

1) 행정협업과제의 발굴·수행 등 행정협업 촉진
2) 불필요한 절차 간소화 및 디지털 기술을 활용한 업무처리 자동화 등 업무절차 개선
3) 불합리한 관행 타파 및 구성원 간 이해·소통을 위한 조직문화 개선
4) 사무공간, 회의공간, 휴게공간, 민원공간 등 업무공간 혁신
5) 지식행정 활성화
6) 그 밖에 행정업무 혁신을 위하여 추진이 필요한 사항

3. 행정안전부장관의 역할

1) 행정안전부장관은 행정업무 혁신을 위한 계획을 수립·시행할 수 있다.
2) 행정안전부장관은 필요하다고 인정하는 경우 관계 행정기관의 장에게 행정업무 혁신에 필요한 지원을 요청할 수 있다.
3) 행정안전부장관은 행정업무 혁신의 효과적인 추진을 위하여 관계 전문가 등으로 구성된 자문단을 운영할 수 있다.

4. 행정업무 혁신의 점검·관리 및 지원

1) 행정기관의 장은 해당 기관의 행정업무 혁신 추진상황을 지속적으로 점검해야 한다.
2) 행정기관의 장은 그 행정기관의 행정업무 혁신 성과를 평가·분석하고 체계적으로 관리해야 한다.
3) 행정안전부장관은 필요하다고 인정하거나 관련 행정기관이 요청한 경우에는 행정업무 혁신을 위하여 필요한 지원을 할 수 있다.

4) 행정안전부장관은 행정협업과제의 발굴 및 수행 과정에서 관련 행정기관 간 이견이 발생하는 경우 임명된 관련 행정기관의 혁신책임관 간의 회의 등을 통하여 원활한 협의가 이루어질 수 있도록 필요한 지원을 할 수 있다.

주제 30 행정업무 혁신의 효율적 수행

01 행정업무 혁신의 효율적 수행

협의체 구성 및 업무협약 체결 행정기관은 행정업무 혁신의 효율적인 수행을 위하여 필요한 경우 관련 행정기관과 협의체를 구성하거나 행정업무 혁신의 목적, 협력 범위 및 기능 분담 등에 관한 업무협약을 체결할 수 있다.

02 혁신책임관 의의

(1) 의의
행정기관의 장은 소속 기획조정실장 또는 이에 준하는 직위의 공무원을 해당 행정기관의 행정업무 혁신을 총괄하는 책임관(혁신책임관)으로 임명하여야 한다.

(2) 혁신책임관의 업무
1) 해당 행정기관의 행정업무 혁신 과제 발굴 및 수행의 총괄
2) 해당 행정기관의 행정정보시스템의 다른 행정기관과의 연계 및 효율적 운영에 관한 총괄 관리
3) 해당 행정기관의 행정업무 혁신을 위한 행정업무 절차, 관련 제도 등의 정비·개선
4) 해당 행정기관의 행정업무 혁신과 관련된 다른 행정기관과의 협의·조정
5) 해당 행정기관의 공공기관, 기업, 단체 등과의 협업 추진에 관한 업무를 총괄하는 부서의 지정·운영
6) 그 밖에 행정업무 혁신을 위하여 필요한 업무

(3) 행정업무혁신시스템 임명 등록
행정기관의 장은 혁신책임관을 임명한 경우에는 행정안전부장관이 정하는 바에 따라 그 사실을 행정업무혁신시스템에 등록하여야 한다.

03 행정업무 혁신 관련 시설 등의 확보

(1) 행정기관의 장은 행정업무 혁신을 위하여 필요한 경우 공동시설·공간·설비 등을 마련하여 다른 행정기관에 제공할 수 있다.

(2) 행정안전부장관은 「전자정부법」 제32조에 따라 전자적 행정업무 수행을 위하여 정부가 설치한 시설이 행정협업 관련 시설로 활용되거나 연계되도록 노력하여야 한다.

04 행정업무 혁신문화의 조성 및 국제협력 등

(1) 행정업무 혁신 문화 조성 사업 내용

1) 행정업무 혁신 우수사례의 발굴·포상 및 홍보
2) 행정업무 혁신을 위한 자문 등 전문인력 및 기술지원
3) 행정업무 혁신을 위한 포럼 및 세미나 개최
4) 행정업무 혁신을 위한 교육콘텐츠의 개발·보급
5) 행정업무 혁신을 위한 정책연구 및 제도개선 사업
6) 그 밖에 행정업무 혁신에 필요한 사업

(2) 행정안전부장관은 행정업무 혁신의 참고사례 발굴 및 우수사례의 전파, 전문인력의 양성 및 교류, 관련 전문기술의 확보 등을 위하여 국제협력을 적극적으로 추진하여야 한다.

(3) 행정기관의 장은 행정업무 혁신이 원활하게 수행될 수 있도록 조직 내 활발한 소통을 유도하는 사무공간을 마련하는 데 노력하여야 한다.

05 행정업무 혁신우수기관 포상 및 홍보 등

(1) 행정안전부장관은 행정업무 혁신의 성과가 우수한 행정기관을 선정하여 포상 또는 홍보할 수 있다.

(2) 행정기관의 장은 행정업무 혁신에 이바지한 공로가 뚜렷한 공무원 등을 포상하고 인사상 우대조치 등을 할 수 있다.

주제 31 행정업무혁신 시스템의 구축·운영

01 행정업무혁신시스템의 구축

(1) 행정안전부장관은 행정기관이 업무를 원활하게 수행할 수 있도록 전자적 시스템인 행정업무혁신시스템을 구축할 수 있다.

(2) 행정기관의 장은 행정업무혁신시스템을 이용하여 행정업무 혁신을 수행하도록 노력해야 한다.

(3) 행정업무혁신시스템의 구축·운영 등에 필요한 세부 사항은 행정안전부장관이 정한다.

02 행정업무혁신시스템의 활용 촉진

(1) 행정기관의 장은 소관 업무 중 행정업무혁신시스템을 이용하여 업무를 수행한 실적 등 행정업무혁신시스템 활용 실태를 평가·분석하고 그 활용을 촉진하여야 한다.

(2) 행정안전부장관은 각급 행정기관의 행정업무혁신시스템 활용 실태를 점검·평가하고 필요한 지원을 할 수 있다.

03 행정정보시스템의 상호 연계 및 통합

(1) 행정기관의 장은 행정업무 혁신의 원활한 추진을 위하여 행정기관 간 행정정보시스템의 상호 연계나 통합을 적극적으로 추진하여야 한다.

(2) 행정안전부장관은 행정업무 혁신을 위하여 필요하다고 인정되거나 관련 행정기관의 지원 요청이 있는 경우 행정정보시스템의 연계·통합에 필요한 지원을 할 수 있다.

주제 32   행정협업의 촉진, 행정협업 과제

01   행정협업조직의 설치

(1) 행정기관의 장은 다수의 행정기관이 수행하는 사무의 목적, 대상 또는 관할구역 등이 유사하거나 연관성이 높은 경우에는 관련 기능, 업무처리절차 및 정보시스템 등을 연계·통합하거나 시설·인력 등을 공동으로 활용하는 등 협력하여 업무를 수행하는 조직(이하 "행정협업조직"이라 한다)을 설치·운영할 수 있다.

(2) 행정협업조직 설치·운영에 참여하는 관계 행정기관의 장은 해당 행정협업조직의 운영을 위하여 필요한 공동운영규정을 제정할 수 있다.

02   행정협업과제 발굴

(1) 행정기관의 장은 다른 행정기관과 공동의 목표를 설정하고 해당 행정기관 상호간의 기능을 연계하거나 시설·장비 및 정보 등을 공동으로 활용하는 방식의 행정기관 간 협업을 촉진하고 이에 적합한 업무과제를 발굴해야 한다.

(2) 행정기관의 장은 발굴한 행정협업과제 수행을 위하여 노력해야 한다.

03   행정협업과제 대상의 업무

(1) 다수의 행정기관이 공동으로 수행할 필요가 있는 업무
(2) 다른 행정기관의 행정지원을 필요로 하는 업무
(3) 법령에 따라 다른 행정기관의 인가·승인 등을 거쳐야 하는 업무
(4) 행정기관 간 행정정보의 공유 또는 제46조의4에 따른 행정정보시스템의 상호 연계나 통합이 필요한 업무
(5) 그 밖에 다른 행정기관의 협의·동의 및 의견조회 등이 필요한 업무

04 행정협업과제의 등록

행정기관의 장은 행정협업과제를 행정업무혁신시스템에 등록·관리할 수 있다. 이 경우 행정기관의 장은 등록하려는 행정협업과제를 공동으로 수행할 관련 행정기관의 장과 사전에 협의해야 한다.

05 행정협업과제를 행정업무혁신시스템에 등록하려는 경우 포함 사항

(1) 행정협업과제의 주관부서 및 과제담당자와 협업부서 및 담당자
(2) 행정협업과제와 관련된 다른 행정기관의 단위과제
(3) 행정협업과제의 이력, 내용 및 취지
(4) 그 밖에 행정안전부장관이 정하는 사항

주제 33 행정협업과제의 추가 발굴

01 의의

행정안전부장관은 행정협업을 촉진하기 위하여 행정기관의 장이 발굴한 행정협업과제 외의 행정협업과제를 추가로 발굴할 수 있다.

02 행정협업과제를 추가로 발굴하기 위한 조사사항

(1) 목표달성을 위하여 다수의 행정기관이 함께 협력할 필요가 있고 구심적 역할을 수행하는 행정기관이 필요한 정책 또는 사업
(2) 행정기관 간 협력을 통하여 비용 또는 예산을 절감할 수 있는 정책 또는 사업
(3) 행정기관 간 이해상충 가능성이 높아 이견에 대한 협의·조정이 필요한 정책 또는 사업
(4) 그 밖에 관련 행정기관과의 협의 결과 행정협업과제 발굴을 위하여 필요하다고 인정하는 사항

03 행정협업과제를 추가 발굴을 위한 조사

(1) 행정안전부장관은 조사의 전문성 및 효율성을 높이기 위하여 필요한 경우에는 행정안전부장관이 정하는 바에 따라 관련 학회 등 연구단체, 전문기관 또는 민간 기업에조사를 의뢰할 수 있다.
(2) 행정안전부장관 조사 결과로 발굴된 행정협업과제를 관련 행정기관과의 협의를 통하여 확정한다.
(3) 행정안전부장관은 확정된 행정협업과제를 행정업무혁신시스템에 등록·관리할 수 있다.

주제 34 지식행정

01 지식행정의 개념

지식행정이란 행정기관의 행정정보, 행정업무 수행의 경험 및 업무에 관한 지식의 공동이용 등을 통하여 정책과 행정서비스의 질을 높이는 방식의 행정을 말한다.

02 지식행정의 배경

(1) 지식정보화사회로의 패러다임의 변화
(2) 행정의 생산성, 전문성 및 창의성 향상

03 지식행정의 구성요소

(1) 기반요소

전략, 제도, 조직, 정보기술, 문화, 리더십

(2) 활동요소

필요지식 창출, 보유지식 관리

04 지식행정의 구성요소

(1) 온-나라 지식시스템(Government Knowledge Management Center)

1) 개 념

기관단위로 분산되어 있는 행정지식을 통합·연계하여 모든 공무원이 다양한 행정지식을 상호 공유·활용하고 정책의견을 교환할 수 있는 정부 내 지식관리시스템을 의미한다.

2) 주요 기능

1) 지식뱅크
2) 커뮤니티
3) 정보통합게시판

(2) 표준 KMS(Knowledge Management System)

1) 개 념

행정기관의 체계적인 지식관리 및 공유·활용을 위해/ 정부가 지원하는 표준 지식관리시스템이다.

2) 주요 기능

지식뱅크, 커뮤니티, 공유와 소통

05 지식활동

(1) CoP(Community of Practice : 학습동아리) 활동

공통 사안에 대하여 함께 토의하고 지식을 공유하는 등 학습활동을 통해 문제를 해결하는 사람들의 모임으로 업무를 보다 효율적으로 처리하거나 깊이 있는 전문지식을 학습, 토론하기 위해 형성된 네트워크를 의미한다.

(2) 협업·공유(모이소)

행정업무 수행에 있어 공직 내부와 외부 전문가의 연계기능 구축으로 업무에 필요한 전문지식·정보를 상호 공유할 수 있는 소통의 장소를 제공한다.

주제 35   지식행정 활성화

01   지식행정 활성화 의의

행정기관의 장은 해당 기관의 행정정보, 행정업무 수행의 경험 및 업무에 관한 지식의 공동이용 등을 통하여 정책과 행정서비스의 질을 높이는 방식의 행정을 활성화하도록 노력하여야 한다.

02   지식행정 활성화 추진

(1) 추진사항

1) 업무수행 과정에서 행정지식의 수집·생산, 보관·활용 방안
2) 연구모임 등을 통한 업무수행 경험 활용 활성화에 관한 사항
3) 전문가 전문지식의 업무 활용에 관한 사항
4) 행정지식관리시스템의 운영·관리에 관한 사항
5) 지식행정 활성화를 위한 지원 사항
6) 그 밖에 지식행정 활성화를 위하여 필요한 사항

(2) 제외사항

행정지식관리시스템을 구축·운영하지 않는 경우에는 행정지식관리시스템의 운영·관리에 관한 사항은 제외할 수 있다.

(3) 정부통합지식행정시스템 연계

1) 행정기관의 장은 특별한 사유가 없으면 전자문서시스템, 업무관리시스템, 행정지식관리시스템 등 각종 행정정보시스템과 행정안전부장관이 구축·운영하는 행정지식의 공동 활용을 위한 시스템(정부통합지식행정시스템)을 연계하여 행정지식이 범정부적으로 활용·관리되도록 하여야 한다.

2) 행정안전부장관은 정부통합지식행정시스템을 통해 행정지식을 수집하여 관리할 수 있으며, 이를 위하여 필요한 경우 행정기관의 장에게 소관 행정정보의 등록 또는 갱신을 요청할 수 있다. 이 경우 행정기관의 장은 특별한 사유가 없으면 요청에 따라야 한다.

3) 행정기관의 장은 정부통합지식행정시스템상의 소관 행정정보가 최신으로 유지되도록 노력해야 한다.

(4) 최신 정보 유지

행정기관의 장은 정부통합지식행정시스템상의 소관 행정정보가 최신으로 유지되도록 노력해야 한다.

주제 36 정책연구

01 정책연구의 의의

(1) 정책연구란 중앙행정기관의 장이 정책의 개발 또는 주요 정책현안에 대한 조사·연구 등을 목적으로 정책연구과제를 선정하고, 정책연구를 수행할 자와 연구수행에 관한 내용의 계약을 체결하는 방식으로 추진하는 사업을 말한다.

(2) 중앙행정기관(그 소속기관을 포함)의 장은 정책의 개발 또는 주요 정책현안에 대한 조사·연구 등을 목적으로 정책연구를 수행할 자인 연구자와의 계약을 통하여 정책연구를 하게 할 수 있다.

02 정책연구 관리 대상 제외

(1) 「과학기술기본법」에 따른 국가연구개발사업의 연구
(2) 「학술진흥법」에 따른 학술연구
(3) 「국민건강증진법」에 따른 건강증진사업 관련 조사·연구
(4) 기술·전산·임상 연구, 그 밖의 단순 반복적인 설문조사
(5) 대가로 지급하는 금액이 1천만원 이하인 조사연구
(6) 그 밖에 다른 법령에 따라 관리되고 있는 연구로서 행정안전부장관이 정하는 연구

03 정책연구의 종류

(1) 예산편성 기준

정책연구는 연구개발비 예산편성 내역에 따라, 중앙행정기관의 정책수행을 위하여 포괄적으로 편성된 연구개발비로 추진되는 정책연구와 개별부서 사업예산에 포함된 연구개발비로서 특정사업 수행의 일부로 추진되는 정책 연구로 나눌 수 있다.

구분	포괄 연구 개발비	사업별 연구개발비
국회의 의결사항	■ 기관 전체의 정책연구비 규모 (※전년도 실적을 감안하여 총액 편성)	■ 특정사업에 포함된 연구개발비 규모
정책연구과제 선정방법	■ 신청 등에 따라 위원회의 심의를 거쳐 정책연구과제 선정 ■ 기관자율적으로 연구과제당 정책연구비 배정	■ 연구개발비가 편성된 특정사업과 관련이 있는 내용의 정책연구과제 선정 ■ 사업별 연구개발비 규모는 국회 의결사항이므로 원칙적으로 변경 불가

(2) 수행방식 기준

정책연구는 수행방식에 따라 위탁형, 공동연구형, 자문형으로 구분한다.

1) 위탁형 : 연구자가 단독으로 정책연구를 수행하여 그 결과를 종합보고서의 형태로 제출하는 방식

2) 공동연구형 : 연구자와 공무원이 공동으로 정책연구를 수행하는 방식

3) 자문형 : 연구자가 담당 공무원에게 특정 정책 현안에 대한 의견을 서면으로 제시하는 방식

구분	위탁형	공동연구형	자문형
연구방식	연구자의 단독 연구	연구자와 공무원의 지속적 토론을 통한 공동 연구	연구자의 단독 연구
연구결과물 형태	각 기관의 서식에 맞춰 작성된 종합 보고서	종합보고서나 업무보고서 (업무계획, 진단보고서, 매뉴얼 등)	연구자의 의견·아이디어가 정리된 약식 보고서
대가 지급	인건비, 일반관리비, 경비 등 지급	인건비, 최소한의 경비 지급 ※ 공무원에게는 지급 불가	인건비, 최소한 경비 지급

04 정책연구의 관리원칙

중앙행정기관의 장은 정책연구를 수행하는 과정에서 연구과제 및 연구자 선정의 투명성과 공정성, 전문성을 확보하고, 정책연구 예산을 효율적으로 운용하여야 하며, 정책연구 결과의 품질 및 활용도 제고를 위해 최선을 다하여야 한다.

05 정책연구 추진절차

(1) 정책연구과제 선정은 연구과제를 추진하고자 하는 부서의 신청을 받아 위원회의 심의를 거쳐 이루어진다. 다만, 특정사업 수행의 일부로 연구하는 경우에는 그 사업을 주관하는 부서의 장이 연구과제를 선정한다.

(2) 과제가 선정되면 과제담당관과 계약담당관은 정책연구과제에 대한 사업계획 수립 후 경쟁에 의한 방법이나 위원회 심의(수의계약 시)를 거쳐 연구자를 선정하여 계약을 체결한다.

(3) 정책연구가 착수된 후에는 과제담당관은 필요한 경우 중간점검 등을 통해 진행 상황을 관리하고 정책연구가 완료되면 연구 결과물을 평가한다.
또한 연구 종료일로부터 6개월 이내에 연구결과 활용상황을 점검하여야 하며, 점검에 관한 사항은 위원회 심의를 거쳐야 한다.

구분	역할
정책연구 심의위원회 (규정 제50조)	■ 연구과제와 연구자의 선정에 관한 사항 심의 ■ 연구결과의 평가에 관한 사항 심의 ■ 연구결과의 활용상황 점검 및 공개 등에 관한 사항 심의 ■ 그 밖에 정책연구의 체계적인 관리를 위하여 필요한 사항 심의
정책연구심의 소위원회 (규정 제50조)	■ 연구과제 선정을 제외하고 정책연구심의위원회에서 위임한 사항심의
간사 (정책연구 총괄부서장) (규칙 제35조)	■ 위원회 구성 및 운영에 관한 사무 처리 ■ 연구과제 및 연구자 선정에 관한 회의 안건의 준비 ■ 연구결과 평가 및 활용상황 점검에 관한 회의 안건의 준비 ■ 정책연구 관리계획 수립 ■ 연구과제별 진행상황 점검(정책연구관리시스템 확인) 후 과제담당관에게 시정 요구 ■ 해당 기관의 정책연구 성과점검 및 결과 행안부 제출 ■ 그 밖에 정책연구 추진에 관한 과제담당관의 업무 총괄·조정
과제담당관 (과제담당부서장) (규칙 제40조)	■ 소위원회 구성 및 운영에 관한 사무 처리 ■ 해당 정책연구에 관한 추진계획의 수립 및 시행 ■ 연구결과의 평가 ■ 정책연구의 공개 ■ 그 밖에 정책연구 수행에 필요한 업무
계약담당관 (계약담당부서)	■ 계약에 관한 사항

주제 37 연구과제 선정 및 변경

01 연구과제 선정

(1) 연구과제의 선정

중앙행정기관의 장은 공정하고 투명하게 정책연구가 이루어지도록 위원회의 심의를 거쳐 연구과제를 선정하여야 하며 연구과제별로 담당부서의 과장급 공무원을 과제담당관으로 지정하여야 한다.

(2) 심의 생략 사항

1) 위원회의 심의를 거치지 아니하고 연구자를 선정하여 정책연구를 하는 경우 중 긴급하게 정책연구를 할 필요가 있어 연구과제를 선정하는 경우
2) 예산의 편성에 따라 특정 사업 수행의 일부로 정책연구 사업이 정해진 경우로서 그 사업을 주관하는 부서의 장이 그 사업의 내용에 따라 연구과제를 선정하는 경우

02 포괄 연구개발비로 추진할 경우

(1) 과제 공모

정책연구과제는 예산편성 시 개략적으로 정해지나, 정책연구 총괄부서는 필요한 경우 당해연도 예산 범위 내에서 정책연구과제를 공모할 수 있다.

(2) 과제 신청

정책연구를 하려는 부서의 장은 연구과제 선정에 관하여 위원회의 심의를 거치려면 '정책연구과제 심의 신청서'와 '정책연구과제 차별성 검토보고서'를 위원회에 제출하여야 한다.

다만, 선정하려는 정책연구과제와 유사하거나 중복되는 연구과제에 관한 다른 정책연구가 없는 경우에는 '정책연구과제 차별성 검토보고서'를 제출하지 아니할 수 있다.

정책연구과제 심의 신청서

과 제 명	
신청부서	담당공무원
연구방식	[ ] 위탁형 [ ] 공동연구형 [ ] 자문형
연구기간	~ (개월)
예산항목	[ ] 포괄 연구개발비 [ ] 사업별 연구개발비
예상금액	
계약방법	
연구 필요성	
연구의 유사·중복 검토 결과	중복검토 방법: 유사·중복 여부: [ ] 있다 [ ] 없다 ※ 유사·중복되는 기존 연구과제가 있는 경우 차별성 검토보고서 제출
국민 의견 수렴 여부	[ ] 수렴 [ ] 미수렴 ※ 국민생각함 사이트 등을 통해 의견을 수렴
연구내용	
연구결과 활용방안	

※ 근거규정 : 규칙[별지 제10호의2 서식]

정책연구과제 차별성 검토보고서

☐ 관련 선행연구

연번	연구과제명 (연구년도)	연구자	연구목적, 연구방법, 주요 연구내용 등
1			
2			
3			
4			
5			

☐ 유사·중복성 검토 결과

과 제 명	
연구목적	
연구방법	
연구내용	
선행 연구와의 차별성	
새로운 정책 연구 필요성	

※ 근거규정 : 규칙[별지 제10호의3 서식]

(3) 위원회의 심의

1) 위원회는 부서의 장으로부터 제출받은 정책연구과제 심의 신청서에 대해 정책연구과제의 적합성, 정책연구의 방식, 예산규모 및 계약방법 등의 적정성, 정책연구결과 활용 목적의 명확성, 그 밖에 위원회에서 정하는 기준 등에 따라 심의한 후 정책연구과제를 선정한다.

2) 위원회는 정책연구과제 심의 시 신청 받은 과제가 기존에 수행된 정책 연구과제와 유사·중복되는지를 검토한 후 유사하거나 중복된다고 판단되는 경우에는 정책연구과제의 선정 대상에서 제외해야 한다.

(4) 과제담당관의 지정

심의가 완료되면 신청부서에 심의 결과를 통보하고 연구 추진이 확정된 정책연구과제 소관 부서의 과장급 공무원을 과제담당관으로 지정한다.

과제담당관은 정책연구과제를 추진하고 결과를 공개·활용하는 자로서 해당정책연구 전반에 관한 사항을 관리해야 한다.

> **참고** **과제 담당관의 업무**
> - 소위원회 구성 및 운영에 관한 사무처리
> - 해당 정책연구에 관한 추진계획의 수립 및 시행·규정 제52조에 따른 정책연구 결과의 평가
> - 규정 제54조에 따른 정책연구의 공개
> - 규정 제55조에 따른 해당 정책연구 진행상황 점검·그 밖에 정책연구 수행에 필요한 업무

03 사업별 연구개발비로 추진할 경우

(1) 과제 선정

예산의 편성에 따라 특정 사업 수행의 일부로 정책연구 사업이 정해진 경우에는 위원회의 심의를 거치지 않고 연구를 실시하고자 하는 부서의 장이 정해진 사업의 내용에 따라 정책연구과제를 직접 선정한다.

(2) 과제 선정 보고

정책연구를 하려는 부서의 장은 연구과제를 선정한 경우에는 '정책연구과제 선정 결과보고서' 및 '정책연구과제 차별성 검토보고서'를 위원회에 보고하여야 한다.

정책연구과제 선정 결과보고서

과 제 명	
신청부서	담당공무원
연구방식	[ ] 위탁형　　[ ] 공동연구형　　[ ] 자문형
연구기간	~　　(개월)
예산항목	[ ] 포괄 연구개발비　　[ ] 사업별 연구개발비
예상금액	
계약방법	
연구 필요성	
연구의 유사·중복 검토 결과	중복검토 방법 : 유사·중복 여부: [ ] 있다　　[ ] 없다 ※ 유사·중복되는 기존 연구과제가 있는 경우 차별성 검토보고서 제출
국민 의견 수렴 여부	[ ] 수렴　　[ ] 미수렴 ※ 국민생각함 사이트 등을 통해 의견을 수렴
연구내용	
연구결과 활용방안	
정책연구 과제 선정 심의 결과	

※ 근거규정 : 규칙[별지 제10호의4 서식]

(3) 과제담당관의 지정

부서의 장이 선정한 정책연구과제를 수행하기 위하여 부서의 과장급 공무원을 과제담당관으로 지정한다.

04 과제 선정결과 등록

과제담당관은 정책연구과제가 선정되면 그 결과를 정책연구관리시스템에 등록하여야 한다.

05 과제의 변경

(1) 과제 변경의 의의

과제담당관은 이미 선정된 정책연구과제를 변경해야 할 부득이한 사유가 있는 경우에는 위원회의 심의 또는 부서의 장의 결정에 따라 변경할 수 있다.

(2) 포괄 연구개발비 과제 변경

포괄 연구개발비로 위원회에서 선정한 정책연구과제는 위원회의 심의를 거쳐 변경하여야 한다.

(3) 사업별 연구개발비 과제 변경

부서의 장이 선정한 사업별 연구개발비로 추진되는 정책연구과제를 변경 하려는 때에는 그 과제를 선정한 부서의 장의 승인을 얻어 변경할 수 있다.

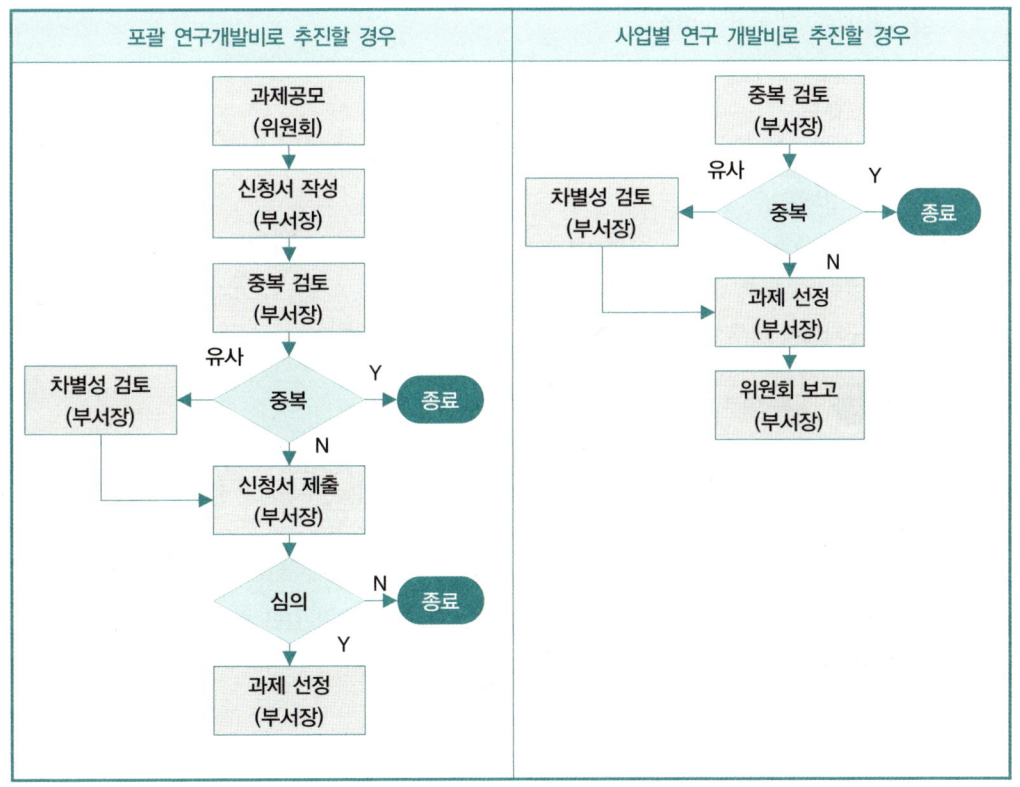

주제 38 연구과제의 중복선정 금지

(1) 의의

중앙행정기관의 장은 다른 행정기관이나 정부의 출연·보조 또는 지원을 받은 연구기관에서 이미 연구가 완료되었거나 연구를 하고 있는 연구과제와 중복되는 정책연구과제를 선정하여서는 아니 된다.

(2) 예외사항

1) 행정기관등에서 유사한 연구를 이미 수행된 경우로서 해당 분야의 이론 및 기술의 발전 등에 따라 새로운 연구가 필요한 경우

2) 관련 정책의 수행을 위하여 이미 수행된 연구과제 결과와 구분되는 학문적·이론적 체계의 구축이 필요한 경우

3) 행정기관등에서 연구를 진행하고 있는 경우로서 관련 사항에 대한 연구가 필요하여 행정기관등과 공동으로 정책연구를 하려는 경우

(3) 중복 검토 방법

1) 수행하고자 하는 정책연구과제에 대한 중복 여부는 정책연구관리시스템의 정책연구 DB 검색기능을 활용하여 검토할 수 있다.

2) 정책연구관리시스템에 등록된 정책연구과제는 중앙행정기관 및 지방자치단체에서 수행하는 과제로 한정되어 있으므로 수행하려는 정책연구 과제와 유사한 연구를 수행할 수 있는 연구기관 등에서 수행된 기존 연구과제에 대해서도 중복 여부를 폭넓게 검토하여야 한다.

> **참고 중복 여부 검토**
>
> ▶ 정책연구과제의 ① 연구목적, ② 연구방법, ③ 연구내용
>   위의 세 요소가 기존에 추진되었거나 현재 추진 중인 다른 정책연구과제와 전혀 차별화되지 않으면 "중복"으로 간주
>   ※ 제목 또는 연구자가 다를지라도 세 요소가 모두 같은 경우에는 동일한 정책연구과제로 볼 수 있음
>
> ▶ ① 연구목적, ② 연구방법, ③ 연구내용 중 하나 이상의 요소가 같은 경우
>   ⇒ 기존의 연구 결과를 활용하지 않고 연구를 추진해야 할 실익이 명확하지 않은 한 정책 연구과제의 중복에 해당

주제 39 정책연구자의 선정

01 정책 연구자 선정

(1) 중앙행정기관의 과제담당관 또는 계약담당관은 「국가계약법」에서 정한 바에 따라 공정하고 투명한 방법으로 연구자를 선정해야 한다.

(2) 연구자라 함은 국가계약법에 의하여 국가와 정책연구에 관한 계약을 체결한 단체 또는 개인을 말한다.

02 경쟁에 의한 선정

(1) 선정방법

정책연구는 국가계약법에 따라 2단계 경쟁 등의 입찰, 제한 경쟁입찰 등 경쟁에 의한 방법으로 연구자를 선정할 수 있다.

- **2단계 경쟁 등의 입찰(국가계약법 시행령 제18조)**
  미리 적절한 규격 등의 작성이 곤란하거나 기타 계약의 특성상 필요하다고 인정되는 경우, 규격 또는 기술입찰 실시 후 가격입찰 실시 가능

- **제한경쟁입찰(국가계약법 시행령 제21조)**
  특수한 기술이 요구되는 연구계약의 경우 해당 수행능력에 필요한 기술 보유 상황 또는 해당 연구과제와 같은 종류의 수행실적으로 경쟁참가자 자격 제한 가능

- **협상에 의한 계약체결(국가계약법 시행령 제43조)**
  계약이행의 전문성·기술성·긴급성·공공시설물의 안정성 및 그 밖에 국가안보 목적 등의 이 유로 필요하다고 인정되는 경우, 다수의 공급자들로부터 제안서를 제출받아 평가한 후 협상 절차를 통해 국가에 가장 유리하다고 인정되는 자와 계약체결 가능

(2) 위원회 심의 생략

1) 「국가를 당사자로 하는 계약에 관한 법률」에 따른 일반경쟁 방식으로 연구자를 선정하는 경우

2) 「국가계약법 시행령」에 따른 입찰참가자격 사전심사를 하는 경우

3) 「국가계약법 시행령」에 따라 제안서를 제출받아 평가하는 경우

03 수의계약에 의한 선정

(1) 수의계약 대상

1) 경쟁에 부칠 여유가 없거나 경쟁에 부쳐서는 계약의 목적을 달성하기 곤란하다고 판단되는 경우

2) 특정인의 기술이 필요하거나 해당 물품의 생산자가 1인뿐인 경우 등 경쟁이 성립될 수 없는 경우

3) 중소기업자가 직접 생산한 제품을 해당 중소기업자로부터 제조·구매하는 경우

4) 그 외 경쟁에 따라 계약을 체결하는 것이 비효율적인 경우

(2) 연구자에 대한 위원회 심의 사항

1) 연구자 선정을 위한 계약 방법의 적합성

2) 연구자의 연구수행을 위한 전문 능력

3) 연구계획의 정책연구의 목적 부합 여부

4) 연구계획의 타당성, 실현가능성 여부

5) 연구비는 적정성

6) 그 밖에 위원회에서 연구자 선정에 중요하다고 판단한 사항

(3) 소위원회 활용

위원회의 심의를 거쳐야 하는 경우에는 위원회 대신 소위원회를 활용하여 심의할 수 있으며, 이 경우에는 소위원회는 심의결과를 위원회에 제출해야 한다.

(4) 계약체결 요청

위원회에서 연구자가 선정되면 계약부서에 정책연구과제에 대한 사업계획서 등 계약관계 서류를 첨부하여 계약체결을 요청한다.

04 계약 체결 및 공개

(1) 계약 체결

계약담당관은 국가계약법에 따라 계약심사 후 선정된 연구자와 계약을 체결하고 결과를 통보한다.

(2) 계약 체결사항 등록 및 공개

1) 과제담당관은 계약체결이 완료되면 연구자와 체결된 정책연구 계약의 내용을 정책연구관리시스템을 통

하여 공개하여야 한다.

2) 계약체결 사항은 공개를 원칙으로 하되, 비공개 사유에 해당하는 경우에는 목록만 공개하거나 부분공개 또는 비공개 할 수 있다. 다만, 해당 계약의 내용이 비공개 대상 정보에 해당하는 경우에는 비공개 사유를 명시하여야 한다.

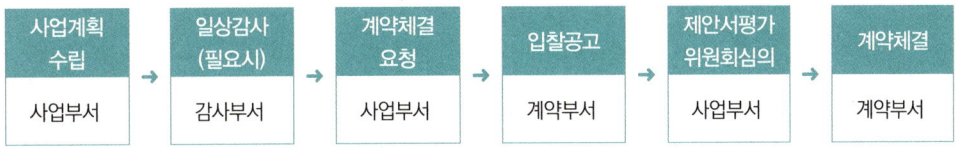

주제 40 정책연구심의위원회

01 정책연구심의위원회 설치

중앙행정기관의 장은 계약을 통한 정책연구에 관해 심의하기 위하여 정책연구심의위원회를 둔다.

02 심의사항

(1) 연구과제와 연구자의 선정에 관한 사항

(2) 연구결과의 평가에 관한 사항

(3) 연구결과의 활용상황 점검 및 공개 등에 관한 사항

(4) 그 밖에 정책연구의 체계적인 관리를 위하여 필요한 사항

(5) 위원회 구성 및 운영(규정 제50조, 규칙 제35조)

03 위원회의 구성

(1) 위원회는 위원장 1명을 포함하여 10명 이상 30명 이하의 위원으로 성별을 고려하여 구성하되, 위촉하는 위원의 수가 전체 위원 수의 과반수가 되도록 구성하여야 한다.

(2) 위원장은 정책연구 업무를 총괄하는 실 또는 국의 장이 되고, 위원은 해당 중앙행정기관의 장이 지명하

는 과장급 이상 공무원과 그 중앙행정기관 소관 업무에 관한 전문적인 지식과 경험이 풍부한 외부 전문가 중에서 해당 중앙행정기관의 장이 위촉하는 사람이 되며, 위촉위원의 임기는 2년으로 하되 연임할 수 있다.

04 위원회 운영

(1) 위원회의 회의는 재적위원 과반수의 출석으로 개의하고, 출석위원 과반수의 찬성으로 의결한다. 이 경우 위촉위원의 과반수가 출석한 경우에만 개의할 수 있다.

(2) 위촉위원의 참여 배제 사유

    1) 「군사기밀보호법」에 따른 군사기밀 관련 사항

    2) 「국가정보원법」 제13조 제4항에 따른 국가 기밀 관련 사항

    3) 그 밖에 보안 관련 법령에 따라 비밀로 관리되는 사항

(3) 규정 및 규칙에서 규정한 사항 외에 위원회 운영에 필요한 사항은 위원회의 의결을 거쳐 위원장이 정한다.

05 정책연구심의소위원회 위임

위원회는 위원회의 업무를 효율적으로 수행하기 위하여 필요하면 소위원회를 둘 수 있으며, 연구과제의 선정을 제외한 사항에 대한 심의를 소위원회에 위임할 수 있다.

이 경우 위원회는 소위원회의 심의 내용을 확인·점검할 수 있다.

06 배제 기준

위원회나 소위원회의 위원은 본인 또는 본인의 배우자, 4촌 이내의 혈족, 2촌 이내의 인척 또는 그 사람이 속한 기관·단체와의 정책연구 계약에 관한 사항의 심의·의결에 관여하지 못한다.

주제 41 정책연구심의소위원회

01 정책연구심의소위원회 필요성

중앙행정기관의 과제가 많고 진행 시점이 서로 달라 매번 위원회를 개최하는 것이 현실적으로 어렵거나, 분야가 다양하여 과제별로 외부전문가를 위촉해야 할 필요가 있는 등 위원회에서 모든 정책연구를 실질적으로 관리하기 어려운 경우에는 위원회의 업무를 효율적으로 수행하기 위해 소위원회를 둘 수 있다.

02 정책연구심의소위원회 심의

위원회의 업무를 효율적으로 수행하기 위하여 연구과제의 선정을 제외한 사항에 대한 심의를 심의한다.

03 정책연구심의소위원회 구성 및 운영

(1) 소위원회의 위원장 1명을 포함하여 4명 이상 10명 이하의 위원으로 성별을 고려하여 구성하되, 위촉하는 위원의 수가 전체 소위원회 위원 수의 과반수가 되도록 구성하여야 한다.

(2) 소위원회의 위원장은 연구과제를 담당하는 실 또는 국의 장이 되고, 위원은 해당 기관의 장이 지명하는 과장급 공무원(위원회의 위원인 과장급 공무원 포함)과 그 연구과제에 대한 전문적인 지식과 경험이 풍부한 외부 전문가 중에서 중앙행정기관의 장이 위촉하는 사람이 된다.

04 정책연구심의소위원회 운영

1) 위원회의 회의는 재적위원 과반수의 출석으로 개의하고, 출석위원 과반수의 찬성으로 의결한다.

2) 위촉위원의 참여 배제 사유

   ① 군사기밀 관련 사항

   ② 국가 기밀 관련 사항

   ③ 그 밖에 보안 관련 법령에 따라 비밀로 관리되는 사항

05 배제기준

위원회나 소위원회의 위원은 본인 또는 본인의 배우자, 4촌 이내의 혈족, 2촌 이내의 인척 또는 그 사람이 속한 기관·단체와의 정책연구 계약에 관한 사항의 심의·의결에 관여하지 못한다.

주제 42 정책연구의 진행

01 정책연구 착수

(1) 착수보고회 개최

과제담당관은 연구자가 선정되면 연구자와 합동으로 착수보고회를 개최하여 과업내용과 추진일정 등을 상호 협의한 후, 연구자로부터 착수보고회 결과를 반영한 수행계획서를 제출받아 연구 진행상황을 관리할 수 있다.

(2) 서약서 접수

과제담당관은 정책연구의 위조, 변조, 표절, 부당한 저자 표기 등 부정행위를 사전에 방지하기 위하여 연구자로 하여금 정책연구 윤리 준수 서약서를 제출 받아야 한다.

정책연구 윤리 준수 서약서

본인은 ○○부 「○○ 정책연구」 과제를 수행하면서 정책연구의 객관성, 효과성과 신뢰성, 연구 결과의 공익성과 진실성을 확보하기 위하여 다음과 같이 연구윤리를 준수할 것을 서약합니다.

첫째, 정책연구 과정에서 진실하고 객관적인 태도로 정확한 기록을 통해 연구 결과의 검증이 가능하도록 한다.
둘째, 연구 결과에 직접적 또는 간접적 영향을 미칠 수 있는 모든 형태의 데이터와 분석 결과를 의도적으로 왜곡하거나 조작하거나 은폐하지 않으며 결과를 진실하고 공정하게 발표한다.
셋째, 유사한 중복 연구를 지양하며 연구자원을 투명하고 효율적으로 사용한다.
넷째, 타인의 연구개발 과정과 결과를 존중하며, 위조, 변조, 표절 등 타인의 지적재산을 부당하게 도용하거나 자신의 선행연구를 부적절하게 활용하는 연구부정행위를 하지 않는다.

년   월   일

연구자 소속: 성명: (서명)

○○부장관 귀중

02 정책연구 수행

(1) 연구자는 정책연구 윤리 자가점검표와 정책연구 윤리 점검기준을 고려하여 연구를 수행한다.

(2) 과제담당관은 연구자가 속한 연구기관에게 연구자에 대한 연구윤리 교육을 실시하게 하고, 연구자의 연구윤리 준수 의무를 일차적으로 관리 감독하게 한다.

03 중간점검

(1) 중간점검 실시

과제담당관은 정책연구 계약서에서 정한 연구기간 중에 필요한 경우 다음 사항을 고려하여 연구 진행상황을 중간 점검하고 연구자와 향후 연구 일정을 협의한 후, 점검결과서를 작성하여 정책연구관리시스템에 등록한다.

(2) 점검결과 보완 요구

과제담당관은 중간점검 결과, 연구자가 연구계획서상의 연구일정 이행을 태만히 하거나 연구 진행상황이 연구의 목적에 부합하지 아니한다고 판단되는 경우에는 해당 연구자에 대하여 시정 또는 보완을 요구하여야 한다.

(3) 중간점검 결과 등록

과제담당관은 중간점검이 완료되면 중간점검 결과를 정책연구관리시스템에 등록하여야 한다.

연구진행상황 중간점검 결과서

정책연구과제명		연구기관/책임연구원	
부서/과제담당관		담당공무원	
연 구 방 식	1. [ ]위탁형	2. [ ]공동연구형	3. [ ]자문형
연구자 선정방법	1. [ ]경쟁계약	2. [ ]수의계약	
연 구 기 간	~ (개월)		
점 검 일 자			
점 검 결 과	• 정책연구 목적과의 부합성 • 계약 내용에의 충실성 • 일정계획에 따른 연구 진행 수준 • 기대 연구결과의 달성 가능성		
조 치 사 항			

04 연구결과의 평가 및 활용

(1) 연구결과의 평가

1) 중앙행정기관의 장은 정책연구가 종료된 후 그 정책연구결과를 평가하여야 하며, 정책연구 종료일부터 6개월 이내에 정책연구결과 활용상황을 점검하여야 한다. 이 경우 정책연구결과 평가 및 활용상황 점검에 관한 사항은 위원회의 심의를 거쳐야 한다.

2) 정책연구결과 평가는 과제담당관과 과제담당관이 지정한 외부 전문가 1명이 공동으로 평가하는 방법이나 외부 전문가가 참석하는 정책연구 완료보고회를 개최하여 평가하는 방법으로 하여야 한다.

3) 과제담당관은 정책연구결과 평가에 대하여 위원회의 심의를 거치려는 경우 평가 결과보고서를 작성하여 위원회에 제출하여야 한다.

4) 외부전문가는 위원회 또는 소위원회의 외부위원이나 해당 연구과제 분야의 외부전문가 중에서 지정한다.

(2) 정책연구 윤리 점검 절차 및 방법

1) 정책연구 결과 평가 시 점검

① 연구자는 정책연구가 완료되면 정책연구 윤리 자가점검표와 유사도 검사 결과서를 발주기관에 제출한다. 유사도 검사는 민간의 유사도 검사시스템을 활용하여 실시한다.

② 중앙행정기관 등 발주기관은 연구자가 제출한 정책연구 윤리 자가점검표와 유사도 검사결과서를 참고하여 '정책연구 윤리 점검기준'에 따라 연구결과 평가 시 정책연구 윤리 준수 여부를 점검한다.

2) 제보 등에 의한 사후 점검

① 제보 등에 의한 연구부정행위 점검 필요 시 중앙행정기관 등 발주기관은 연구기관에 자체 조사를 요구한다.

② 연구자가 속한 연구기관은 발주기관 요청 시 사후 점검을 실시한다. 점검 절차, 조사위원회 구성 등은 교육부의 「연구윤리 확보를 위한 지침」을 준용하여 점검하되, 점검기준은 행정안전부에서 제공한 정책연구 윤리 점검 기준에 따른다.

③ 연구자가 속한 연구기관은 사후 점검을 실시한 후, 점검 결과를 발주기관에 제출한다.

(3) 평가 결과에 따른 조치

과제담당관은 정책연구 평가 결과, 연구의 목적에 부합하지 않는 등 연구 결과가 미흡한 경우에는 연구자로 하여금 시정하도록 조치하여야 한다. 또한, 연구 부정행위가 발견된 경우 「국가연구개발혁신법」에 따라 제재처분할 수 있다.

(4) 정책연구관리시스템 등록사항 점검 및 시정요구

총괄부서장은 과제담당관이 정책연구과제 진행단계별로 정책연구관리시스템에 등록한 사항을 최종 점검하고, 등록사항이 잘못 된 경우 시정조치 후 승인 처리하여야 한다.

(5) 연구결과물 발간 및 사후관리

행정기관은 정책연구 결과를 「공공기록물 관리에 관한 법률」 제18조에 따라 기록물로 등록하여 관리하여야 한다.

정책연구 평가 결과서

정책연구과제명		연구기관/책임연구원	
부서/과제담당관		담당공무원	
연 구 방 식	1. [ ]위탁형　　2. [ ]공동연구형　　3. [ ]자문형		
연구자 선정방법	1. [ ]경쟁계약　　2. [ ]수의계약		
연 구 기 간	~　　　　　(　　개월)		
연 구 결 과			
평 가 결 과	• 정책연구 목적과의 부합성　• 추진방법의 적절성 • 계약 내용에의 충실성　　• 연구윤리 점검 결과 • 연구결과의 활용 가능성　• 비공개 시 사유의 적정성 • 기타사항　　　　　　　(비공개 결정 시 정보공개법 　　　　　　　　　　　제9조에 따른 사유 명시)		
평가자 확 인	구 분	평가위원	과제담당관
	성 명	(서명)	(서명)
평 가 보고회	개최일자		장 소
	참석자		

(6) 연구결과의 활용

1) 연구결과의 활용상황 점검

과제담당관은 정책연구 종료일부터 6개월 이내에 정책연구결과 활용상황을 점검하여야 한다. 이 경우 정책연구결과 활용상황 점검에 관한 사항은 위원회의 심의를 거쳐야 한다.

2) 활용결과의 등록

과제담당관은 활용결과를 정책연구관리시스템에 등록하여야 한다. 활용결과 보고서 작성 시 활용결과는 '법령 제·개정', '제도 개선 및 정책 반영', '정책 참조' 등으로 구분하여 작성하고, 정책연구 활용결과를 명확히 밝혀야 한다.

정책연구 활용결과 보고서			
정책연구과제명		연구기관/책임연구원	
부서/과제담당관		담당공무원	
연 구 기 간	~	(개월)	
활 용 구 분	1. [ ]법령 제·개정 2. [ ]제도개선 및 정책반영 3. [ ]정책참조		
연 구 목 적			
연구 주요내용			
활 용 목 적			
활 용 결 과	• 현 업무와의 연계 타당성 분석 • 정책 활용 결과		

> **참고** **평가 위원 선정시 고려사항**
>
> 평가의 공정성 확보를 위해 다음에 해당하는 외부전문가 위원은 평가위원으로 지정하 지 않는 것이 바람직함
> - 심의 대상에 포함된 연구자와 사제지간 또는 4촌 이내의 혈족 및 2촌 이내의 친인척지간인 자
> - 심의 대상에 포함된 연구자와 동일한 기관에 소속한 자
> - 그 밖에 심의의 공정성을 해할 가능성이 있는 자

05 정책연구관리시스템의 구축·운영

행정안전부장관은 중앙행정기관이 전자적으로 정책연구과정을 관리하고 정책연구결과를 공동으로 이용할 수 있도록 정책연구관리시스템을 구축·운영하여야 한다.

> **참고**
>
> 정책연구관리시스템은 공무원포털과 대국민포털로 구성되어 있으며, 인터넷으로 접속하면 나타나는 초기화면이 대국민포털로서 누구나 로그인 없이 정책연구 과제를 검색하여 공개된 연구결과물을 열람하거나 내려 받을 수 있다.

구분	세부내용
정책연구 과제 선정	■ 과제 수행계획 등록(과제명, 연구용역 방식, 연구기간, 연구비용 등) ■ 전문 검색엔진을 통해 과제 선정 전(前) 중복 및 유사 연구과제 검색 ■ 정책연구의 공개 여부 설정
연구자 선정	■ 계약 내용 등록(계약일, 계약방식, 계약금액, 연구수행기관 등)
중간 점검	■ 중간점검 결과 등록(중간점검 결과서, 중간산출물 등)
정책연구 결과 평가	■ 정책연구 결과보고서 및 평가결과 등록(평가위원, 평가 결과서 등) → 공개과제의 경우, 등록 시 정책연구 결과보고서 및 평가결과가 국민에게 공개
정책연구 결과 활용	■ 연구완료 6개월 내외 활용결과 보고서 등 등록

06 정책연구 결과의 공개

(1) 공개내용

① 중앙행정기관의 장은 정책연구의 공정성과 투명성을 보장하고 정책연구 결과를 공동 활용하기 위해 정책연구관리시스템을 통하여 다음의 사항을 공개하여야 한다. 다만, 「정보공개법」 제9조에 따른 비공개대상 정보에 해당하는 경우에는 그러하지 아니하다.

② 비공개 대상 정보가 기간의 경과 등으로 인하여 비공개의 필요성이 없어진 경우에는 그 정보를 공개 대상으로 하여야 한다.

③ 각 기관은 해당 기관의 업무 성격을 고려하여 비공개 대상 정보의 범위에 관한 세부 기준을 수립하고 이를 공개하여야 한다.

(2) 공개방법

① 지방자치단체의 장은 정책연구가 종료된 후 정책연구결과를 해당 지방자치단체의 조례로 정하는 바에 따라 정책연구관리시스템을 통하여 공개하여야 한다.

② 「공공기관의 정보공개에 관한 법률」 따른 비공개 대상 정보에 대해서는 공개하지 아니한다.

정보공개법 제9조의 비공개 대상 정보

1. 다른 법률 또는 법률에서 위임한 명령(국회규칙·대법원규칙·헌법재판소규칙·중앙선거관리 위원회 규칙·대통령령 및 조례로 한정한다)에 따라 비밀이나 비공개 사항으로 규정된 정보
2. 국가안전보장·국방·통일·외교관계 등에 관한 사항으로서 공개될 경우 국가의 중대한 이익을 현저히 해칠 우려가 있다고 인정되는 정보
3. 공개될 경우 국민의 생명·신체 및 재산의 보호에 현저한 지장을 초래할 우려가 있다고 인정되는 정보
4. 진행 중인 재판에 관련된 정보와 범죄의 예방, 수사, 공소의 제기 및 유지, 형의 집행, 교정(矯正),

보안처분에 관한 사항으로서 공개될 경우 그 직무수행을 현저히 곤란하게 하거나 형사피고인의 공정한 재판을 받을 권리를 침해한다고 인정할만한 상당한 이유가 있는 정보

5. 감사·감독·검사·시험·규제·입찰계약·기술개발·인사관리에 관한 사항이나 의사결정 과정 또는 내부검토 과정에 있는 사항 등으로서 공개될 경우 업무의 공정한 수행이나 연구·개발에 현저한 지장을 초래한다고 인정할만한 상당한 이유가 있는 정보

   ※ 다만, 의사결정과정 또는 내부검토 과정을 이유로 비공개할 경우에는 의사결정 과정 및 내부검토 과정이 종료되면 제10조에 따른 청구인에게 이를 통지하여야 한다.

6. 해당 정보에 포함되어있는 성명·주민등록번호 등 개인에 관한 사항으로서 공개될 경우 사생활의 비밀 또는 자유를 침해할 우려가 있다고 인정되는 정보. 다만, 다음 각 목에 열거한 개인에 관한 정보는 제외한다.
   가. 법령에서 정하는 바에 따라 열람할 수 있는 정보
   나. 공공기관이 공표를 목적으로 작성하거나 취득한 정보로서 사생활의 비밀 또는 자유를 부당하게 침해하지 아니하는 정보
   다. 공공기관이 작성하거나 취득한 정보로서 공개하는 것이 공익이나 개인의 권리구제를 위하여 필요하다고 인정되는 정보
   라. 직무를 수행한 공무원의 성명·직위
   마. 공개하는 것이 공익을 위하여 필요한 경우로서 법령에 따라 국가 또는 지방자치단체가 업무의 일부를 위탁 또는 위촉한 개인의 성명·직업

7. 법인·단체 또는 개인(이하 "법인 등"이라 한다)의 경영상·영업상 비밀에 관한 사항으로서 공개될 경우 법인 등의 정당한 이익을 현저히 해칠 우려가 있다고 인정되는 정보. 다만, 다음 각 목에 열거한 정보는 제외한다.
   가. 사업활동에 의하여 발생하는 위해(危害)로부터 사람의 생명·신체 또는 건강을 보호 하기 위하여 공개할 필요가 있는 정보
   나. 위법·부당한 사업활동으로부터 국민의 재산 또는 생활을 보호하기 위하여 공개할 필요가 있는 정보

8. 공개될 경우 부동산 투기, 매점매석 등으로 특정인에게 이익 또는 불이익을 줄 우려가 있다고 인정되는 정보

공개 내용	공개 시점
■ 정책연구의 계약체결 내용	☞ 연구자 선정 및 계약체결 직후 (1개월 이내)
■ 정책연구결과 및 그 평가 결과	☞ 1개월 이내(연구 보고서) ☞ 평가 직후(평가 결과서)
■ 정책연구결과 활용상황	☞ 연구 종료일로부터 6개월 이내에 점검하고 위원회 심의 거친 직후
■ 그 밖에 중앙행정기관의 장이 필요하다고 인정하는 정책연구에 관한 사항	☞ 필요시

07 비공개 대상 사후관리

「정보공개법」에 따라 비공개 대상으로 분류된 정책연구과제는 다른 법령에 특별한 규정이 있는 경우를 제외하고는 2년의 범위에서 비공개 기간을 정하되, 기간의 경과 등으로 비공개의 필요성이 없어지거나 「공공기록물법」에 따라 공개하는 것으로 재분류 된 경우에는 공개하여야 한다.

08 정책연구 성과점검

(1) 중앙행정기관의 장은 매년 기관의 정책연구 추진과정, 연구결과의 공개 및 활용상황 등을 점검하여야 한다.

(2) 행정안전부장관은 기관별 점검사항을 종합하여 정책연구의 성과를 점검할 수 있다.

(3) 행정안전부장관은 제2항에 따른 종합점검 결과를 해당 중앙행정기관의 장, 기획재정부장관 및 감사원장에게 통보해야 한다.

(4) 기획재정부장관은 행정안전부장관으로부터 통보받은 점검결과를 다음 해 예산을 편성할 때에 반영할 수 있다.

주제 43 영상회의 및 영상회의시스템의 운영

01 영상회의 의의

정보통신(ICT)을 기반으로 원거리에 있는 사람들과 일대일 또는 다자간 등 다양한 방식으로 진행하는 실시간 회의로 참석자의 영상과 음성뿐 아니라 문서, 이미지, 동영상 등의 회의 자료 공유도 가능하다.

02 영상회의 방법

영상회의는 영상회의실, PC 영상회의 등 다양한 방법으로 개최될 수 있으며 회의 규모, 성격 등에 따라 적합한 방법으로 회의할 수 있다.

03 영상회의실의 설치·운영 및 지정

(1) 회의 개최 사항

1) 국무회의 및 차관회의
2) 장관·차관이 참석하는 회의
3) 둘 이상의 정부청사에 위치한 기관 간에 개최하는 회의
4) 정부청사에 위치한 기관과 지방자치단체 간에 개최하는 회의
5) 그 밖에 원격지에 위치한 기관 간 회의

(2) 영상회의실의 지정

1) 행정안전부장관은 회의를 개최하기 위하여 정부영상회의실을 설치·운영하거나 행정기관이 공동으로 사용할 수 있는 영상회의실을 지정할 수 있다. 이 경우 행정안전부장관은 원활한 공동사용을 위하여 필요한 지원을 할 수 있다.
2) 행정안전부장관이 지정한 영상회의실을 운영하는 행정기관의 장은 다른 기관이 영상회의실 사용을 요청하면 적극 협조하여야 한다.

04 정부영상회의실 사용신청

(1) 정부영상회의실을 사용하려는 기관은 회의 개최일 2일 전까지 정부청사관리소장에게 사용신청을 하여야 하며, 정부청사관리소장은 정부영상회의실의 사용가능 여부를 지체 없이 통보하여야 한다.
(2) 정부영상회의실 사용신청은 서식으로 하며 이 경우 팩스 또는 정보통신망 등을 이용하여 신청할 수 있다.

05 정부영상회의실 등의 관리·운영

(1) 정부영상회의시스템의 관리책임자 및 운영자 지정
(2) 정부영상회의실 및 정부영상회의시스템 보안대책의 수립
(3) 각종 회의용 기자재의 제공 및 정부영상회의 운영의 지원
(4) 규정한 사항 외에 정부영상회의실 관리·운영에 필요한 사항

06 정부영상회의실 운영요원

(1) 정부청사관리소장은 정부영상회의실 운영요원을 정부서울청사, 정부과천청사, 정부대전청사 및 정부세종청사 등에 배치하여야 한다.
(2) 운영요원의 업무
  1) 정부영상회의시스템 및 관련 장비의 운영·관리
  2) 각종 전용회선의 관리
  3) 정부영상회의실의 보안관리
  4) 규정한 사항 외에 정부영상회의 운영을 위하여 필요한 업무

07 영상회의 책임관 및 전담부서 지정

(1) 행정기관의 장은 해당 기관의 영상회의를 총괄적으로 관리하기 위하여 영상회의 책임관과 영상회의 전담부서를 지정하여야 한다.
(2) 영상회의 책임관은 해당 기관의 영상회의 현황 및 영상회의 실적관리, 영상회의 활성화 계획의 수립·이행 등의 임무를 수행한다.

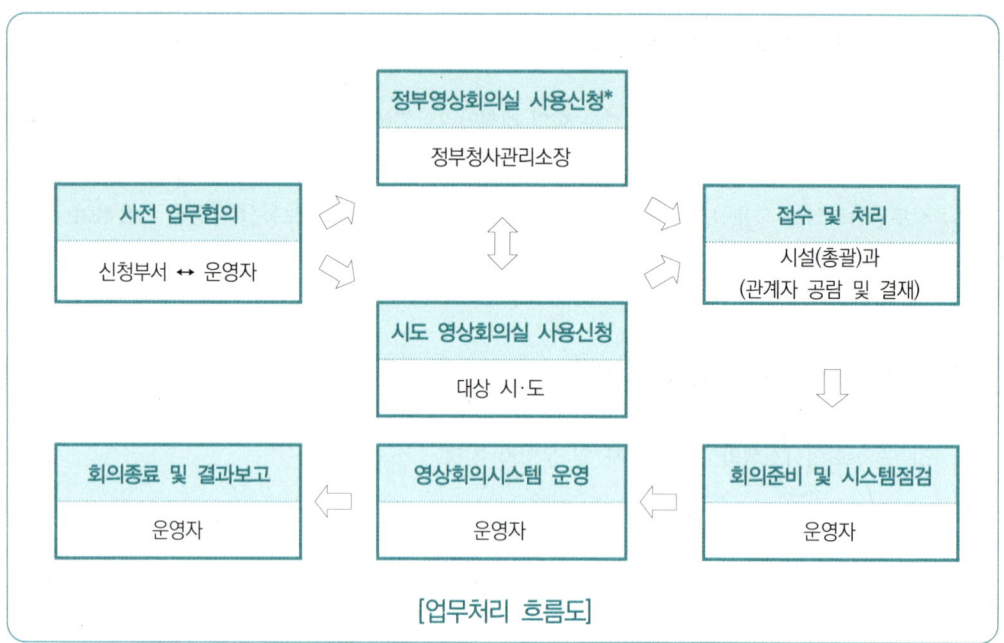

[업무처리 흐름도]

제4장 행정업무의 관리

주제 44 행정업무의 인계 및 인수

01 업무의 분장

각 처리과의 장은 업무를 효율적으로 처리하고 책임소재를 명확하게 하기 위하여 소관 업무를 단위업무별로 분장하되, 소속 공무원 간의 업무량이 균형을 이룰 수 있도록 하여야 한다.

02 업무의 인계·인수

(1) 의의

행정업무의 책임소재를 명확히 하고, 행정지식의 축적 등을 통한 업무의 효율적 관리를 위하여 공무원 인사발령 등의 경우에 인계자가 업무의 진행 사항, 예산물품 정보 등을 적어서 후임자에게 전달하는 제도를 말한다.

(2) 인계·인수 절차

1) 인계·인수 사전준비
   ① 업무관리시스템에 공식문서(기안, 결재, 보고, 회의자료) 작성·등록한다.
   ② 단위과제의 분류체계(BRM) 및 관련정보(이해관계자, 조직/법령/예산 정보, 업무처리절차 등)를 수정·보완하여 현행화 한다.

2) 인계·인수서 작성
   ① 작성된 인계·인수서는 입회자의 검토가 필요하며, 입회자는 인계·인수 내용을 확인하고 수정·보완을 위한 의견을 제시할 수 있다.
   ② 업무를 인계·인수할 때에는 해당 업무에 관한 모든 사항이 구체적으로 나타나도록 행정안전부령으로 정하는 바에 따라 업무관리시스템이나 전자문서시스템을 이용하여 인계·인수하여야 한다.

③ 인계·인수서 작성내용

㉠ 담당 업무
부서 업무분장표 및 업무매뉴얼 등을 활용하여 현재 자신의 업무 내용을 입력하며, 직무기술서를 작성하는 형식으로 직무의 성격, 내용, 수행방법 등을 정리하고 도식화된 업무프로세스를 포함한다.

㉡ 주요 업무계획 및 진행사항
업무관리시스템의 과제관리카드에 수록된 자료를 활용하여 담당하고 있는 단위과제 및 전략과제의 주요 업무계획과 추진경과, 추진실적 등을 간략하게 정리한다.

㉢ 현안사항 및 문제점
향후 1~3개월 이내에 처리해야 할 필요가 있는 업무 관련 사항과 그 처리 방안에 대한 의견을 기술한다.

㉣ 주요 미결사항
상급자의 지시사항, 소송 계류 중인 사항, 감사원·국회 등의 지적사항에 대한 미처리 내용과 처리기한에 대해 기술한다.

㉤ 관련 문서 현황
업무관리시스템이나 전자문서시스템에 저장된 문서와 개인용 컴퓨터에 저장된 관련 파일, 그리고 자료집 등 비전자문서에 대한 관리 현황으로 나누어 목록 등을 기술한다.

㉥ 주요 물품 및 예산 등 인계·인수가 필요한 사항
업무 관련 전문가, 고객 등 이해관계자와 물품, 예산 등 업무 추진에 필요한 자원의 내용과 규모, 확보방안 등을 정리하여 기술한다.

(3) 직무대리자의 인계·인수

업무를 인수할 후임자가 정해지지 아니한 경우와 그 밖의 특별한 사유로 후임자에게 업무를 인계할 수 없는 경우에는 그 직무를 대리하는 사람에게 인계하고, 그 직무를 대리하는 사람은 후임자가 업무를 인수할 수 있게 되었을 때에 즉시 인계하여야 한다.

(4) 인계 인수 자료의 상시관리

행정기관의 장은 인계·인수가 원활하게 이루어질 수 있도록 기능분류시스템의 자료를 최신의 정보로 유지하여야 한다.

(5) 대면 인계·인수 진행

1) 대면 인계·인수는 실제 인계·인수 발생시점 이후 7일 이내에 완료를 원칙으로 한다.

2) 인계자는 기록되지 않은 업무처리 방법이나 업무지식 등도 인수자에게 전달한다.

3) 지역적 격차나 시간적 불일치로 인해 대면 인계·인수가 어려운 경우 대리자를 지정하거나 전화, 영상회의, 이메일 등을 통해 인계·인수한다.

(6) 인계·인수 사후관리

1) 인계자는 인계·인수가 종료된 이후에도 인수자나 입회자가 요청할 경우 관련 업무처리를 지원해야 한다. 특히 인계·인수 후 최소 1개월까지는 인계·인수 과정에서 발생하는 인수자의 업무파악을 위하여 적극적으로 업무를 지원 해야 한다.
2) 가급적 사후 업무지원은 메모보고 등을 통해 요청과 대응이 이루어지도록 하고, 사안의 정도에 따라 구두 설명이나 이메일, 전화, 행정업무관리 등을 통한 원격 지원도 가능하다.

업무인계·인수서

1. 업무현황
    가. 담당 업무
    나. 주요 업무계획 및 진행사항
    다. 현안사항 및 문제점
    라. 주요 미결사항

2. 관련 문서 현황

3. 주요 물품 및 예산 등 인계·인수가 필요한 사항

4. 그 밖의 참고사항

위와 같이 인계·인수합니다.

년   월   일

인계자   (서명 또는 인)
인수자   (서명 또는 인)
입회자   (서명 또는 인)

비고(이 난은 서식에 포함하지 아니한다.)
1. 입회자는 인계자의 바로 위 상급자가 된다. 다만, 인계자가 기관장 및 부기관장인 경우에는 바로 아래 하급자가 된다.
2. 기재 항목이나 내용은 기관의 실정이나 인계·인수 사항에 따라 조정하여 사용할 수 있다.
3. 업무관리시스템 또는 전자문서시스템 등을 이용하여 전자문서로 작성하는 경우에는 인계자, 인수자 및 입회자의 서명 또는 날인을 생략할 수 있다.

주제 45   업무편람의 작성 및 활용

01   업무편람의 개념

업무편람이란 합리적인 업무수행 방향 및 기준을 제시하여 주는 것으로 조직의 방침과 기능, 업무처리의 절차와 방법, 준수하여야 할 제 원칙, 기타 업무와 관련된 자료 등을 단순화하고 표준화하여 이해하기 쉽고 업무처리에 편리하도록 작성한 업무지침서를 말한다.

02   업무편람의 활용

행정기관이 상당 기간에 걸쳐 반복적으로 하는 업무는 그 업무의 처리가 표준화·전문화될 수 있도록 업무편람을 작성하여 활용하는 것을 원칙으로 한다.

03   업무편람의 종류

(1) 행정편람

1) 의의

행정편람이란 업무처리의 기준과 절차, 장비 운용 방법, 그 밖의 일상적 근무 규칙 등에 관하여 다수의 행정기관이나 업무 담당자에게 필요한 지침·기준· 지식 등을 제공하여 공통적으로 활용하는 업무지도서나 업무참고서를 말하며 행정기관 명의로 발간한다.

2) 자문

행정편람을 발간하려는 경우 필요하면 경우에 해당 기관의 공무원이나 관계 전문가에게 자문할 수 있다.

3) 발간 및 수정·보완

행정편람은 해당 행정기관의 장이 발간한다. 또한 관련 제도의 변경 등으로 행정편람의 내용을 수정 또는 보완하여야 하는 사유가 발생하면 그 내용을 수정 또는 보완하여야 한다.

4) 관리 및 활용

행정편람은 개인 소장을 금지하고 서가 또는 책장에 비치하여 관계자가 누구든지 항상 손쉽게 참고·활용할 수 있도록 하여야 한다.

(2) 직무편람

1) 의의

직무편람은 부서별로 그 소관 단위업무에 관한 업무계획, 현황 및 그 밖의 참고자료 등을 체계적으로 정리하여 활용하는 업무 현황철이나 참고철을 말한다.

2) 작성대상

직무편람은 특별한 사유가 있는 경우를 제외하고는 행정기관의 직제에 규정된 최하단위 부서의 단위업무 별로 작성하되, 필요한 경우에는 여러 단위업무에 관한 직무편람을 한권으로 묶어 부서별로 작성할 수 있다.

3) 작성내용

① 업무 연혁, 관련 현황 및 주요 업무계획

② 업무 처리절차 및 흐름도

③ 소관 보존문서 현황

④ 그 밖에 업무처리에 필요한 참고사항

04 작성 및 활용 효과

(1) 작성효과

1) 현재의 업무 상태를 파악할 수 있다.

2) 업무의 표준화·단순화·전문화를 촉진한다.

3) 그 밖에 현재의 불합리한 점을 발견하여 개선할 수 있다.

(2) 활용효과

1) 업무활동의 목표와 방침의 기준을 세워준다.

2) 업무를 통제하는데 필요한 적절한 지침을 준다.

3) 업무의 혼란과 불확실 및 중복을 줄일 수 있다.

4) 교육훈련을 위한 실효성 있는 교재가 된다.

5) 관리층과 부하직원 상호간 또는 각 조직간의 협력을 증진한다.

6) 그 밖에 업무 효율성 증진에 대한 관심을 높여 준다.

주제 46 정책실명제

01 의의

정책실명제라 함은 행정기관에서 소관 업무와 관련되어 수립·시행되는 주요 정책의 결정 및 집행과정 등에 참여하는 관련자의 실명과 의견을 기록·관리함으로써 정책의 투명성과 책임성을 높이기 위한 제도를 말한다.

02 정책의 실명 관리

(1) 주요 정책의 결정이나 집행

1) 주요 정책의 결정과 집행 과정에 참여한 관련자의 소속, 직급 또는 직위, 성명과 그 의견
2) 주요 정책의 결정이나 집행과 관련된 각종 계획서, 보고서, 회의·공청회·세미나 관련 자료 및 그 토의내용을 기록 관리 하여야 한다.

(2) 회의 공청회 세미나

행정기관의 장은 주요 정책의 결정을 위하여 회의·공청회·세미나 등을 개최하는 경우에는 일시, 참석자, 발언내용, 결정사항, 표결내용 등을 처리과의 직원으로 하여금 기록하게 하여야 한다.

(3) 보도자료 제공

행정기관이 언론기관에 보도자료를 제공하는 경우에는 그 보도자료에 담당부서·담당자·연락처 등을 함께 적어야 한다.

03 정책실명제 책임관 지정

(1) 정책실명제 책임관 지정

행정기관의 장은 해당 기관의 정책실명제를 효율적으로 운영하기 위하여 기획조정실장 등 해당 기관의 기획 업무를 총괄하는 직위에 있는 공무원을 정책실명제 책임관으로 지정하여야 한다.

(2) 정책실명제 책임관의 임무

1) 해당 기관의 정책실명제 활성화 계획 수립 및 시행
2) 해당 기관의 정책실명제 대상사업 선정 및 추진실적 공개
3) 자체 평가 및 교육

4) 그 밖에 해당 기관의 정책실명제 운영을 위하여 필요한 업무

04 정책실명제 중점관리 대상 선정

(1) 대상사업 선정

1) 주요 국정 현안에 관한 사항
2) 대규모 예산이 투입되는 사업
3) 일정 규모 이상의 연구용역
4) 법령 또는 자치법규의 제정·개정 및 폐지
5) 행정안전부장관이 정한 절차에 따라 국민이 신청한 사업
6) 그 밖에 중점관리가 필요한 사업

(2) 선정 기준 마련

행정기관의 장은 정책실명제 중점관리 대상사업 선정을 위하여 자체 세부 기준을 마련하고, 심의위원회를 구성하여 심의를 거친 후 대상사업을 선정하여야 한다.

(3) 정책실명제 실적 공개

행정기관의 장은 정책실명제 중점관리 대상사업의 추진실적을 해당 기관의 인터넷 홈페이지 등을 통하여 공개하여야 한다. 다만, 「공공기관의 정보공개에 관한 법률」에 따른 비공개 대상 정보에 해당하는 경우에는 그러하지 아니하다.

05 정책실명제 평가

(1) 행정안전부장관은 정책실명제의 활성화를 위하여 필요한 경우 각 행정기관의 정책실명제 추진실적 등을 평가할 수 있다.
(2) 정책실명제 중점관리 대상사업 선정, 심의위원회의 구성, 정책실명제 추진실적 평가기준 및 그 밖에 정책실명제 운영을 위하여 필요한 세부 사항은 행정안전부장관이 정한다.

주제 47 사무관리

01 사무관리의 의의

1. 사무의 정의

사무라는 말은 기업이나 행정청 등과 같은 조직체의 조직원이 근무하는 과정에서 맡은 일로서 일반적으로 서류 등을 처리하는 것으로 해석된다. 과거에는 단순 문서 작업 등 정도로 파악해왔지만 현재는 문서작업 뿐만 아니라 의사결정에 유용한 정보를 창출하고 처리하는 것으로 확장되오고 있다. 즉, 사무는 경영에서의 작업적 정보처리 활동을 말하는 것이다.

2. 사무의 구성요소

사무의 구성요소로는 사무원, 사무실, 사무문서, 사무기기, 사무제도, 사무조직으로 구성되어 있다.

(1) 사무원

사무원이란 사무를 전문적으로 행하는 사람이다. 일반적으로 사무원은 주로 문서처리나 사무에 종사하는 사무 작업자, 문서처리 작업자로서 작업원, 영업활동원, 스태프, 관리자 등으로 구분된다.

(2) 사무실

사무실이란 기업의 통제 기구가 있는 곳이며 통제, 정보, 능률적 작업을 위한 문서 기록이 준비되고 처리되며 공급되는 곳이다.

(3) 사무문서

사무문서는 정보가 구체화 된 것이기 때문에 사무 작업의 대상물이고 공장의 경우 생산물에 해당하는 의미를 갖고 있다.

(4) 사무기기

사무 기기에는 펜이나 파일 등과 같은 용구, 복사기, 계산기, 컴퓨터 등과 같은 기계 및 책상과 같은 설비가 포함되어 있다. 이러한 사무 수단은 직·간접적으로 사무 작업의 방법을 제약하며 사무 생산성의 좌우한다.

(5) 사무제도

사무를 처리하는 방법이다.

(6) 사무 조직

조직은 경영 목적에 의해서 결정된 종과 횡의 분업에서 개인 또는 집단의 위치를 표시함과 동시에 그러한 업무의 상호 관계를 표시하는 구조이다.

3. 사무의 분류

모든 조직체의 기능과 활동 속에 공통적으로 이루어지는 작업으로서 사무는 목적별, 사무활동 수행자별, 사무의 처리 난이도 등에 따라 다음과 같이 분류할 수 있다.

(1) 사무 목적별 분류

1) 본래사무

조직체의 목적 달성 필요에 따라 몇 개의 부분 목적으로 나뉘게 된다. 나뉘어진 각각이 목적 영역을 가지고 각각 고유의 목적 달성을 위하여 직접적으로 수행하고 있는 활동 내용을 본래 사무라고 한다.

2) 지원 사무

본래 사무가 조직체의 본래 목적을 수행하는 사무인 데 대하여 개개의 목적영역에 공통적으로 존재하며 조직 목적을 위하여 간접적으로 수행하는 사무를 지원사무라고 한다.

(2) 사무활동 수행자에 따른 분류

1) 관리 사무

관리사무는 관리자, 감독자가 행하는 사무를 계획, 조직, 통제 등 관리에 부가하여 행해지는 것으로 전문적인 지식과 경험을 필요로 하는 사무가 되기 때문에 이를 판단 사무와 작업 사무로 분류해 구분하기도 한다.

2) 작업사무

작업사무는 사무활동중에서 사무를 전문적으로 행하는 사무원 또는 사무작업자의 주된 활동으로 기계적이나 서기적 사무가 작업 사무에 해당한다.

3) 사무 처리의 난이도에 따른 분류

① 판단사무

전문적 능력, 비교적 어려운 판단력과 독창력이 필요한 사무이다. 각종 활동의 기한, 계획등의 작성, 제고의 고안, 타당성의 검토를 주로하는 결재, 내용 분석 및 검토, 종업원의 지휘 명령,교육훈련, 통제적 감독 및 조정 각종 검사 등을 들 수 있다.

② 일반작업 사무

일반 작업 사무는 사무 활동의 대부분을 말한다. 전문적 지식이 없어도 가능한 것으로 판단 사무에 비해 훨씬 쉬운 사무이다.

(3) 기타사무

기타사무는 광의의 일반 작업 사무에 속하는 것이다. 전달, 운반 등 노무적 잡역에 속하는 사무이다.

4. 업무와 사무

필요한 때에 필요한 정보가 올바른 형태로 신속하게 전해지도록 하는 것이 사무이며 적절하게 처리 되는 것이 업무이다. 즉, 회사 등 조직의 목적을 달성하기 위하여 이루어지는 본래적인 업무는 목적이 되고 이를 구체화하기 위한 사무 활동은 수단이 되는 것이다.

> ※ 업무(목적) : 조직체가 목적하고 있는 의도적인 결과 또는 성과가 생기도록 하기 위한 일련의 활동 또는 행위
> ※ 사무(수단) : 사무는 본래의 일이 적절하게 행해지도록 하기 위한 수단

02 사무관리의 의의

1. 사무관리의 의의

사무관리란 사무 작업에서 생산되는 정보를 효율적으로 관리하고자 하는 것이다. 다시 말해서 조직의 목표를 달성하기 위하여 의사결정에 필요한 다양한 정보를 수집, 처리, 전달, 보관하는 기능에 대하여 계획, 조정, 통제 등의 관리 원칙을 적용하여 효율적으로 달성하고자 하는 것이다.

즉, 사무관리란 조직체의 관리자가 기록과 정보 전달에 관하여 계획하고 실시하며 통제하는 행위이다. 그리고 그 행위를 통해서 조직체의 다른 모든 관리기능이 잘 되도록 도와주는 수단적 역학을 하는 서비스 활동이다.

2. 현대 사무 관리의 특징

(1) 효율적인 사무 관리의 필요성
(2) 정보 처리 기능에 의한 업무의 변화
(3) 조직 계층별로 각각 지향하는 목표와 임무 및 업무의 내용의 상이
(4) 전체의 조화와 질서를 유지하여 효율성을 높이기 위한 전체 최적화에 대한 지향
(5) 사무 시스템의 개선과 사무의 변화

03 사무관리의 과정

관리 활동은 계획화에서 통제에 이르는 하나의 과정으로 끝나는 것이 아니고 계획과 조직, 통제에 의하여 계속적인 순환 과정을 밟게 된다. 이것을 관리의 순환 또는 관리 과정이라고 한다.

사무관리는 계획화와 조직화로부터 목적에 이르는 일련의 활동이 시작된다 계획화와 조직화는 사무 작업에 들어가기 전단계이다.

1. 사무의 계획화

계획화란 관리의 한 기능으로서 조직의 목표를 규정하고 이를 달성하기 위하여 수행해야 할 과업들을 예측

하고 결정하는 과정이라 정의한다.

따라서 계획화는 목표, 예측, 방침, 절차, 프로그램, 프로젝트, 예산 등을 설정하고 이를 가장 합리적으로 달성하기 위한 설계를 말한다.

사무계획이란 기업이나 관공서 등 활동에 필요한 사무 작업 및 사무 관리부문의 목적을 설정하고 그것을 효과적으로 달성하기 위하여 필요한 활롱의 방향과 지침, 순서를 정하는 일이라고 정의할 수 있다.

2. 사무의 조직화

(1) 사무의 조직화의 정의

조직화는 구성원들이 조직의 목표를 효과적으로 달성하기 위하여 수행해야 할 직무의 내용을 명확하게 편성하고, 그 직무 수행에 필요한 권한과 직위 및 책임을 부여하여 상호 관계를 설정하는 과정이다. 즉, 직무 수행에 따른 활동들에 대해서 이를 수행하기 위한 인적 요인과 물적 요인 간의 관계를 조직의 원칙에 따라 설정함을 말한다.

(2) 조직화의 요소

1) 직무

일, 과업 또는 업무의 기술적 단위를 일괄하여 직무라고 한다.

2) 직위

직위는 수행하여야 할 일정한 직무가 할당되고, 그 직무를 수행하는데 필요한 권한 및 책임이 구체적으로 규정되어 조직의 각 구성원인 개인에게 부여된 조직상의 지위이다.

3) 권한

권한은 직무 수행 권리에 근거이다.

4) 책임

책임이란 조직 목표를 달성하기 위하여 일정한 권한을 행사하여 직무를 수행하는 의무를 말한다.

(3) 조직의 구성원리

1) 수직적 분화

수직적 분화는 조직 구조의 깊이, 즉 최고 경영층부터 최하 종업원 까지의 계층수를 말한다. 조직 내 부서 간의 계층의 수가 많으면 많을수록 수직적 분화는 커지고 그에 따른 복잡성도 증가하게 된다.

2) 수평적 분화

수평적 분화는 단위 부서에 속하여 있는 조직구성원의 지향성, 과업의 성질 및 조직구성원의 교육과 훈련의 특성을 기준으로 하여 경영 조직을 횡적으로 분화하고 있는 정도를 의미한다.

3) 라인과 스태프 조직

① 라인조직
라인식 조직은 최상층 경영자의 의사명령이 최하층에 직선적 또는 직계적으로 전달되는 조직 구조 형태이다. 주로 군대조직에서 볼 수 있는 경영조직의 기본 개념이다.

② 스태프조직
스태프란 집행 기관으로서의 라인 활동이 효과적으로 수행되게끔 라인을 보좌하고 원조하는 직위 또는 부문을 말한다.

③ 매트릭스 조직
매트릭스 조직은 프로젝트 조직과 기능식 조직을 합한 조직 형태로서 직능 부서의 장들은 지휘 계열의 권한을 가지고 소속 전문가들을 수직적으로 연결시키며 각 직능의 전문가들은 다시 수평적으로 어떤 프로젝트에 배치된다. 이 배치는 프로젝트 관리자와 직능 부서의 장과 긴밀한 협조로 이루어진다.

(4) 사무관리조직

사무관리조직은 사무 작업을 과학적으로 계획하고 통제하는 조직이다. 사무의 관리조직은 형태에 따라 분산관리조직과 집중관리 조직 그리고 절충식 관리조직으로 구분된다.

1) 집중형
조직 내에서 사무관리의 업무만을 점담하는 기능을 한곳에 집중시켜서 국이나 부의 형태로 만든 조직이다. 집중형의 특징은 공간적 집중화, 기술적 집중화 등이다.

2) 분산형
조직의 여러 부분에 부, 과 또는 계(팀)의 형태로 분산되어 사무관리 조직이 있는 경우이다. 분산적 관리는 사무량이나 사무직원의 수가 적을 때 또는 조직의 규모가 작아 집중적 관리의 필요성을 느끼지 않는 경우에 관리한다.

3) 절충형
집중형 사무관리 전담 조직이 있고, 조직 내의 다른 부서 내에 사무관리를 전담하는 조직이 있는 경우를 말한다.

3. 사무통제와 표준화

(1) 사무 통제

1) 사무통제의 의의
사무 통제란 사무 처리의 과정이나 결과가 계획한 대로 실시되고 있는지를 확인하는 작업이다. 통제 작용을 기능면에서 보면 사무의 표준화관리, 공정관리, 품질 관리 또는 원가 관리에 해당하는 것이라고 할 수 있다.

2) 사무통제수단

① 자동독촉제도
사무 진행의 통제를 전담하는 부서가 처리하여야 할 서류를 정리 보관해 두었다가 처리하여야 될 시기에 전담 직원이 사무 담당자에게 서류를 제출하게 하여 사무를 처리하는 제도이다.

② 카드색인제도
사무 처리가 미결된 안건에 대하여 관리자나 사무 담당자가 항상 그 처리를 기억하게 하는 방법으로 티클링 박스를 사용한다.

③ 보고제도
사무 작업의 담당자로부터 작업 일부와 같은 실적 보고서를 받아 사무 작업의 진행상황을 파악해서 관리하는 방법이다.

④ 간트도표
간트도표는 간트에 의하여 창시되었는데 작업 계획된 예정 작업 진도와 실제 작업 진도가 기록, 비교되어 만약 차이가 발생하면 원인을 밝혀 작업 심사에 도움이 되게 하는 것이다.

3) 목표관리(MBO)
목표관리란 기업의 목표와 개인의 목표와의 통합을 강조한다. 기업의 경영목표 달성을 위하여 구성원 각자가 자의 목표를 스스로 결정하고 각자가 자기 심사를 하면서 자기의 목표달성을 효과적으로 추진해 나가는 관리제도를 말한다.

(2) 사무 표준화

1) 표준화 의의
사무에서 표준화는 일반적으로 관찰한 작업 측정에 준해서 비교할 때 판단의 척도로 사용되는 것으로 일정한 직무 명세서나 업무 방법을 확정하는 것이다.

2) 표준화의 대상과 방법
사내 표준화 체계를 명확하게 하려면 적용범위, 적용 대상, 내용 등을 고려하여야 한다.

04 사무개선

1. 사무개선의 의의

사무개선이란 현행 사무가 합리적, 경제적인 방법으로 이루어지고 있는지의 여부를 조사 및 분석해서 필요에 따라 개선하는 것을 말한다. 일을 신속하고, 쉽게 처리하기 위해서 사무를 개선하는 것이다. 또한 그 개선을 통하여 수익을 대폭적으로 향상시키고자 하는 것이 사무 개선의 목적이다.

2. 사무개선의 절차

사무개선의 일반적인 절차는 1. 현상파악, 2. 문제점 적출, 3. 개선안 작성, 4. 개선안 실시의 4단계이다.

(1) 현상파악

1) 개선대상이 되는 사무에 대하여 다양하고 자세한 자료 수집
2) 사실을 객관적으로 파악

(2) 문제점 파악

사무의 작업 사무 분담, 사무처리과정, 사무 환경 등을 분석하여 문제점을 파악한다.

(3) 개선안 작성

1) 가능한 개선방안을 많이 수집하여 열거
2) 간소화 기계화 전문화 방안 모색
3) 브레인스토밍 방법을 활용한다.

(4) 개선안 실시

1) 개선안 실시 전 시험적으로 일부의 조직에 단기간으로 적용하여 예상치 못한 문제점을 조사한다.
2) 시험기간 동안 해당 직원들에 대한 훈련과 홍보를 실시한다.

3. 사무 조사의 방법

사무조사의 목적은 현행 사무의 실태를 정확하게 파악하고 대상이 되는 사무의 문제점 적추과 개선에 필요한 정보를 수집하는데 있다.

(1) 사무 조사의 방법

사무 조사의 방법은 면접법, 질문지법, 관찰법, 자료법의 방법을 사용하고 있다. 이들 방법을 활용할 때는 조사의 목적과 조사의 대상의 성격에 관련시켜 적절한 방법을 선택하여야 한다.

① 면접법 : 담당자를 면접하여 대화로 조사해 가는 방법을 말한다.
② 질문지법 : 조사 사항을 기재한 질문지를 배포하여 해당사항을 기입하게 하는 방법이다.
③ 관찰법 : 조사원이 현장에 가서 거기서 일어나고 있는 사상과 행동을 관찰 기록하는 방법이다.
④ 자료법 : 사내외에서 수입 가능한 기존 자료를 중심으로 분석 검토하는 방법이다.

(2) 조사시 주의사항

1) 담당자에게 조사 목적을 설명하고 협력을 부탁한다.
2) 우효적으로 조사를 진행한다.
3) 상대방 형편을 고려한다.
4) 상대방을 곤란하게 하거나 비난하지 않는다.

5) 권위있는 태도는 취하지 않는다.

6) 제안은 적극적으로 받아들인다.

4. 사무개선의 기술

사무 개선에 요구되는 지식이나 기술은 조금씩 쌓아나가는 것이며 한꺼번에 얻어지는 것은 아니다. 끊임없이 노력하는 것만이 지름길이다.

(1) 실체적 지식의 필요성

1) 사무와 그것을 관리하기 위한 추상적 이론

2) 구체적인 개선안을 전개하기 위한 기술

3) 유효한 착상을 선택하는 기술

① 목적 적합도(효과와 효율)

② 실행 가능성 : 경제성, 기술적 방법, 인간적 제약

③ 기타 : 다른 것에의 영향, 시간 변화에 의한 장래성, 예상 착오에 의한 위험 등

5. 풍부한 착상을 유발하는 기술 (집단 아이디어 발상법)

(1) 브레인스토밍

1) 개요

브레인스토밍은 집단 연산 작용을 활용하여 아이디어를 창조하는 기법으로 1941년 알렉스 오스본이 광고 관계의 아이디어를 내기 위하여 생각해 낸 일종의 회의 방법이다. 즉, 몇 사람이 한가지 문제에 대해서 아이디어를 내는 회의로 집단의 효과, 아이디어의 연쇄반응을 일으키고 자유분방한 아이디어를 내고자 하는 것이다.

2) 원칙

비판언급, 자유로운 분위기, 질보다는 양 결합개선

(2) 고든법

1) 개요

문제는 사회자만이 알고 있으며 이것을 추상적인 표현을 사용해서 그룹에 제시하는 방법이다.

2) 원칙

그룹의 아이디어 수집
문제와 앙디어의 결합으로 개선을 유도
사례의 문제

(3) 시네틱스

서로 관련이 없어 보이는 것들을 조합해서 새로운 것을 도출해내는 방법이다.

05 사무개선의 추진 방법

사무 개선을 추진하는 방법을 분류하면 위원회에 의한 방법, 전문 부서에 의한 방법, 전문부서·위원회의 병용방법, 전문 부서·위원회·단일 부서의 연합 방법 및 단일 부서에 의한 방법 으로 구분할 수 있다.

1. 위원회에 의한 방법

각 부문에서 위원을 차출하여 사무 개선을 담당시키는 방법이다. 전사에 걸친 폭넓은 개선을 기대할 수 있으며 의견 조정의 방법으로서의 효과가 크기 때문에 사용되고 있다.

2. 전문 부서에 의한 방법

조직 내에 사무 개선을 전업으로 하는 부서를 만드는 것으로 보통 시스템 개선부, 사무 개선부, 시스템 관리부 등을 불린다.

3. 전문부서·위원회의 병용방법

전문 부서 방법과 위원회 방법을 결합한 것으로서 실무적으로 유효한 방법이다. 이것은 위원회의 전사적인 관점에서의 종합적인 조정 능력과 전문 부서의 전문 지식, 기술, 시간의 활용을 결합시킨 것이다.

4. 전사적 추진 방법

이 방법은 전문부서, 위원회, 라인 부서의 연합방식으로서 실시 부문에 해당되는 라인 부서의 활동에 중점을 두게 되어 사무 합리화나 개선을 전사적인 규모로 전개하는 경우에 사용하는 방법이다. 이 경우 전문 부서는 추진 사무국의 기능과 개선기술의 사내 지도기능을 담당하게 되고 각 부서는 개선 활동을 구체화시키는 직접적인 책임을 지게 된다. 또 위원회는 전반적인 방침을 결정하는 위원회를 정점으로 하여 각종 개선 대상 프로젝트의 연구, 검토, 결정 등의 역할을 하는 각종 소위원회가 만들어지는 것이 보통이다.

5. 자주적인 사무 개선

라인 부문의 단일 부서에 의한 자기 부서만의 사무 개선을 행하는 방식이다. 일반적으로 사무의 흐름을 어떤 단일 부서만으로 완결되지 않고 대부분 다른 부서와 연관성이 있기 때문에 개선하는 내용이 다른 부서에 영향을 주지 않는 것으로 한정되는 경향이 크고, 따라서 근원적인 사무 내용의 획기적인 개선이 이루어지지 않는 어려움이 있다.

06 사무혁신 기법

사무 혁신이란 조직이 사무 환경의 변화에 탄력적으로 대응할 수 있도록 조직과 사람을 대상으로 개개인의 업무를 가시화하여 업무상 발생되는 낭비를 제거함으로써 여력을 창출하고 이것을 중점 사업에 투입하여 인력을 재배치하고, 구성원 전원이 능력을 충분히 발휘할 수 있도록 업무 개선, 의식과 근무태도 개선을 추구하는 조직 체질 개선 운동이라고 할 수 있다.

사무 혁신이 적용할 수 있는 다양한 관리 혁신 기법은 다음과 같다.

1. 고객만족 관리

고객 만족관리란 고객 중심의 사고를 바탕으로 모든 조직 관리 활동을 전개해 나가자는 것으로 과거 시장 점유율 확대나 원가 절감이라는 근시안적 경영 목표 추구에서 벗어나 고객 만족, 즉 고객이 제품 또는 서비스에 대하여 원하는 것을 기대 이상으로 충족시켜 감동시키므로서 고객의 재구매율을 높이고 그 제품 또는 서비스에 대한 선호도가 지속되도록 하는 것을 궁극적 목표로 하면서 시장 변화에 흔들리지 않는 안정적 수익 기반을 장기적, 지속적으로 확보해 나가려는 관리 전략이다.

2. 벤치마킹

벤치마킹이란 조직의 지속적 개선을 달성하기 위해서 조직 내부 활동 및 기능, 관리능력을 외부적인 비교 시각을 통하여 평가하고 판단하는 것을 말한다.

즉 경쟁상대나 우수하다고 인정되는 조직들과 비교해 업무를 지속적으로 개선, 혁신해 나가는 관리 기법이다.

3. 업무프로세스 재설계

마이클해머는 시대에 맞지 않은 업무처리 규정을 찾아내어 문제점을 발견하고 불필요하다고 판단되는 것은 과감히 폐기한 후 현 시대에 맞는 업무 수행을 위한 창의적인 새로운 업무 프로세서를 재구성 하는 것이라고 하였다.

즉, 리엔지니어링은 프로세스의 변화로부터 시작하지만 그것으로 끝나는 것이 아니라 여러면에서 근복적인 변화가 나타나게 되며 업무도 다차원적으로 변한다.

제5장 각종 서식

1. 접수증

■ 민원 처리에 관한 법률 시행규칙 [별지 제2호서식]

접 수 증

제 호　　　　　　　접수일:

① 민원명	
② 민원인(대표자 또는 대리인)	
③ 처리완료 예정일	
④ 처리주무부서	(전화번호:　　　　)
⑤ 안내사항	

민원 접수자:

(전화번호:　　　　　　)

(기관명)

148㎜×210㎜[백상지 80g/㎡]

2. 다른 행정기관 등을 이용한 민원사항 신청서(1)

■ 민원 처리에 관한 법률 시행규칙 [별지 제4호서식] <개정 2024. 9. 6.>

다른 행정기관 등을 이용한 민원사항 신청서
(약칭: 어디서나민원신청서)

※ 뒤쪽의 작성방법을 참고하시기 바라며, 색상이 어두운 란은 신청인이 적지 않습니다. (앞쪽)

접수번호		접수일		처리기간: 개별 민원의 처리기간에 따름	

1. 신청 민원사항

세정	[ ]지방세 세목별 과세증명서　　[ ]납세증명서　　[ ]지방세납세증명서 [ ]소득금액증명　　[ ]기타(　　　　　　)	
출입국	[ ]출입국 사실증명　　[ ]국내거소신고 사실증명　　[ ]외국인등록 사실증명	
부동산	[ ]건축물대장 등본(초본) 발급(열람)　　[ ]지적도(임야도) 등본 발급(열람) [ ]농지대장 등본 발급　　[ ]토지(임야)대장 등본 발급(열람) [ ]개별공시지가 확인　　[ ]공동주택가격 확인　　[ ]기타(　　　　)	
	소재지:	
자동차	[ ]자동차등록증 재발급　　[ ]자동차 등록원부 등본(초본) 발급(열람)	
	등록번호:　　　　　　　등록지주소:	
학교	[ ]졸업(예정)증명　　[ ]재학증명　　[ ]감사경력증명 [ ]교육비납입증명　　[ ]학적부(생활기록부)증명　　[ ]기타(　　　)	
	학교명:　　　　학과:　　　　학번:	
검정고시	응시 시·도 교육청:	
	[ ]합격증명　　　[ ]과목합격증명　　　[ ]성적증명	
	[ ]중학교 입학 자격　　[ ]고등학교 입학 자격　　[ ]고등학교 졸업 학력	
군·병무 (병적증명서)	[ ]한글　[ ]영문　　　[ ]육군[ ]해군[ ]공군　계급:	
	군번:　　　　전역일:　　　　용도:	
제적부	[ ]제적부의 등본(초본) 발급	
	등록기준지:　　　호주:　　　청구사유:	
그 밖의 민원	[ ]국가유공자(유족)확인　　　　[ ]기타(　　　　)	

2. 공통 기재사항

관련 민원사항 본인정보	성명(법인명):	영문 성명(법인명): (영문신청서 신청 시에만 적습니다)
	생년월일(법인등록번호):	연락처:
	주소:	
원하는 교부기관	[ ]접수기관과 동일　　[ ]다른 기관(　　　　)	
신청 장수 및 방법	신청 장수:　　　신청 방법: [ ]방문　[ ]전화　[ ]인터넷	
기타 특이사항		
신청인 정보 ※ 위임 신청 시에만 작성	성명:　　　　　　　　생년월일:	
	발급대상자와의 관계:　　　연락처:	
	주소:	

210mm×297mm[백상지(80g/㎡) 또는 중질지(80g/㎡)]

2. 다른 행정기관 등을 이용한 민원사항 신청서(2)

(뒤쪽)

3. 서명 및 날인

「민원 처리에 관한 법률 시행규칙」 제5조에 따라 위와 같이 민원 처리를 신청합니다.

년   월   일

신청인   (서명 또는 인)

접수기관의 장   귀하

첨부서류	민원사항을 규정한 관계법령에서 본인, 가족 또는 본인의 위임장 소지자에게 민원서류를 발급할 수 있도록 규정하고 있는 경우 해당 법령에 따라 다음과 같은 서류를 제출해야 합니다. ※ 예시) 본인: 신분증 등 　　　　가족: 가족관계증명서 또는 주민등록등(초)본 등 　　　　위임장 소지자: 위임장 소지자의 신분증, 위임장 등	수수료	관계법령 및 조례에 따른 금액

작성방법

- 접수번호, 접수일은 작성하지 않습니다.
- 신청 민원사항: 해당되는 민원사항의 [ ] 안에 "√"표시를 합니다. 해당되는 민원사항이 없는 경우에는 기타에 "√"표시를 하고 해당 민원사항을 적습니다.
- 관련 민원사항 본인정보: 발급대상자의 정보를 적습니다. 다만, 민원사항 중 해당 민원을 규정한 관계법령 등에 따라 필요한 경우 본인 및 신청인 정보의 생년월일에 주민등록번호를 적어야 합니다.
- 민원사항(출입국사실증명, 외국인등록사실증명, 국내거소신고 사실증명, 납세증명서, 지방세 납세증명 등)에 따라서는 위임하는 사람과 위임받는 사람의 신분증 사본을 구비서류로 제출해야 합니다.
- 신청인 정보: 본인이 민원을 신청하는 경우에는 적지 않습니다. 본인의 위임을 받은 사람이 민원을 신청하는 경우에는 그 위임받은 사람의 정보를 적습니다.

처리절차

신청서 작성	→	접수	→	처리	→	교부
신청인		접수기관		처리기관		교부기관

※ 행정기관별로 적절하게 조정 가능

3. 민원 처리기간(이의신청 결정기간) 연장 통지서

■ 민원 처리에 관한 법률 시행규칙 [별지 제5호서식]

행정기관명

수신자
(경유)
제 목 민원 처리기간(이의신청 결정기간) 연장 통지서

「민원 처리에 관한 법률 시행령」 제21조제2항 및 제40조제3항에 따라 귀하께서 신청하신

[ ]민원의 처리기간
[ ]이의신청의 결정기간   이 아래와 같이 연장되었음을 통지합니다.

접수번호		접수일		
민원명				
당초 처리기간		처리완료 예정일		
처리기간 연장사유				
처리 담당자	소속			
	이름		전화번호	
그 밖의 안내사항				

끝.

발 신 명 의 직인

기안자 (직위/직급) 서명   검토자 (직위/직급)서명   결재권자 (직위/직급)서명
협조자
시행   처리과명-일련번호(시행일)   접수   처리과명-일련번호(접수일)
우   도로명주소   / 홈페이지 주소
전화번호( )   팩스번호( )   / 기안자의 전자우편주소   / 공개구분

210㎜×297㎜[백상지 80g/㎡]

4. 민원 처리진행상황 통지서

■ 민원 처리에 관한 법률 시행규칙 [별지 제6호서식]

행정기관명

수신자
(경유)
제 목 민원처리진행상황 통지서

「민원 처리에 관한 법률 시행령」 제23조제1항에 따라 귀하께서 신청하신 민원의 처리진행상황을 아래와 같이 알려 드립니다. 궁금한 사항은 담당자에게 문의하시면 자세히 설명해 드리겠습니다.

민원명			
접수일		처리완료 예정일	
민원처리 진행상황			
처리 담당자	소속		
	이름		전화번호
그 밖의 안내사항			

끝.

발 신 명 의 _{직인}

기안자 (직위/직급) 서명   검토자 (직위/직급)서명   결재권자 (직위/직급)서명
협조자
시행   처리과명-일련번호(시행일)   접수   처리과명-일련번호(접수일)
우   도로명주소   / 홈페이지 주소
전화번호( )   팩스번호( )   / 기안자의 전자우편주소   / 공개구분

210㎜×297㎜[백상지 80g/㎡]

5. 민원 처리 독촉장

■ 민원 처리에 관한 법률 시행규칙 [별지 제7호서식]

민원 처리 독촉장

제 호   년 월 일

받는 곳:
민원명:

① 민원인	
② 접수일	
③ 접수번호	
④ 처리기한	

「민원 처리에 관한 법률 시행령」 제28조 제2항에 따라 독촉장을 발급하오니 즉시 처리 완료해 주시기 바랍니다.

( ) 민원심사관 (서명)

민원 처리 독촉장(발신용)

제 호   년 월 일

받는 곳:
민원명:

① 민원인	
② 접수일	
③ 접수번호	
④ 처리기한	

「민원 처리에 관한 법률 시행령」 제28조 제2항에 따라 독촉장을 발급하오니 즉시 처리 완료해 주시기 바랍니다.

( ) 민원심사관 (서명)

민원 처리 독촉 회신

제 호   년 월 일

받는 곳:
민원명:

① 민원인	
② 접수일	
③ 접수번호	
④ 처리완료 예정일	

민원 처리 독촉에 대하여 위와 같이 회신합니다.

( ) 부서장 (서명)

297㎜×210㎜[백상지 80g/㎡]

6. 사전심사 청구서

■ 민원 처리에 관한 법률 시행규칙 [별지 제8호서식]
■ 수수료: 없음

사전심사 청구서

제출서류
■ 행정기관의 장이 정한 구비서류

| 접수번호: | 접수일: | 처리기간: 행정기관의 장이 정한 기간 |

1. 청구인 정보

청구인	이름(법인명):	연락처:
	주소(소재지):	
주소 (법인의 경우 주된 사무소 소재지)		

2. 청구내용

민원사항	
주된 행위의 목적과 내용	
예정 사업기간	
그 밖의 주요사항	

3. 서명 및 날인

「민원 처리에 관한 법률」 제30조제1항 및 같은 법 시행령 제34조에 따라 위와 같이 사전심사를 청구합니다.

년   월   일

신청인   (서명 또는 인)

접수기관   귀하

유의사항
• 이 서식은 행정기관별로 적절하게 조정 할 수 있습니다.

처리절차

| 사전심사청구 | → | 접수 | → | 검토 확인 | → | 결과통지 |
| 신청인 | | 접수기관 | | 접수기관 | | 접수기관 |

210mm×297mm[백상지(80g/㎡) 또는 중질지(80g/㎡)]

7. 사전심사 결과 통지서

■ 민원 처리에 관한 법률 시행규칙 [별지 제9호서식]

행정기관명

수신자
(경유)
제 목 사전심사 결과 통지서

「민원 처리에 관한 법률」 제30조제3항에 따라 귀하께서 신청하신 사전심사청구에 대하여 아래와(붙임과) 같이 통지합니다.

접수번호			접수일	
민원명	ooo 민원에 대한 사전심사청구			
심사내용				
관련 규정	검토내용		검토결과	주관부서
oo법(시행령)			가/부/조건부 가	
종합의견 및 대안 제시				

※ 본문의 내용이 많으면 별지에 작성할 수 있습니다. 끝.

발 신 명 의 직인

기안자 (직위/직급) 서명   검토자 (직위/직급)서명   결재권자 (직위/직급)서명
협조자
시행   처리과명-일련번호(시행일)   접수   처리과명-일련번호(접수일)
우   도로명주소   / 홈페이지 주소
전화번호( )   팩스번호( )   / 기안자의 전자우편주소   / 공개구분

210mm×297mm[백상지 80g/㎡]

8. 사전심사청구 접수 처리부

■ 민원 처리에 관한 법률 시행규칙 [별지 제10호서식]

사전심사청구 접수 처리부

접수번호	접수일	처리기한	청구인			민원사항	처리결과		비고
			이름	전화번호	주소		내용	처분일	

297mm×210mm[백상지 80g/㎡]

9. 거부처분 이의신청서

■ 민원 처리에 관한 법률 시행규칙 [별지 제11호서식]
■ 수수료: 없음

거부처분 이의신청서

제출서류: 없음

| 접수번호: | 접수일: | 처리기간: 10일 |

1. 신청인 정보

신청인
- 이름(법인명):   연락처:
- 주소(소재지):

2. 신청 내용

- 이의신청 대상 민원사항
- 거부처분을 받은 날
- 거부처분의 내용
- 이의신청의 취지 및 이유

3. 서명 및 날인

「민원 처리에 관한 법률」 제35조제1항 및 같은 법 시행령 제40조제1항에 따라 귀 기관의 거부처분에 대하여 위와 같이 이의를 신청합니다.

년   월   일

신청인   (서명 또는 인)

접수기관   귀하

처리절차

이의신청 → 접수 → 검토 확인 → 결과통지
신청인   접수기관   접수기관   접수기관

210mm×297mm[백상지(80g/㎡) 또는 중질지(80g/㎡)]

10. 기안문

■ 행정업무의 운영 및 혁신에 관한 규정 시행규칙 [별지 제2호서식] <개정 2016. 7. 11.>

생산등록번호	
등 록 일	
결 재 일	
공 개 구 분	

협조자			

(제   목)

※ 필요한 경우 보고근거 및 보고내용을 요약하여 적을 수 있음

○○○○부(처·청 또는 위원회 등)　　또는　　○○○○부(처·청 또는 위원회 등)
　　　○○○○국　　　　　　　　　　　　　　　　　○○○○과

210㎜×297㎜(백상지 80g/㎡)

비고(이 난은 서식에 포함하지 아니한다)
 - 결재란의 크기 및 결재란 수는 필요에 따라 조정하여 사용할 수 있다.

11. 관인인쇄용지 관리대장

■ 행정업무의 운영 및 혁신에 관한 규정 시행규칙 [별지 제5호서식] <개정 2016. 7. 11.>

관인인쇄용지 관리대장

인쇄문서명			
관 인 명		인쇄관인규격	

일자	인쇄량(매)	사용량(매)	사용명세	잔여량(매)	확인(서명)

210mm×297mm(백상지 150g/㎡)

12. 전자이미지관인 관리대장

■ 행정업무의 운영 및 혁신에 관한 규정 시행규칙 [별지 제10호서식] <개정 2016. 7. 11.>

전자이미지관인 관리대장(○○○○○○○시스템)

연번	최초 등재		재등록·폐기에 따른 등재		비고
1	행정기관(부서)	전자이미지관인 인영	행정기관(부서)	전자이미지관인 인영	
	전자이미지관인 파일 수령일		전자이미지관인 파일 수령일		
	시스템 등재일		시스템 등재일		
	사용 개시일		사용 개시일		
	폐기 통보서 수령일		재등록·폐기 통보서 수령일		
	전자이미지관인 파일 삭제일		전자이미지관인 파일 삭제일		
2	행정기관(부서)	전자이미지관인 인영	행정기관(부서)	전자이미지관인 인영	
	전자이미지관인 파일 수령일		전자이미지관인 파일 수령일		
	시스템 등재일		시스템 등재일		
	사용 개시일		사용 개시일		
	폐기 통보서 수령일		재등록·폐기 통보서 수령일		
	전자이미지관인 파일 삭제일		전자이미지관인 파일 삭제일		

< 작성 방법 >
1. 행정기관별로 하나의 연번을 사용하여 재등록 등의 경우 오른쪽 칸을 사용한다.
2. 제출받은 전자이미지관인 파일을 출력하여 전자이미지관인 관리대장의 "전자이미지관인 인영"란에 붙여야 한다.
3. 이 서식은 필요한 경우 컴퓨터 파일로 작성하여 사용할 수 있다.

210mm×297mm(백상지 80g/㎡)

13. 관인생략이나 서명생략 표시(제11조제4항 관련)

■ 행정업무의 운영 및 혁신에 관한 규정 시행규칙 [별표 1]

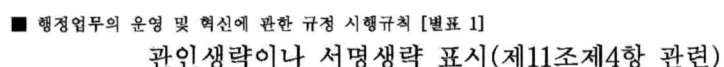

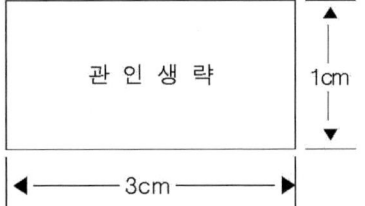

14. 문서관리카드

■ 행정업무의 운영 및 혁신에 관한 규정 시행규칙 [별지 제6호서식] <개정 2016. 7. 11.>

☐ 문서관리카드
○ 문서정보
[제목]
[과제카드명]
[관련정보]
[문서요지]
[본문]
[붙임]
○ 보고경로
[구분] [직위/성명] [의견/지시] [서명] [처리결과] [이력]
○ 시행정보
[발신기관명]   [발신명의]
[생산등록번호]
[공개여부]
[수신]
[(경유)]
○ 관리정보
[열람범위]   [열람제한]
[온-나라 지식나라]

비고(이 난은 서식에 포함하지 아니한다)
1. [제목]란에는 그 문서의 내용을 쉽게 알 수 있도록 제목을 간단하고 명확하게 적는다.
2. [과제카드명]란에는 그 문서가 속하는 고유한 단위과제・관리과제의 이름을 적는다. 다만, 관리과제가 없는 경우에는 그러하지 아니하다.
3. [관련정보]란에는 각종 지시사항이나 문서를 만들게 된 계기 등을 적는다.
4. [문서요지]란에는 문서 작성 계기, 근거, 주요 내용, 기대효과 그 밖에 보고를 위하여 필요한 내용을 적는다.
5. [본문]란에는 내용을 직접 작성하거나 첨부할 수 있다.
6. [붙임]란에는 다양한 종류의 붙임 파일을 첨부할 수 있다.
7. [구분]란에는 '기안', '검토', '협조', '전결', '대결' 또는 '결재'로 적는다.
8. [직위/성명]란에는 기안자・검토자・협조자 및 결재권자의 직위 또는 직급과 성명을 표시한다.
9. [의견/지시]란에는 기안・검토・협조 및 결재시의 의견을 적는다.
10. [서명]란에는 서명, 전자이미지서명 또는 전자문자서명을 표시한다.
11. [처리결과]란에는 문서에 대하여 기안・검토・협조 또는 결재한 날짜와 시간을 표시한다.
12. [이력]란에는 기안한 문서와 검토・결재 과정에서 문서를 수정한 경우 수정전의 문서를 표시한다.
13. [발신기관명]란에는 행정기관 또는 보조기관이나 보좌기관의 명칭을 표시한다.
14. [발신명의]란에는 행정기관의 장 또는 보조기관이나 보좌기관을 표시한다.
15. [생산등록번호]란에는 "처리과명-연도별 일련번호"의 형태로 표시한다.
16. [공개여부]란에는 대국민공개, 부분공개, 비공개로 구분하여 표시하되, 부분공개 또는 비공개인 경우에는 「공공기관의 정보공개에 관한 법률」 제9조제1항 각 호의 번호 중 해당 번호를 표시한다.
17. [수신]란에는 수신자 명을 표시한다.
18. [(경유)]란에는 경유기관에 관한 내용을 표시한다.
19. [열람범위]란에는 기관, 실・국, 부서, 열람불가 등 문서를 열람할 수 있는 범위를 표시한다.
20. [열람제한]란에는 문서를 열람할 수 있는 시기를 표시한다.
21. [온-나라 지식나라]란에는 행정지식관리시스템 또는 정부통합지식행정시스템을 통한 지식공유 여부를 표시한다.

15. 접수인

■ 행정업무의 운영 및 혁신에 관한 규정 시행규칙 [별표 2]

접수인(제15조제1항 관련)

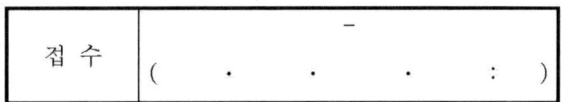

비고
1. 접수란의 크기는 기관에 따라 적절하게 조정하여 사용한다.
2. 접수란의 첫째 줄에는 접수등록번호를 적되, 처리과명과 연도별 일련번호를 붙임표(-)로 이어 적는다.
   (예시) 행정제도과인 경우: 행정제도과-23
3. 접수란의 둘째 줄 괄호 안에는 접수일자를 적는다. 다만, 민원문서 등 필요한 경우에는 시·분까지 적는다.
   (예시) 2011. 7. 10. 또는 2011. 7. 10. 14:23

16. 정책연구과제 심의 신청서

■ 행정업무의 운영 및 혁신에 관한 규정 시행규칙[별지 제10호의2서식] <신설 2017. 10. 17.>

정책연구과제 심의 신청서

과제명	
신청부서	담당공무원
연구방식	[ ] 위탁형 [ ] 공동연구형 [ ] 자문형
연구기간	~ (개월)
예산항목	[ ] 포괄 연구개발비 [ ] 사업별 연구개발비
예상금액	
계약방법	
연구 필요성	
연구의 유사·중복 검토 결과	중복검토 방법: 유사·중복 여부: [ ] 있다 [ ] 없다 ※ 유사·중복되는 기존 연구과제가 있는 경우 차별성 검토보고서 제출
국민 의견 수렴 여부	[ ] 수렴 [ ] 미수렴 ※ 국민생각함 사이트 등을 통해 의견을 수렴
연구내용	
연구결과 활용방안	

210mm×297mm[백상지(80g/㎡) 또는 중질지(80g/㎡)]

비고(이 난은 서식에 포함하지 아니한다)
- [ ] 에는 해당되는 곳에 √표를 합니다.

17. 정책연구과제 차별성 검토보고서

■ 행정업무의 운영 및 혁신에 관한 규정 시행규칙[별지 제10호의3서식] <신설 2017. 10. 17.>

정책연구과제 차별성 검토보고서

☐ 관련 선행연구

연번	연구과제명 (연구년도)	연구자	연구목적, 연구방법, 주요 연구내용 등
1			
2			
3			
4			
5			

☐ 유사·중복성 검토 결과

과제명	
연구목적	
연구방법	
연구내용	
선행 연구와의 차별성	
새로운 정책연구 필요성	

210mm×297mm[백상지(80g/㎡)]

18. 정책연구과제 선정 결과보고서

■ 행정업무의 운영 및 혁신에 관한 규정 시행규칙[별지 제10호의4서식] <신설 2017. 10. 17.>

정책연구과제 선정 결과보고서

과제명	
신청부서	담당공무원
연구방식	[ ] 위탁형 [ ] 공동연구형 [ ] 자문형
연구기간	~ (개월)
예산항목	[ ] 포괄 연구개발비 [ ] 사업별 연구개발비
예상금액	
계약방법	
연구 필요성	
연구의 유사·중복 검토 결과	중복검토 방법 : 유사·중복 여부: [ ] 있다 [ ] 없다 ※ 유사·중복되는 기존 연구과제가 있는 경우 차별성 검토보고서 제출
국민 의견 수렴 여부	[ ] 수렴 [ ] 미수렴 ※ 국민생각함 사이트 등을 통해 의견을 수렴
연구내용	
연구결과 활용방안	
정책연구 과제 선정 심의 결과	

210mm×297mm[백상지(80g/m²)]

비고(이 난은 서식에 포함하지 아니한다)
- [ ] 에는 해당되는 곳에 √표를 합니다.

19. 정책영상회의실 사용신청서

■ 행정업무의 운영 및 혁신에 관한 규정 시행규칙 [별지 제11호서식] <개정 2017. 7. 26.>

정부영상회의실 사용신청서

※ [ ]에는 해당되는 곳에 √표를 합니다.

접수번호	접수일자						
회의내용	기 관 명						
	일 시						
	참석인원	합계	세종청사	서울청사	과천청사	대전청사	시·도 / 기타
	회의 세부내용	회의제목 주요내용					
	회 의 주 관	- 주관과 : - 주 재 :					
	담당자	직급		성명		전화번호	
회의지원 내용	국민의례	[ ] 정식절차　　　　[ ] 약식절차 ※「국민의례 규정」제4조에 따른 세부내용 기재 (　　　　　　　　　　　　　　)					
	기자재 사 용	[ ] 녹음　　[ ] 녹화　　[ ] PC　　보안필요　[ ] 보 안 [ ] 빔 프로젝터　[ ] 기타 (　　)　여 부　　[ ] 비보안					

「행정 효율과 협업 촉진에 관한 규정 시행규칙」제44조제1항에 따라 위와 같이 정부영상회의실 사용을 신청합니다.

년 월 일

신청인 소속　　　직급　　　성명

(서명 또는 인)

정부청사관리본부장 귀하

첨부서류	관련자료 1부

210mm×297mm[일반용지(재활용품)]

20. 업무인계·인수서

■ 행정업무의 운영 및 혁신에 관한 규정 시행규칙 [별지 제12호서식] <개정 2021. 9. 7.>

업무인계·인수서

1. 업무현황
  가. 담당 업무
  나. 주요 업무계획 및 진행사항
  다. 현안사항 및 문제점
  라. 주요 미결사항

2. 관련 문서 현황

3. 주요 물품 및 예산 등 인계·인수가 필요한 사항

4. 그 밖의 참고사항

위와 같이 인계·인수합니다.

년   월   일

인계자   (서명 또는 인)
인수자   (서명 또는 인)
입회자   (서명 또는 인)

210mm×297mm(백상지 80g/㎡)

비고(이 난은 서식에 포함하지 아니한다)
 1. 참관인은 인계자의 바로 위 상급자가 된다. 다만, 인계자가 기관장 및 부기관장인 경우에는 바로 아래 하급자가 된다.
 2. 기재 항목이나 내용은 기관의 실정이나 인계·인수 사항에 따라 조정하여 사용할 수 있다.
 3. 인계자, 인수자 및 참관인의 서명 또는 날인은 생략할 수 있다.

21. 큰글자 서식의 설계(1)

■ 행정업무의 운영 및 혁신에 관한 규정 시행규칙 [별표 5] <개정 2021. 9. 7.>

큰글자 서식의 설계 기준(제24조제2항 관련)

구분	큰 글자 서식 설계 기준
1. 기본 형식	가. 영 제28조제3항에 따라 기안문과 시행문을 갈음하는 서식은 별지 제1호서식의 형식으로 작성한다. 나. 그 밖의 각종 신청서, 증명서 등의 서식에는 접수(발급)번호, 접수일, 발급일 등의 해당 사항과 전자적 처리가 가능한지를 표시한다. - 전자적 처리 가능 여부 표시문안 예시: 정부24(www.gov.kr)에서도 신청할 수 있습니다. 다. 모든 서식에는 그 서식에 관한 기본정보(근거 법령 등과 서식 호수)를 표시해야 한다.
2. 용지 여백	상단은 20mm, 좌우측은 15mm, 하단은 10mm로 하되, 필요한 경우 프린터로 출력 가능한 범위에서 확대하거나 축소할 수 있다.
3. 쪽	서식이 2쪽 이상으로 구성되는 경우 서식 우측 상단에 그 쪽수 등 쪽 구분 표시를 해야 한다. - 쪽 구분 표시 예시 1: (앞쪽), (뒤쪽) - 쪽 구분 표시 예시 2: (3쪽 중 1쪽), (3쪽 중 2쪽), (3쪽 중 3쪽) ■ ○○○법 시행규칙 [별지 제○○호서식] <개정 0000. 00. 00.> **00000 신청서** ※ 3쪽의 작성방법 및 유의사항을 읽고 작성하시기 바라며, 색상이 어두운 란은 적지 않습니다. ※ [ ]에는 해당되는 곳에 √표를 합니다.　　　　　　　　　　(3쪽 중 1쪽) 접수번호　　　　접수일시　　　　처리기간　　30일
4. 항목란	가. 「전자정부법」 제36조제1항에 따른 행정정보의 공동이용을 통하여 해당 정보의 내용을 확인할 수 있는 경우에는 첨부서류를 따로 받지 않도록 하는 내용에 관한 항목을 둔다. 나. 주민등록번호란은 생년월일란으로 대체하여 사용하고 등록기준지란은 만들지 않되, 행정정보 공동이용을 통한 정보의 확인, 신원조회 등 꼭 필요한 경우에만 주민등록번호란 또는 등록기준지란을 만들 수 있다. 다. 주소변경 시 법령에서 신고 등을 하도록 규정하지 않은 경우, 허가증·인가증·자격증·신고확인증 등의 서식에는 주소란을 두지 않는다. 라. 비고란은 별도로 적을 내용이 있는 경우에만 둔다. 마. 항목의 구분에 따른 하위 항목은 위계에 따라 배열하되 3단계를 초과할 수 없다. 바. 항목의 일련번호(① 등)는 적지 않되, 필요에 따라 적는 경우에는 왼쪽에서 오른쪽으로, 위에서 아래의 순서로 적는다. 사. 계산이 필요한 숫자란은 계산순서를 고려하여 상·하·좌·우로 배열하고 계산부호를 붙일 수 있다. 아. 특별한 사유가 없는 경우에는 글자별, 숫자별 구획은 만들지 않는다. 자. 작성란은 작성흐름과 순서에 맞게 배치하되, 작성란과 서명란은 가급적 한쪽 내에 구성한다. 다만, 서명란과 서명을 위해 필요한 정보가 같은 쪽에 구성되지 못한 경우, 서명란에 그 정보의 위치를 명시

21. 큰글자 서식의 설계(2)

	해야 한다. - 예시: 본인은 담당공무원이 3쪽의 담당공무원 확인 사항을 확인하는 것에 동의합니다. 차. 날짜기입란, 서명란 등은 다른 내용과 충분한 간격을 두거나, 진하게 강조표시하는 등 눈에 잘 뜨이도록 한다. 카. 작성란이 2쪽 이상에 걸쳐 배치되는 경우 하단에 15pt 이상의 크기로 뒤쪽에 작성란이 있음을 강조하여 표시한다. 타. 주소, 주민등록번호, 운전면허번호 등 비교적 정보량이 많은 항목을 한 줄에 세 개 이상 배치하지 않는다. 파. 유의사항, 작성방법, 처리절차 등 부수사항(이하 "부수부분"이라 한다)은 작성란과 별도의 용지에 구성하여 민원인이 해당 부분을 잘라내어 작성 시 손쉽게 참조하게 할 수 있다. 하. 부수부분의 보관의 필요성이 낮은 경우 이를 접수·보관대상에서 제외할 수 있다. 이때 부수부분 상단에 해당부분은 접수·보관되지 않음을 표시해야 한다. - 예시: 아래 내용은 서식 작성 시 필요한 사항을 안내하는 부분으로 접수·보관되지 않습니다.
5. 표	가. 쉽게 인지할 수 있고 행정정보시스템 등에서 문답식 선택적 입력방식을 쉽게 채택할 수 있도록 유사한 성격의 항목을 하나로 모아 표로 구분한다. - 표와 표 사이에는 1mm의 간격을 두되, 지면상 공간 확보가 어려운 경우에는 간격을 0.5mm까지 조정할 수 있다. 나. 다음의 표는 위에서부터 아래로 순서대로 배치하되 필요한 경우 표를 생략하거나 그 위치를 조정할 수 있다. 　1) 접수(발급)번호·접수일·발급(발행)일·처리기간: 상단 서식 명칭 다음 줄 　2) 신청인 인적사항: 접수(발급)번호 표 다음 줄 　3) 신청 내용: 신청인 인적사항 표 다음 줄 다. 다음의 표는 서식의 앞쪽 또는 뒤쪽 아래에서부터 위로 순서대로 배치하되, 필요한 경우 표를 생략하거나 그 위치를 조정할 수 있다. 　1) 업무처리 절차: 서식 용지의 규격 및 지질 표시 위 　2) 작성방법: 업무처리 절차 표 윗줄 　3) 유의사항: 작성방법 표 윗줄 　4) 행정정보 공동이용 동의서: 유의사항 표 윗줄 　5) 첨부서류·수수료: 행정정보 공동이용 동의서 표 윗줄
6. 선	가. 선은 기본적으로 실선을 사용하되 자르는 선은 점선으로 표시한다. 나. 선의 굵기는 0.12mm를 기본으로 하되, 예외로 정하는 항목은 다음과 같다. 　1) 표의 좌·우측 테두리: 표시하지 않음 　2) "○○○ 귀하" 또는 "신청인, 서명 또는 인" 다음의 마감선과 자르는 선: 0.7mm 다. 선의 색상은 회색을 기본으로 하되, 표의 상·하 테두리 선은 검은색으로 한다.

21. 큰글자 서식의 설계(3)

7. 칸	가. 한 칸의 높이는 8.5mm 이상으로 하되, 주소와 같이 비교적 정보량이 많은 항목의 경우 작성에 필요한 충분한 공간을 확보해야 한다. 나. 칸은 불규칙한 배열을 방지하기 위하여 설정한 가상의 세로 기준선에 따라 일정한 폭으로 구분하되, 성명란은 한글 15자 이상(13pt), 주민등록번호는 한글 7자 이상(13pt) 쓸 수 있는 공간을 확보한다. 다. 바탕색은 기본적으로 흰색을 사용하고 공무원이 작성하는 칸과 작성방법 등 알림항목의 제목 칸은 회색으로 하되, 필요한 경우 부분적으로 적절한 명도와 채도의 색상을 사용할 수 있다.

8. 글자	가. 글자는 줄 또는 칸의 왼쪽부터 쓰되, 예외로 정하는 항목은 다음과 같다.
	  1) 서식 명칭: 가운데
	  2) 기입란을 구분하는 선이 없는 칸의 제목: 왼쪽 상단
	  3) 항목 제목을 적은 칸: 가운데
	  4) 제출 연월일, 서명 또는 날인: 오른쪽
	나. 서식 명칭의 글꼴은 견고딕으로 하고 그 외의 글자는 맑은 고딕으로 하되, 필요한 경우 다른 글꼴을 사용할 수 있다.
	다. 글자의 굵기는 보통 굵기로 하되, 민원인 또는 담당 공무원이 인지해야 할 필요가 있는 주요 사항과 서식 명칭은 굵은 글꼴로 한다.
	라. 일반적인 줄 간격은 130% 이상으로 하되, 필요한 경우 달리 정할 수 있다.
	마. 공지사항, 작성방법, 유의사항 등의 경우 작성자가 읽기 쉽도록 문단과 문단 사이에 충분한 간격을 둔다.
	바. 글자 크기는 13pt를 기본으로 하고 "( )"안의 글씨는 12pt 로 하되, 예외로 정하는 항목은 다음과 같다.
	  1) 서식 명칭: 17~18pt
	  2) 시장·군수 등 행정기관 명칭: 13~15pt
	  3) 첫 번째 항목의 제목: 13~14pt(두 번째 항목부터는 1pt씩 작은 글씨로 한다)
	  4) 접수번호 등 공무원 기재란의 제목: 9~11pt
	  5) 유의사항·작성방법 등 알림사항, 첨부서류 및 수수료, 서식·용지 정보: 10p~11pt
	  6) "년·월·일", "서명 또는 인": 11~12pt
	  7) 근거법령: 10pt, 개정날짜: 11pt, 안내사항: 11pt, 쪽수: 11pt
	사. 글자 색상은 검은색을 기본으로 하고 필요한 경우 부분적으로 다른 색상을 사용하되, "서명 또는 인" 글자는 회색으로 한다.

9. 한글과 함께 적는 외국 글자	가. 단어를 함께 적는 경우 한글의 오른쪽에 괄호를 하고 그 안에 쓰되, 함께 적을 때 줄이 바뀌게 되는 경우와 함께 적을 외국 글자가 "년 월 일", "서명 또는 인", "신청인"에 관한 것인 경우에는 한글 아래에 쓸 수 있다. 나. 문장을 함께 적는 경우 한글 문장이 끝나는 줄의 다음 줄에 한글 문장의 첫 글자와 같은 위치에서부터 쓰되, 하나의 문장으로서 한 줄에 한글과 외국 글자를 모두 적을 수 있는 경우에는 한글 문장의 오른쪽에 쓸 수 있다.

21. 큰글자 서식의 설계(4)

	다. 한글과 함께 적는 외국 글자의 크기는 한글보다 1pt 작게 하고, 글꼴 및 색상 등은 한글과 같게 한다.
10. 특수기호	전자적으로 입력하기 어렵거나 전자화 과정에서 오류가 많이 발생할 수 있는 특수기호는 사용하지 않는다. (예시) √ 표시를 하도록 하는 란은 "□"을 사용하지 않고 "[ ]"을 사용한다.

22. 서식의 설계 기준(1)

■ 행정업무의 운영 및 혁신에 관한 규정 시행규칙 [별표 4] <개정 2021. 9. 7.>

<u>서식의 설계 기준</u>(제24조제1항 관련)

구분	설계 기준
1. 기본 형식	가. 영 제28조제3항에 따라 기안문과 시행문을 갈음하는 서식은 별지 제1호서식의 형식으로 작성한다. 나. 그 밖의 각종 신청서, 증명서 등의 서식에는 접수(발급)번호, 접수일, 발급일 등의 해당 사항과 전자적 처리가 가능한지를 표시한다. - 전자적 처리 가능 여부 표시문안 예시: 정부24(www.gov.kr)에서도 신청할 수 있습니다. 다. 모든 서식에는 그 서식에 관한 기본정보(근거 법령 등과 서식 호수)를 표시해야 한다.
2. 용지 여백	상단 및 좌·우측은 20mm, 하단은 10mm로 하되, 필요한 경우 프린터로 출력 가능한 범위에서 확대하거나 축소할 수 있다.
3. 쪽	서식이 2쪽 이상으로 구성되는 경우 서식 우측 상단에 그 쪽수 등 쪽 구분 표시를 해야 한다. - 쪽 구분 표시 예시 1: (앞쪽), (뒤쪽) - 쪽 구분 표시 예시 2: (3쪽 중 1쪽), (3쪽 중 2쪽), (3쪽 중 3쪽) ■ ㅇㅇㅇ법 시행규칙 [별지 제00호서식] <개정 0000. 00. 00.> **00000 신청서** ※ 3쪽의 작성방법 및 유의사항을 읽고 작성하시기 바라며, 색상이 어두운 란은 적지 않습니다. ※ [ ]에는 해당되는 곳에 √표를 합니다. (3쪽 중 1쪽) 접수번호 / 접수일시 / 처리기간 30일
4. 항목란	가. 「전자정부법」 제36조제1항에 따른 행정정보의 공동이용을 통하여 해당 정보의 내용을 확인할 수 있는 경우에는 첨부서류를 따로 받지 않도록 하는 내용에 관한 항목을 둔다. 나. 주민등록번호란은 생년월일란으로 대체하여 사용하고 등록기준지란은 만들지 않되, 행정정보 공동이용을 통한 정보의 확인, 신원조회 등 꼭 필요한 경우에만 주민등록번호란 또는 등록기준지란을 만들 수 있다. 다. 주소변경 시 법령에서 신고 등을 하도록 규정하지 않은 경우, 허가증·인가증·자격증·신고확인증 등의 서식에는 주소란을 두지 않는다. 라. 비고란은 별도로 적을 내용이 있는 경우에만 둔다. 마. 항목의 구분에 따른 하위 항목은 위계에 따라 배열하되 3단계를 초과할 수 없다. 바. 항목의 일련번호(① 등)는 적지 않되, 필요에 따라 적는 경우에는 왼쪽에서 오른쪽으로, 위에서 아래의 순서로 적는다. 사. 계산이 필요한 숫자란은 계산순서를 고려하여 상·하·좌·우로

22. 서식의 설계 기준(2)

5. 표	배열하고 계산부호를 붙일 수 있다. 아. 특별한 사유가 없는 경우에는 글자별, 숫자별 구획은 만들지 않는다. 가. 쉽게 인지할 수 있고 행정정보시스템 등에서 문답식 선택적 입력 방식을 쉽게 채택할 수 있도록 유사한 성격의 항목을 하나로 모아 표로 구분한다. 　- 표와 표 사이에는 1mm의 간격을 두되, 지면상 공간 확보가 어려운 경우에는 간격을 0.5mm까지 조정할 수 있다. 나. 다음의 표는 위에서부터 아래로 순서대로 배치하되 필요한 경우 표를 생략하거나 그 위치를 조정할 수 있다. 　1) 접수(발급)번호 · 접수일 · 발급(발행)일 · 처리기간: 상단 서식 명칭 다음 줄 　2) 신청인 인적사항: 접수(발급)번호 표 다음 줄 　3) 신청 내용: 신청인 인적사항 표 다음 줄 다. 다음의 표는 서식의 앞쪽 또는 뒤쪽 아래에서부터 위로 순서대로 배치하되, 필요한 경우 표를 생략하거나 그 위치를 조정할 수 있다. 　1) 업무처리 절차: 서식 용지의 규격 및 지질 표시 위 　2) 작성방법: 업무처리 절차 표 윗줄 　3) 유의사항: 작성방법 표 윗줄 　4) 행정정보 공동이용 동의서: 유의사항 표 윗줄 　5) 첨부서류 · 수수료: 행정정보 공동이용 동의서 표 윗줄
6. 선	가. 선은 기본적으로 실선을 사용하되 자르는 선은 점선으로 표시한다. 나. 선의 굵기는 0.12mm를 기본으로 하되, 예외로 정하는 항목은 다음과 같다. 　1) 표의 좌 · 우측 테두리: 표시하지 않음 　2) "○○○ 귀하" 또는 "신청인, 서명 또는 인" 다음의 마감선과 자르는 선: 0.7mm 다. 선의 색상은 회색을 기본으로 하되, 표의 상 · 하 테두리 선은 검은색으로 한다.
7. 칸	가. 한 칸의 높이는 8.5mm로 하는 것을 원칙으로 하되, 주소 등과 같이 정보량이 비교적 많은 항목의 경우에는 8.5mm의 배수로 할 수 있다. 나. 칸은 불규칙적 배열을 방지하기 위하여 설정한 가상의 세로 기준선에 따라 일정한 폭으로 구분하되, 성명란은 한글 15자 이상, 주민등록번호란은 한글 7자 이상 쓸 수 있는 공간을 확보한다. 다. 바탕색은 기본적으로 흰색을 사용하고 공무원이 작성하는 칸과 작성방법 등 알림항목의 제목 칸은 회색으로 하되, 필요한 경우 부

22. 서식의 설계 기준(3)

	분적으로 적절한 명도와 채도의 색상을 사용할 수 있다.
8. 글자	가. 글자는 줄 또는 칸의 왼쪽부터 쓰되, 예외로 정하는 항목은 다음과 같다. 　1) 서식 명칭: 가운데 　2) 기입란을 구분하는 선이 없는 칸의 제목: 왼쪽 상단 　3) 항목 제목을 적은 칸: 가운데 　4) 제출 연월일, 서명 또는 날인: 오른쪽 나. 서식 명칭의 글꼴은 견고딕으로 하고 그 외의 글자는 돋움체로 하되, 필요한 경우 다른 글꼴을 사용할 수 있다. 다. 글자의 굵기는 보통 굵기로 하되, 민원인 또는 담당 공무원이 인지해야 할 필요가 있는 주요 사항과 서식 명칭은 굵은 글꼴로 한다. 라. 글자 크기는 10pt를 기본으로 하고 "( )" 안의 글씨는 9pt로 하되, 예외로 정하는 항목은 다음과 같다. 　1) 서식 명칭: 16pt 　2) 시장·군수 등 행정기관 명칭: 13pt 　3) 첫 번째 항목의 제목: 11pt(두 번째 항목부터는 1pt씩 작은 글씨로 한다) 　4) 접수번호 등 공무원 기재란의 제목과 "년·월·일": 9pt 　5) 유의사항·작성방법 등 알림사항, 첨부서류 및 수수료, 서식·용지 정보, "서명 또는 인": 8pt 마. 글자 색상은 검은색을 기본으로 하고 필요한 경우 부분적으로 다른 색상을 사용하되, "서명 또는 인" 글자는 회색으로 한다.
9. 한글과 함께 적는 외국 글자	가. 단어를 함께 적는 경우 한글의 오른쪽에 괄호를 하고 그 안에 쓰되, 함께 적을 때 줄이 바뀌게 되는 경우와 함께 적을 외국 글자가 "년 월 일", "서명 또는 인", "신청인"에 관한 것인 경우에는 한글 아래에 쓸 수 있다. 나. 문장을 함께 적는 경우 한글 문장이 끝나는 줄의 다음 줄에 한글 문장의 첫 글자와 같은 위치에서부터 쓰되, 하나의 문장으로서 한 줄에 한글과 외국 글자를 모두 적을 수 있는 경우에는 한글 문장의 오른쪽에 쓸 수 있다. 다. 한글과 함께 적는 외국 글자의 크기는 한글보다 1pt 작게 하고, 글꼴 및 색상 등은 한글과 같게 한다.
10. 특수기호	전자적으로 입력하기 어렵거나 전자화 과정에서 오류가 많이 발생할 수 있는 특수기호는 사용하지 않는다. (예시) √ 표시를 하도록 하는 란은 "□"을 사용하지 않고 "[ ]"을 사용한다.

행정사 2차 사무관리론

제3편 과년도 기출문제

제1장 행정사 과년도 기출문제

제1장 행정사 과년도 기출문제

2013년 제1회 행정사 제2차 사무관리론 기출문제

01 기안문의 검토와 결재에 관하여 서술하시오. (40점)

02 관인의 종류와 폐기에 관하여 약술하시오. (20점)

03 현 정부의 국정추진기반인 '정부3.0'에서 강조하고 있는 협업시스템과 통합전자민원창구('민원24')의 개념을 정의하고, 협업시스템의 서비스 내용과 통합전자민원창구의 부가서비스 내용에 관하여 약술하시오. (20점)

04 공장설립 승인과 같이 다수 기관과 연관된 민원사무에 대하여 개별처리의 번거로움을 덜고 효율적 업무처리를 위해 행정기관이 적용하는 민원처리 방식들에 관하여 약술하시오. (20점)

2014년 제2회 행정사 제2차 사무관리론 기출문제

01 민원 거부처분에 대한 이의신청과 그 방법 및 처리절차 등에 관하여 논술하시오. (40점)

02 서식의 승인과 승인 신청에 관하여 약술하시오. (20점)

03 문서의 성립요건과 성립시기 및 문서의 효력발생시기에 관하여 약술하시오. (20점)

04 정책의 실명관리의 목적과 정책 자료, 정책결정 회의, 보도 자료의 실명관리에 관하여 약술하시오. (20점)

2015년 제3회 행정사 제2차 사무관리론 기출문제

01 국민의 권익을 실현해야 하는 민주행정에 있어서 민원행정은 중요한 사무이다. 현재 우리나라에서 행정기관을 대상으로 하는 민원의 신청과 접수에 관하여 논하시오.

(40점)

02 '행정업무의 효율적 운영에 관한 규정'에 의거하여 기관간 업무협조가 필요한경우와 그것을 실행하는 방안 및 융합행정의 개념과 그것을 실행하는 방안에 관하여 각각 설명하시오.

(20점)

03 '행정업무의 효율적 운영에 관한 규정'에 의거하여 업무관리시스템의 구성 및운영방식에 대해 설명하고, 효율적인 업무수행을 위한 업무관리시스템과 다른행정정보시스템과의 연계에 관하여 설명하시오.

(20점)

04 관인의 등록·재등록에 관하여 설명하시오.

(20점)

2016년 제4회 행정사 제2차 사무관리론 기출문제

01 민원 처리에 관한 법률 및 같은 법 시행령상 법정민원 중 사전심사청구 대상 민원에 관한 다음 물음에 답하시오. (40점)

(1) 사전심사의 청구 등을 설명하시오. (20점)
(2) 대상과 안내 및 처리기간을 설명하시오. (20점)

02 행정기관 업무의 개념, 운영의 개념, 운영의 요소에 관하여 각각 설명하시오. (20점)

03 행정 효율과 협업 촉진에 관한 규정상 행정협업의 촉진과 행정협업과제의 등록에 관하여 설명하시오. (20점)

04 민원 처리에 관한 법률 및 같은 법 시행령상 민원 처리에 원칙과 정보보호에 관하여 설명하시오. (20점)

2017년 제5회 행정사 제2차 사무관리론 기출문제

01 국민이 행정기관에 특정한 행위를 요구하는 의사표시에 대응하는 활동인 민원행정은 민주행정의 가장 중요한 사무로 볼 수 있다. 민원행정과 관련하여 다음 물음에 답하시오. (40점)

(1) 일반민원의 종류를 설명하고, 각각의 종류에 따른 처리기간에 관하여 기술하시오. (20점)

(2) 민원과 관련하여 '처리기간의 계산'을 설명하고, 부득이한 경우 처리기간을 연장하는 절차를 기술하시오. (20점)

02 행정협업의 지원제도로서 협업책임관, 행정협업시스템 및 행정협업조직의 개념을 기술하고, 각각의 제도와 관련하여 행정기관장의 임무를 설명하시오. (20점)

03 국민제안의 개념을 설명하고, 제출 및 접수 절차에 관하여 기술하시오. (20점)

04 서식의 제정 방법과 서식 설계의 일반원칙을 설명하시오. (20점)

2018년 제6회 행정사 제2차 사무관리론 기출문제

01 행정기관의 장은 반복 및 중복을 사유로 민원을 종결처리하거나, 특정한 경우 접수된 민원을 처리하지 아니할 수 있다. 이와 관련하여 다음 물음에 답하시오. (40점)

(1) 반복 및 중복 민원의 개념과 종결처리절차 그리고 반복 및 중복민원인지 여부 판단시 고려해야할 사항들에 관하여 설명하시오. (30점)

(2) 민원처리에 관한 법률상 민원처리의 예외로서 접수된 민원을 처리하지 아니할 수 있는 민원사항 5가지만 기술하시오. (10점)

02 행정 효율과 협업 촉진에 관한 규정 및 같은 규정 시행규칙상 결재받은 문서의 수정에 관하여 기술하시오. (20점)

03 행정 효율과 협업 촉진에 관한 규정 및 같은 규정 시행규칙상 정책연구과제의 선정에 관하여 설명하시오. (20점)

04 영상회의의 의의를 기술하고, 행정 효율과 협업 촉진에 관한 규정및 같은 규정 시행규칙상 정부영상회의실에서 개최할 수 있는회의와 그 사용신청에 관하여 설명하시오. (20점)

2019년 제7회 행정사 제2차 사무관리론 기출문제

01 행정기관의 신뢰 향상을 위해서는 민원행정 편의 및 신속성을 위한 적극적인 노력이 요구된다. 다음 물음에 답하시오. (40점)

(1) 민원인 편의를 위해 법령에 규정된 '신청서 및 구비서류'의 원칙과 행정기관의 불필요한 서류 요구 금지사항을 기술하시오. (20점)

(2) 접수된 민원문서 중 해당 민원실의 주관 또는 소관이 아니거나 다른 행정기관 소관인 경우 민원문서의 이송 절차 및 방법에 관하여 설명하시오. (20점)

02 행정효율과 협업촉진에 관한 규정에 명시되어 있는 '전자이미지관인', '행정정보시스템', '문서과', '서명'의 개념을 정의하시오. (20점)

03 문서작성 시 용어(글자, 숫자, 연호, 날짜, 시간 등) 표기의 기준을 제시하고, 작성된 문서가 성립되고 효력을 발생하기 위한 요건을 기술하시오. (20점)

04 정책실명제의 개념 및 중점관리 대상사업 선정을 위한 행정기관장의 역할을 설명하고, 주요 정책과 관련하여 기록·관리해야 할 종합적인 사항을 기술하시오. (20점)

2020년 제8회 행정사 제2차 사무관리론 기출문제

01 행정업무를 수행하는 과정에서 문서의 효력발생 시기는 중요하다. 다음 물음에 답하시오.
(40점)

(1) 문서의 효력발생 시기에 대한 입법주의에 관하여 설명하시오. (20점)
(2) 「행정 효율과 협업 촉진에 관한 규정」상 문서(전자문서, 공고문서 포함)의 효력발생 시기에 관하여 설명하시오. (20점)

02 지식행정의 의의 및 추진배경을 서술하고, 온-나라 지식(GKMC)의 개념과 주요기능에 관하여 설명하시오. (20점)

03 행정기관은 업무편람을 작성하여 활용하고 있다. 업무편람의 개념, 종류, 작성효과와 활용효과에 관하여 설명하시오. (20점)

04 「민원 처리에 관한 법률과 동법 시행령」은 민원인의 고충민원신청과 처리절차에 대하여 그 중요성을 강조하고 있다. 처리절차를 약술 하시오. (20점)

2021년 제9회 행정사 제2차 사무관리론 기출문제

01 민원행정서비스 향상을 위하여 다양한 제도가 운영되고 있다. 다음 물음에 답하시오. (40점)

(1) 법정민원의 개념을 쓰고, 민원 1회 방문 처리제의 의의 및 절차, 민원후견인의 지정 및 직무, 그리고 민원조정위원회의 심의사항에 관하여 설명하시오. (20점)

(2) 민원사무 처리 제도로서 민원심사관의 목적과 업무, 그리고 민원실무심의회의 목적과 운영방식을 설명하시오. (20점)

02 문서의 시행에 있어서 관인 또는 서명의 표시 및 생략 방법에 관하여 약술하시오. (20점)

03 행정효율과 협업촉진에 관한 규정상 영상회의실을 설치·운영할 수 있는 회의유형을 제시하고, 정부영상회의실 관리·운영을 위한 정부관리소장의 조치사항과 해당 시설의 사용신청에 관하여 약술하시오. (20점)

04 행정업무 인계·인수의 절차 및 인계·인수서의 작성내용에 관하여 약술하시오. (20점)

2022년 제10회 행정사 제2차 사무관리론 기출문제

01 민원 처리에 관한 법률 및 같은 법 시행령상 민원 처리결과의 통지등에 관한 다음 물음에 답하시오. (40점)

(1) 민원 처리결과의 통지 및 통지방법 등에 관하여 설명하시오. (20점)
(2) 무인민원발급창구를 이용한 민원문서의 발급에 관하여 설명하시오. (10점)
(3) 전자증명서의 발급과 전자문서의 출력 사용 등에 관하여 설명하시오. (10점)

02 민원 처리에 관한 법률 및 같은 법 시행령상 다수인관련 민원의 개념을 정의하고 그 처리에 관하여 설명하시오. (20점)

03 행정 효율과 협업 촉진에 관한 규정상 업무의 분장, 업무개선 및 행정효율성 진단에 관하여 설명하시오. (20점)

04 행정 효율과 협업 촉진에 관한 규정에 명시되어 있는 '공문서', '전자문자서명', '전자문서시스템', '정책실명제'의 개념을 정의하시오. (20점)

2023년 제11회 행정사 제2차 사무관리론 기출문제

01 「민원 처리에 관한 법률」 및 같은 법 시행령 상 민원이란 민원인이 행정기관에 대하여 처분 등 특정한 행위를 요구하는 것을 말한다. 민원인과 행정기관에 관한 다음 물음에 답하시오. (40점)

(1) 행정기관에 민원을 제기하는 개인·법인 또는 단체 중 민원인의 범위에서 제외되는 자에 관하여 설명하시오. (20점)
(2) 민원인이 민원을 제기하는 행정기관의 종류에 관하여 설명하시오. (20점)

02 「행정업무의 운영 및 혁신에 관한 시행규칙」 상 문서의 접수 및 처리과정에서 문서의 반송과 이송(행정기관 간 이송, 보조기관 또는 보좌기관 간 이송)에 관하여 설명하시오. (20점)

03 「행정업무의 운영 및 혁신에 관한 규정」상 서식이 요구되는 상황, 제정 방법 및 설계의 일반원칙을 기술하고, 날짜 및 시·분의 표기와 용지의 규격과 관련하여 문서 작성의 방법을 설명하시오. (20점)

04 「행정업무의 운영 및 혁신에 관한 규정」상 공문서의 종류를 설명하고, 문서 처리의 기본 원칙과 문서의 성립 및 효력 발생의 조건을 기술하시오. (20점)

2024년 제12회   행정사 제2차 사무관리론 기출문제

01   민원의 공정하고 적법한 처리를 위해 다양한 민원제도를 시행하고 있다. 다음 물음에 답하시오.
(40점)

    (1) 법정민원과 고충민원의 개념, 법정민원의 거부처분에 대한 이의신청 기간과 방법(내용 포함), 그리고 이의신청 처리절차에 관하여 설명하시오. (20점)

    (2) 법정민원을 제외한 행정기관의 장이 접수한 민원 중 민원 처리를 하지 않을 수 있는 사항에 관하여 설명하시오. (20점)

02   문서작성과 문서처리의 원칙에 관하여 각각 설명하시오. (20점)

03   사무개선의 개념과 사무개선을 위한 집단아이디어 발상법에 관하여 설명하시오. (20점)

04   「행정업무의 운영 및 혁신에 관한 규정」상 업무관리시스템의 구축·운영 주체에 관하여 설명하고, 업무관리시스템의 일반적인 기대효과에 관하여 설명하시오. (20점)

2025년 제13회 행정사 제2차 사무관리론 기출문제

01 「민원 처리에 관한 법률」 및 같은 법 시행령 상 민원의 처리에 관한 다음 물음에 답하시오.
(40점)

(1) 민원인의 요구에 의한 본인정보 공동이용과 관련해 민원인의 권리를 설명하고, 행정안전부장관이 행정정보 보유기관의 장과 협의하여 정할 수 있는 본인정보의 종류 및 세부 유형을 기술하시오. (20점)

(2) 행정기관의 장(지방자치단체와 그 소속기관은 제외)이 편의를 제공하기 위해 노력해야 하는 민원취약계층의 범위와 제공할 수 있는 편의 및 수수료 감면에 관하여 설명하시오. (20점)

02 「행정업무의 운영 및 혁신에 관한 규정」 및 「행정업무의 운영 및 혁신에 관한 규정 시행규칙」 상 문서의 발신명의와 발신방법 등에 관하여 설명하시오. (20점)

03 「행정업무의 운영 및 혁신에 관한 규정」 상 관인의 종류 및 비치, 그리고 특수관인에 관하여 설명하시오. (20점)

04 「행정업무의 운영 및 혁신에 관한 규정」 및 「행정업무의 운영 및 혁신에 관한 규정 시행규칙」 상 업무편람의 작성·활용과 직무편람의 작성·관리 등에 관하여 설명하시오. (20점)

memo.

행정사 2차 사무관리론

제4편

관련 법률

제1장 　민원 처리에 관한 법률
제2장 　민원 처리에 관한 법률 시행령
제3장 　민원 처리에 관한 법률 시행규칙
제4장 　행정업무의 운영 및 혁신에 관한 규정
제5장 　행정업무의 운영 및 혁신에 관한 규정 시행규칙

제1장 민원 처리에 관한 법률

민원 처리에 관한 법률
(약칭 : 민원처리법)

제1장 총칙

제1조(목적) 이 법은 민원 처리에 관한 기본적인 사항을 규정하여 민원의 공정하고 적법한 처리와 민원행정제도의 합리적 개선을 도모함으로써 국민의 권익을 보호함을 목적으로 한다.

제2조(정의) 이 법에서 사용하는 용어의 뜻은 다음과 같다.

1. "민원"이란 민원인이 행정기관에 대하여 처분 등 특정한 행위를 요구하는 것을 말하며, 그 종류는 다음 각 목과 같다.

   가. 일반민원
   1) 법정민원 : 법령·훈령·예규·고시·자치법규 등(이하 "관계법령등"이라 한다)에서 정한 일정 요건에 따라 인가·허가·승인·특허·면허 등을 신청하거나 장부·대장 등에 등록·등재를 신청 또는 신고하거나 특정한 사실 또는 법률관계에 관한 확인 또는 증명을 신청하는 민원
   2) 질의민원 : 법령·제도·절차 등 행정업무에 관하여 행정기관의 설명이나 해석을 요구하는 민원
   3) 건의민원 : 행정제도 및 운영의 개선을 요구하는 민원
   4) 기타민원 : 법정민원, 질의민원, 건의민원 및 고충민원 외에 행정기관에 단순한 행정절차 또는 형식요건 등에 대한 상담·설명을 요구하거나 일상생활에서 발생하는 불편사항에 대하여 알리는 등 행정기관에 특정한 행위를 요구하는 민원

   나. 고충민원 : 「부패방지 및 국민권익위원회의 설치와 운영에 관한 법률」 제2조제5호에 따른 고충민원

2. "민원인"이란 행정기관에 민원을 제기하는 개인·법인 또는 단체를 말한다. 다만, 행정기관(사경제의 주체로서 제기하는 경우는 제외한다), 행정기관과 사법(私法)상 계약관계(민원과 직접 관련된 계약관계만 해당한다)에 있는 자, 성명·주소 등이 불명확한 자 등 대통령령으로 정하는 자는 제외한다.

3. "행정기관"이란 다음 각 목의 자를 말한다.

   가. 국회·법원·헌법재판소·중앙선거관리위원회의 행정사무를 처리하는 기관, 중앙행정기관(대통령 소속 기관과 국무총리 소속 기관을 포함한다. 이하 같다)과 그 소속 기관, 지방자치단체와 그 소속 기관

   나. 공공기관
   1) 「공공기관의 운영에 관한 법률」 제4조에 따른 법인·단체 또는 기관
   2) 「지방공기업법」에 따른 지방공사 및 지방공단
   3) 특별법에 따라 설립된 특수법인
   4) 「초·중등교육법」·「고등교육법」 및 그 밖의 다른 법률에 따라 설치된 각급 학교
   5) 그 밖에 대통령령으로 정하는 법인·단체 또는 기관

   다. 법령 또는 자치법규에 따라 행정권한이 있거나 행정권한을 위임 또는 위탁받은 법인·단체 또는 그 기관이나 개인

4. "처분"이란 「행정절차법」 제2조제2호의 처분을 말한다.

5. "복합민원"이란 하나의 민원 목적을 실현하기 위하여 관계법령등에 따라 여러 관계 기관(민원과 관련된 단체·협회 등을 포함한다. 이하 같다) 또는 관계 부서의 인가·허가·승인·추천·협의 또는 확인 등을 거쳐 처리되는 법정민원을 말한다.

6. "다수인관련민원"이란 5세대(世帶) 이상의 공동이해와 관련되어 5명 이상이 연명으로 제출하는 민원을 말한다.

7. 삭제 〈2022. 1. 11.〉

8. "무인민원발급창구"란 행정기관의 장이 행정기관 또는 공공장소 등에 설치하여 민원인이 직접 민원문서를 발급받을 수 있도록 하는 전자장비를 말한다.

제3조(적용 범위) ① 민원에 관하여 다른 법률에 특별한 규정이 있는 경우를 제외하고는 이 법에서 정하는 바에 따른다.

② 제2조제3호가목의 국회·법원·헌법재판소·중앙선거관리위원회의 행정사무를 처리하는 기관에 대해서는 제36조제3항, 제37조, 제38조, 제39조제2항부터 제6항까지 및 제42조를 적용하지 아니한다.

제4조(민원 처리 담당자의 의무와 보호) ① 민원을 처리하는 담당자는 담당 민원을 신속·공정·친절·적법하게 처리하여야 한다. 〈개정 2022. 1. 11.〉

② 행정기관의 장은 민원인 등의 폭언·폭행, 목적이 정당하지 아니한 반복 민원 등으로부터 민원 처리 담당자를 보호하기 위하여 민원 처리 담당자의 신체적·정신적 피해의 예방 및 치료 등 대통령령으로 정하는 필요한 조치를 하여야 한다. 〈신설 2022. 1. 11.〉

③ 민원 처리 담당자는 행정기관의 장에게 제2항에 따른 조치를 요구할 수 있다. 〈신설 2022. 1. 11.〉

④ 행정기관의 장은 제3항에 따른 민원 처리 담당자의 요구를 이유로 해당 민원 처리 담당자에게 불이익을 주어서는 아니 된다. 〈신설 2022. 1. 11.〉

[제목개정 2022. 1. 11.]

제5조(민원인의 권리와 의무) ① 민원인은 행정기관에 민원을 신청하고 신속·공정·친절·적법한 응답을 받을 권리가 있다.

② 민원인은 민원을 처리하는 담당자의 적법한 민원 처리를 위한 요청에 협조하여야 하고, 행정기관에 부당한 요구를 하거나 다른 민원인에 대한 민원 처리를 지연시키는 등 공무를 방해하는 행위를 하여서는 아니 된다.

제6조(민원 처리의 원칙) ① 행정기관의 장은 관계법령등에서 정한 처리기간이 남아 있다거나 그 민원과 관련 없는 공과금 등을 미납하였다는 이유로 민원 처리를 지연시켜서는 아니 된다. 다만, 다른 법령에 특별한 규정이 있는 경우에는 그에 따른다.

② 행정기관의 장은 법령의 규정 또는 위임이 있는 경우를 제외하고는 민원 처리의 절차 등을 강화하여서는 아니 된다.

제7조(정보 보호) 행정기관의 장은 민원 처리와 관련하여 알게 된 민원의 내용과 민원인 및 민원의 내용에 포함되어 있는 특정인의 개인정보 등이 누설되지 아니하도록 필요한 조치를 강구하여야 하며, 수집된 정보가 민원 처리의 목적 외의 용도로 사용되지 아니하도록 하여야 한다.

제7조의2(민원의 날) ① 민원에 대한 이해와 인식 및 민원 처리 담당자의 자긍심을 높이기 위하여 매년 11월 24일을 민원의 날로 정한다.

② 국가와 지방자치단체는 민원의 날의 취지에 적합한 기념행사를 할 수 있다.

[본조신설 2022. 1. 11.]

제2장 민원의 처리

제1절 민원의 신청 및 접수 등

제8조(민원의 신청) 민원의 신청은 문서(「전자정부법」 제2조제7호에 따른 전자문서를 포함한다. 이하 같다)로 하여야 한다. 다만, 기타민원은 구술(口述) 또는 전화로 할 수 있다.

제8조의2(증명서류 또는 구비서류의 전자적 제출) ① 민원인은 민원의 처리에 필요한 증명서류나 구비서류를 「전자정부법」 제2조제7호에 따른 전자문서(이하 "전자문서"라 한다)나 같은 조 제8호에 따른 전자화문서(이하 "전자화문서"라 한다)로 제출할 수 있다. 다만, 행정기관이 전자문서나 전자화문서로 증명서류나 구비서류를 받을 수 있는 정보시스템을 구축하지 아니한 경우 등 대통령령으로 정하는 사유가 있는 경우에는 그러하지 아니하다.

② 제1항에 따라 전자문서 또는 전자화문서로 제출된 증명서류나 구비서류의 진본성(眞本性) 확인 등을 위하여 필요한 사항은 국회규칙, 대법원규칙, 헌법재판소규칙, 중앙선거관리위원회규칙 및 대통령령으로 정한다.[본조신설 2022. 1. 11.]

제9조(민원의 접수) ① 행정기관의 장은 민원의 신청을 받았을 때에는 다른 법령에 특별한 규정이 있는 경우를 제외하고는 그 접수를 보류하거나 거부할 수 없으며, 접수된 민원문서를 부당하게 되돌려 보내서는 아니 된다.

② 행정기관의 장은 민원을 접수하였을 때에는 해당 민원인에게 접수증을 내주어야 한다. 다만, 기타민원과 민원인이 직접 방문하지 아니하고 신청한 민원 및 처리기간이 '즉시'인 민원 등 대통령령으로 정하는 경우에는 접수증 교부를 생략할 수 있다.

③ 제1항 및 제2항에 따른 민원의 접수 등에 필요한 사항은 대통령령으로 정한다.

제10조(불필요한 서류 요구의 금지) ① 행정기관의 장은 민원을 접수·처리할 때에 민원인에게 관계법령 등에서 정한 구비서류 외의 서류를 추가로 요구하여서는 아니 된다.

② 행정기관의 장은 동일한 민원서류 또는 구비서류를 복수로 받는 경우에는 특별한 사유가 없으면 원본과 함께 그 사본의 제출을 허용하여야 한다.

③ 행정기관의 장은 민원을 접수·처리할 때에 다음 각 호의 어느 하나에 해당하는 경우에는 민원인에게 관련 증명서류 또는 구비서류의 제출을 요구할 수 없으며, 그 민원을 처리하는 담당자가 직접 이를 확인·처리하여야 한다. 〈개정 2022. 1. 11.〉

1. 민원인이 소지한 주민등록증·여권·자동차운전면허증 등 행정기관이 발급한 증명서로 그 민원의 처리에 필요한 내용을 확인할 수 있는 경우

2. 해당 행정기관의 공부(公簿) 또는 행정정보로 그 민원의 처리에 필요한 내용을 확인할 수 있는 경우

3. 「전자정부법」 제36조제1항에 따른 행정정보의 공동이용을 통하여 그 민원의 처리에 필요한 내용을 확인할 수 있는 경우

4. 행정기관이 증명서류나 구비서류를 다른 행정기관으로부터 전자문서로 직접 발급받아 그 민원의 처리에 필요한 내용을 확인할 수 있는 경우로서 민원인이 행정기관에 미리 해당 증명서류 또는 구비서류에 대하여 관계법령등에서 정한 수수료 등을 납부한 경우

④ 행정기관의 장이 제3항에 따라 증명서류나 구비서류를 확인·처리한 경우에는 관계법령등에서 정한 절차에 따라 증명서류나 구비서류를 확인·처리한 것으로 본다. 〈신설 2022. 1. 11.〉

⑤ 행정기관의 장은 제3항제3호에 따라 행정정보의 공동이용을 통하여 민원인의 증명서류 또는 구비서류 제출을 갈음하는 경우에는 증명서류나 구비서류의 발급기관의 장과 협의하여 해당 증명서류나 구비

서류에 대한 수수료를 감면할 수 있다. 〈신설 2022. 1. 11.〉

⑥ 행정기관의 장은 제3항제3호에 따라 행정정보의 공동이용을 통하여 그 내용을 확인할 수 있는 민원의 종류·범위와 그 밖에 필요한 사항을 인터넷 홈페이지 등을 통하여 공표하여야 한다. 〈신설 2022. 1. 11.〉

⑦ 행정기관의 장은 원래의 민원의 내용 변경 또는 갱신 신청을 받았을 때에는 특별한 사유가 없으면 이미 제출되어 있는 관련 증명서류 또는 구비서류를 다시 요구하여서는 아니 된다. 〈개정 2022. 1. 11.〉

⑧ 제3항부터 제6항까지의 규정에 따른 민원 처리에 필요한 내용의 확인 절차와 그 밖에 필요한 사항은 국회규칙, 대법원규칙, 헌법재판소규칙, 중앙선거관리위원회규칙 및 대통령령으로 정한다. 〈신설 2022. 1. 11.〉

제10조의2(민원인의 요구에 의한 본인정보 공동이용) ① 민원인은 행정기관이 컴퓨터 등 정보처리능력을 지닌 장치에 의하여 처리가 가능한 형태로 본인에 관한 행정정보를 보유하고 있는 경우 민원을 접수·처리하는 기관을 통하여 행정정보 보유기관의 장에게 본인에 관한 증명서류 또는 구비서류 등의 행정정보(법원의 재판사무·조정사무 및 그 밖에 이와 관련된 사무에 관한 정보는 제외한다)를 본인의 민원 처리에 이용되도록 제공할 것을 요구할 수 있다. 이 경우 민원을 접수·처리하는 기관의 장은 민원인에게 관련 증명서류 또는 구비서류의 제출을 요구할 수 없으며, 행정정보 보유기관의 장으로부터 해당 정보를 제공받아 민원을 처리하여야 한다.

② 제1항에 따른 요구를 받은 행정정보 보유기관의 장은 다음 각 호의 어느 하나에 해당하는 법률의 규정에도 불구하고 해당 정보를 컴퓨터 등 정보처리능력을 지닌 장치에 의하여 처리가 가능한 형태로 본인 또는 본인이 지정한 민원처리기관에 지체 없이 제공하여야 한다. 다만, 「개인정보 보호법」 제35조제4항에 따른 제한 또는 거절의 사유에 해당하는 경우에는 그러하지 아니하다.

1. 「전자정부법」 제39조
2. 「국세기본법」 제81조의13
3. 「관세법」 제116조
4. 「지방세기본법」 제86조
5. 「가족관계의 등록 등에 관한 법률」 제13조
6. 「부동산등기법」 제109조의2
7. 「주민등록법」 제30조
8. 「공간정보의 구축 및 관리 등에 관한 법률」 제76조
9. 「자동차관리법」 제69조
10. 「건축법」 제32조
11. 「상업등기법」 제21조
12. 그 밖에 제1호부터 제11호까지의 규정과 유사한 규정으로서 대통령령으로 정하는 법률의 관련 규정

③ 행정안전부장관은 제1항 및 제2항에 따라 민원인이 행정정보 보유기관의 장에게 요구할 수 있는 본인에 관한 행정정보의 종류를 보유기관의 장과 협의하여 정하고, 이를 국민에게 공표하여야 한다.

④ 행정안전부장관은 「전자정부법」 제37조에 따른 행정정보 공동이용센터를 통하여 안전하고 신뢰할 수 있는 방법으로 같은 법 제2조제13호에 따른 정보시스템을 연계하는 등 해당 행정정보의 위조·변조·훼손·유출 또는 오용·남용을 방지하여야 한다.

⑤ 행정기관의 장은 제1항부터 제3항까지의 규정에 따라 컴퓨터 등 정보처리능력을 지닌 장치에 의하여 처리가 가능한 형태로 행정정보를 제공하는 경우에는 다른 법률에도 불구하고 수수료를 감면할 수 있다.

⑥ 민원인은 제1항에 따라 본인에 관한 행정정보의 공동이용을 요구하는 경우 다음 각 호의 어느 하나에

해당하는 방법으로 해당 행정정보가 본인에 관한 것임을 증명하여야 한다.

1. 「전자정부법」 제10조에 따른 민원인의 본인 확인 방법
2. 행정기관이 보유하고 있는 지문 등의 생체정보를 이용하는 방법
3. 「주민등록법」 제35조제2호, 「도로교통법」 제137조제5항, 「여권법」 제23조의2제2항에 따라 신분증명서의 진위를 확인하는 방법

⑦ 제1항에 따라 다른 기관으로부터 행정정보를 제공받아 이용하는 행정기관의 장은 해당 행정정보가 위조·변조·훼손·유출 또는 오용·남용되지 아니하도록 적절한 보안대책을 마련하여야 하며, 행정안전부장관은 이에 대한 실태를 점검할 수 있다.

⑧ 제1항부터 제5항까지 및 제7항의 규정에 따른 본인에 관한 행정정보의 요구방법, 해당 행정정보의 제공방법·제공기준, 종류 및 그 세부유형, 수수료, 보안대책 및 실태점검 등에 필요한 사항은 국회규칙, 대법원규칙, 헌법재판소규칙, 중앙선거관리위원회규칙 및 대통령령으로 정한다.

[본조신설 2020. 10. 20.]

제11조(민원취약계층에 대한 편의제공) ① 행정기관의 장은 민원의 신청 및 접수·처리 과정에서 민원취약계층(장애인, 임산부, 노약자 및 「지능정보화 기본법」 제2조제13호에 따른 정보격차로 인하여 민원의 신청 등에 제약을 받는 사람을 말한다. 이하 같다)에 대한 편의를 제공하기 위하여 노력하여야 한다. 〈개정 2022. 1. 11.〉

② 행정기관의 장은 민원취약계층에 대하여 민원 처리에 따른 수수료를 감면할 수 있다. 〈신설 2022. 1. 11.〉

③ 제1항 및 제2항에서 규정한 사항 외에 민원취약계층에 대한 편의제공 및 수수료 감면 등에 필요한 사항은 국회규칙, 대법원규칙, 헌법재판소규칙, 중앙선거관리위원회규칙, 대통령령 및 조례로 정한다. 〈신설 2022. 1. 11.〉

[제목개정 2022. 1. 11.]

제12조(민원실의 설치) 행정기관의 장은 민원을 신속히 처리하고 민원인에 대한 안내와 상담의 편의를 제공하기 위하여 민원실을 설치할 수 있다.

제12조의2(전자민원창구 및 통합전자민원창구의 운영 등) ① 행정기관의 장은 민원인이 해당 기관을 직접 방문하지 아니하고도 민원을 처리할 수 있도록 관계법령등을 개선하고 민원의 전자적 처리를 위한 시설과 정보시스템을 구축하는 등 필요한 조치를 하여야 한다.

② 행정기관의 장은 제1항에 따른 조치로서 인터넷을 통하여 민원을 신청·접수받아 처리할 수 있는 정보시스템(이하 "전자민원창구"라 한다)을 구축·운영할 수 있다. 다만, 전자민원창구를 구축하지 아니한 경우에는 제3항에 따른 통합전자민원창구를 통하여 민원을 신청·접수받아 처리할 수 있다.

③ 행정안전부장관은 전자민원창구의 구축·운영을 지원하고 각 행정기관의 전자민원창구를 연계하기 위하여 통합전자민원창구를 구축·운영할 수 있다.

④ 민원인이 전자민원창구나 통합전자민원창구를 통하여 민원을 신청한 경우에는 관계법령등에 따라 해당 민원을 소관하는 행정기관에 민원을 신청한 것으로 본다.

⑤ 행정기관의 장은 전자민원창구나 통합전자민원창구를 통하여 민원을 처리하는 경우에는 다른 법률에도 불구하고 수수료를 감면할 수 있다.

⑥ 행정기관의 장은 전자민원창구나 통합전자민원창구를 통하여 민원을 신청한 민원인이 정보통신망을 이용한 전자화폐·전자결제 등의 방법으로 수수료를 납부하는 경우에는 해당 수수료 외에 별도의 업무처리비용을 함께 청구할 수 있다.

⑦ 전자민원창구 및 통합전자민원창구의 구축·운영,

제5항에 따라 수수료를 감면할 수 있는 민원의 범위 및 감면 비율과 제6항에 따른 업무처리비용의 청구 기준 등에 관하여 필요한 사항은 국회규칙, 대법원규칙, 헌법재판소규칙, 중앙선거관리위원회규칙 및 대통령령으로 정한다.

[본조신설 2022. 1. 11.]

제13조(민원 신청의 편의 제공) 행정기관의 장은 민원실(민원실이 설치되지 아니한 기관의 경우에는 문서의 접수·발송을 주관하는 부서를 말한다)에 민원 관련 법령·편람과 민원의 처리 기준과 절차 등 민원의 신청에 필요한 사항을 게시하고 이를 인터넷 홈페이지를 통하여 제공하는 등 민원인에게 민원 신청의 편의를 제공하여야 한다. 〈개정 2022. 1. 11.〉

[제목개정 2022. 1. 11.]

제14조(다른 행정기관 등을 이용한 민원의 접수·교부) ① 행정기관의 장은 민원인의 편의를 위하여 그 행정기관이 접수하고 처리결과를 교부하여야 할 민원을 다른 행정기관이나 특별법에 따라 설립되고 전국적 조직을 가진 법인 중 대통령령으로 정하는 법인으로 하여금 접수·교부하게 할 수 있다.

② 제1항에 따른 접수·교부의 절차 및 접수·처리·교부 기관 간 송부방법 등에 필요한 사항은 대통령령으로 정한다.

③ 제1항에 따라 민원을 접수·교부하는 법인의 임직원은 「형법」이나 그 밖의 법률에 따른 벌칙을 적용할 때에는 공무원으로 본다.

제15조(정보통신망을 이용한 다른 행정기관 소관 민원의 접수·교부) ① 행정기관의 장은 정보통신망을 이용하여 다른 행정기관 소관의 민원을 접수·교부할 수 있는 경우에는 이를 직접 접수·교부할 수 있다.

② 제1항에 따라 접수·교부할 수 있는 민원의 종류는 행정안전부장관이 관계 중앙행정기관의 장과 협의를 거쳐 결정·고시한다. 〈개정 2017. 7. 26.〉

제16조(민원문서의 이송) ① 행정기관의 장은 접수한 민원이 다른 행정기관의 소관인 경우에는 접수된 민원문서를 지체 없이 소관 기관에 이송하여야 한다.

② 제1항에 따른 민원문서의 이송 절차 및 방법 등에 필요한 사항은 대통령령으로 정한다.

제2절 민원의 처리기간·처리방법 등

제17조(법정민원의 처리기간 설정·공표) ① 행정기관의 장은 법정민원을 신속히 처리하기 위하여 행정기관에 법정민원의 신청이 접수된 때부터 처리가 완료될 때까지 소요되는 처리기간을 법정민원의 종류별로 미리 정하여 공표하여야 한다.

② 행정기관의 장은 제1항에 따른 처리기간을 정할 때에는 접수기관·경유기관·협의기관(다른 기관과 사전협의가 필요한 경우만 해당한다) 및 처분기관 등 각 기관별로 처리기간을 구분하여 정하여야 한다.

③ 행정기관의 장은 제1항 및 제2항에 따른 처리기간을 민원편람에 수록하여야 한다.

제18조(질의민원 등의 처리기간 등) 질의민원·건의민원·기타민원 및 고충민원의 처리기간 및 처리절차 등에 관하여는 대통령령으로 정한다.

제19조(처리기간의 계산) ① 민원의 처리기간을 5일 이하로 정한 경우에는 민원의 접수시각부터 "시간" 단위로 계산하되, 공휴일과 토요일은 산입(算入)하지 아니한다. 이 경우 1일은 8시간의 근무시간을 기준으로 한다.

② 민원의 처리기간을 6일 이상으로 정한 경우에는 "일" 단위로 계산하고 첫날을 산입하되, 공휴일과 토요일은 산입하지 아니한다.

③ 민원의 처리기간을 주·월·연으로 정한 경우에는 첫날을 산입하되, 「민법」 제159조부터 제161조까지의 규정을 준용한다.

제20조(관계 기관·부서 간의 협조) ① 민원을 처리하는 주무부서는 민원을 처리할 때 관계 기관·부서의 협조가 필요한 경우에는 민원을 접수한 후 지체 없이 그 민원의 처리기간 내에서 회신기간을 정하여 협조를 요청하여야 하며, 요청받은 기관·부서는 그 회신기간 내에 이를 처리하여야 한다.

② 협조를 요청받은 기관·부서는 제1항에 따른 회신기간 내에 그 민원을 처리할 수 없는 특별한 사정이 있는 경우에는 그 회신기간의 범위에서 한 차례만 기간을 연장할 수 있다.

③ 협조를 요청받은 기관·부서가 제2항에 따라 기간을 연장하려는 경우에는 제1항에 따른 회신기간이 끝나기 전에 그 연장사유·처리진행상황 및 회신예정일 등을 협조를 요청한 민원 처리 주무부서에 통보하여야 한다.

제21조(민원 처리의 예외) 행정기관의 장은 접수된 민원(법정민원을 제외한다. 이하 이 조에서 같다)이 다음 각 호의 어느 하나에 해당하는 경우에는 그 민원을 처리하지 아니할 수 있다. 이 경우 그 사유를 해당 민원인에게 통지하여야 한다.

1. 고도의 정치적 판단을 요하거나 국가기밀 또는 공무상 비밀에 관한 사항
2. 수사, 재판 및 형집행에 관한 사항 또는 감사원의 감사가 착수된 사항
3. 행정심판, 행정소송, 헌법재판소의 심판, 감사원의 심사청구, 그 밖에 다른 법률에 따라 불복구제절차가 진행 중인 사항
4. 법령에 따라 화해·알선·조정·중재 등 당사자 간의 이해 조정을 목적으로 행하는 절차가 진행 중인 사항
5. 판결·결정·재결·화해·조정·중재 등에 따라 확정된 권리관계에 관한 사항
6. 감사원이 감사위원회의 결정을 거쳐 행하는 사항
7. 각급 선거관리위원회의 의결을 거쳐 행하는 사항
8. 사인 간의 권리관계 또는 개인의 사생활에 관한 사항
9. 행정기관의 소속 직원에 대한 인사행정상의 행위에 관한 사항

제22조(민원문서의 보완·취하 등) ① 행정기관의 장은 접수한 민원문서에 보완이 필요한 경우에는 상당한 기간을 정하여 지체 없이 민원인에게 보완을 요구하여야 한다.

② 민원인은 해당 민원의 처리가 종결되기 전에는 그 신청의 내용을 보완하거나 변경 또는 취하할 수 있다. 다만, 다른 법률에 특별한 규정이 있거나 그 민원의 성질상 보완·변경 또는 취하할 수 없는 경우에는 그러하지 아니하다.

③ 제1항에 따른 민원문서의 보완 절차 및 방법 등에 필요한 사항은 대통령령으로 정한다.

제23조(반복 및 중복 민원의 처리) ① 행정기관의 장은 민원인이 동일한 내용의 민원(법정민원을 제외한다. 이하 이 조에서 같다)을 정당한 사유 없이 3회 이상 반복하여 제출한 경우에는 2회 이상 그 처리결과를 통지하고, 그 후에 접수되는 민원에 대하여는 종결처리할 수 있다.

② 행정기관의 장은 민원인이 2개 이상의 행정기관에 제출한 동일한 내용의 민원을 다른 행정기관으로부터 이송받은 경우에도 제1항을 준용하여 처리할 수 있다.

③ 행정기관의 장은 제1항 및 제2항에 따른 동일한 내용의 민원인지 여부에 대하여는 해당 민원의 성격, 종전 민원과의 내용적 유사성·관련성 및 종전 민원과 동일한 답변을 할 수 밖에 없는 사정 등을 종합적으로 고려하여 결정하여야 한다.

제24조(다수인관련민원의 처리) ① 다수인관련민원을 신청하는 민원인은 연명부(連名簿)를 원본으로 제출하여야 한다.

② 행정기관의 장은 다수인관련민원이 발생한 경우에는 신속·공정·적법하게 해결될 수 있도록 조치하여야 한다.

③ 다수인관련민원의 효율적인 처리와 관리에 필요한 사항은 대통령령으로 정한다.

제25조(민원심사관의 지정)
① 행정기관의 장은 민원 처리상황의 확인·점검 등을 위하여 소속 직원 중에서 민원심사관을 지정하여야 한다.

② 제1항에 따른 민원심사관의 업무 등에 필요한 사항은 대통령령으로 정한다.

제26조(처리민원의 사후관리)
행정기관의 장은 처리한 민원에 대하여 민원인의 만족 여부 및 개선사항 등을 조사하여 업무에 반영할 수 있다.

제3절 민원 처리결과의 통지 등

제27조(처리결과의 통지)
① 행정기관의 장은 접수된 민원에 대한 처리를 완료한 때에는 그 결과를 민원인에게 문서로 통지하여야 한다. 다만, 기타민원의 경우와 통지에 신속을 요하거나 민원인이 요청하는 등 대통령령으로 정하는 경우에는 구술, 전화, 문자메시지, 팩시밀리 또는 전자우편 등으로 통지할 수 있다. 〈개정 2022. 1. 11.〉

② 행정기관의 장은 다음 각 호의 어느 하나에 해당하는 경우에는 제1항 본문의 규정에 따른 통지를 전자문서로 통지하는 것으로 갈음할 수 있다. 다만, 제2호에 해당하는 경우에는 민원인이 요청하면 지체 없이 민원 처리 결과에 관한 문서를 교부하여야 한다. 〈신설 2022. 1. 11.〉

1. 민원인의 동의가 있는 경우

2. 민원인이 전자민원창구나 통합전자민원창구를 통하여 전자문서로 민원을 신청하는 경우

③ 행정기관의 장은 제1항 또는 제2항에 따라 민원의 처리결과를 통지할 때에 민원의 내용을 거부하는 경우에는 거부 이유와 구제절차를 함께 통지하여야 한다. 〈개정 2022. 1. 11.〉

④ 행정기관의 장은 제1항에 따른 민원의 처리결과를 허가서·신고필증·증명서 등의 문서(전자문서 및 전자화문서는 제외한다)로 민원인에게 직접 교부할 필요가 있는 때에는 그 민원인 또는 그 위임을 받은 자임을 확인한 후에 이를 교부하여야 한다. 〈개정 2022. 1. 11.〉

제28조(무인민원발급창구를 이용한 민원문서의 발급)
① 행정기관의 장은 무인민원발급창구를 통하여 민원문서(다른 행정기관 소관의 민원문서를 포함한다)를 발급할 수 있다.

② 제1항에 따라 민원문서를 발급하는 경우에는 다른 법률에도 불구하고 수수료를 감면할 수 있다.

③ 제1항에 따라 발급할 수 있는 민원문서의 종류는 행정안전부장관이 관계 행정기관의 장과의 협의를 거쳐 결정·고시한다. 〈개정 2017. 7. 26.〉

제28조의2(전자증명서의 발급)
① 행정기관의 장은 전자민원창구 또는 통합전자민원창구를 통하여 전자증명서(행정기관의 장이 특정한 사실이나 관계 등을 증명하기 위하여 전자문서 및 전자화문서로 발급하는 민원문서를 말한다. 이하 같다)를 발급할 수 있다.

② 제1항에 따라 전자증명서를 발급하는 경우 관계 법령등에 특별한 규정이 있는 경우를 제외하고는 수수료를 감면할 수 있다.

③ 제1항에 따라 발급할 수 있는 전자증명서의 종류는 행정안전부장관이 관계 행정기관의 장과의 협의를 거쳐 결정·고시한다.[본조신설 2022. 1. 11.]

제29조(민원수수료 등의 납부방법)
행정기관의 장은 민원인의 편의를 위하여 민원인이 현금·수입인지·수입증지 외에 정보통신망을 이용한 전자화폐·전자결제 등 다양한 방법으로 민원 처리에 따른 수수료 등을 납부할 수 있도록 조치하여야 한다. 〈개정 2022. 1. 11.〉

제4절 법정민원

제30조(사전심사의 청구 등) ① 민원인은 법정민원 중 신청에 경제적으로 많은 비용이 수반되는 민원 등 대통령령으로 정하는 민원에 대하여는 행정기관의 장에게 정식으로 민원을 신청하기 전에 미리 약식의 사전심사를 청구할 수 있다.

② 행정기관의 장은 제1항에 따라 사전심사가 청구된 법정민원이 다른 행정기관의 장과의 협의를 거쳐야 하는 사항인 경우에는 미리 그 행정기관의 장과 협의하여야 한다.

③ 행정기관의 장은 사전심사 결과를 민원인에게 문서로 통지하여야 하며, 가능한 것으로 통지한 민원의 내용에 대하여는 민원인이 나중에 정식으로 민원을 신청한 경우에도 동일하게 결정을 내릴 수 있도록 노력하여야 한다. 다만, 민원인의 귀책사유 또는 불가항력이나 그 밖의 정당한 사유로 이를 이행할 수 없는 경우에는 그러하지 아니하다.

④ 행정기관의 장은 제1항에 따른 사전심사 제도를 효율적으로 운영하기 위하여 필요한 법적·제도적 장치를 마련하여 시행하여야 한다.

제31조(복합민원의 처리) ① 행정기관의 장은 복합민원을 처리할 주무부서를 지정하고 그 부서로 하여금 관계 기관·부서 간의 협조를 통하여 민원을 한꺼번에 처리하게 할 수 있다.

② 제1항에 따른 복합민원의 처리 방법 및 절차 등에 필요한 사항은 대통령령으로 정한다.

제32조(민원 1회방문 처리제의 시행) ① 행정기관의 장은 복합민원을 처리할 때에 그 행정기관의 내부에서 할 수 있는 자료의 확인, 관계 기관·부서와의 협조 등에 따른 모든 절차를 담당 직원이 직접 진행하도록 하는 민원 1회방문 처리제를 확립함으로써 불필요한 사유로 민원인이 행정기관을 다시 방문하지 아니하도록 하여야 한다.

② 행정기관의 장은 제1항에 따른 민원 1회방문 처리에 관한 안내와 상담의 편의를 제공하기 위하여 민원 1회방문 상담창구를 설치하여야 한다.

③ 제1항에 따른 민원 1회방문 처리제는 다음 각 호의 절차에 따라 시행한다.

1. 제2항에 따른 민원 1회방문 상담창구의 설치·운영
2. 제33조에 따른 민원후견인의 지정·운영
3. 복합민원을 심의하기 위한 실무기구의 운영
4. 제3호의 실무기구의 심의결과에 대한 제34조에 따른 민원조정위원회의 재심의(再審議)
5. 행정기관의 장의 최종 결정

제33조(민원후견인의 지정·운영) 행정기관의 장은 민원 1회방문 처리제의 원활한 운영을 위하여 민원처리에 경험이 많은 소속 직원을 민원후견인으로 지정하여 민원인을 안내하거나 민원인과 상담하게 할 수 있다.

제34조(민원조정위원회의 설치·운영) ① 행정기관의 장은 다음 각 호의 사항을 심의하기 위하여 민원조정위원회를 설치·운영하여야 한다.

1. 장기 미해결 민원, 반복 민원 및 다수인관련민원에 대한 해소·방지 대책
2. 거부처분에 대한 이의신청
3. 민원처리 주무부서의 법규적용의 타당성 여부와 제32조제3항제4호에 따른 재심의
4. 그 밖에 대통령령으로 정하는 사항

② 제1항의 민원조정위원회의 구성 및 운영 등에 필요한 사항은 대통령령으로 정한다.

제35조(거부처분에 대한 이의신청) ① 법정민원에 대한 행정기관의 장의 거부처분에 불복하는 민원인은 그 거부처분을 받은 날부터 60일 이내에 그 행정기관의 장에게 문서로 이의신청을 할 수 있다.

② 행정기관의 장은 이의신청을 받은 날부터 10일

이내에 그 이의신청에 대하여 인용 여부를 결정하고 그 결과를 민원인에게 지체 없이 문서로 통지하여야 한다. 다만, 부득이한 사유로 정하여진 기간 이내에 인용 여부를 결정할 수 없을 때에는 그 기간의 만료일 다음 날부터 기산(起算)하여 10일 이내의 범위에서 연장할 수 있으며, 연장 사유를 민원인에게 통지하여야 한다.

③ 민원인은 제1항에 따른 이의신청 여부와 관계없이 「행정심판법」에 따른 행정심판 또는 「행정소송법」에 따른 행정소송을 제기할 수 있다.

④ 제1항에 따른 이의신청의 절차 및 방법 등에 필요한 사항은 대통령령으로 정한다.

제3장 민원제도의 개선 등

제36조(민원처리기준표의 고시 등) ① 행정안전부장관은 민원인의 편의를 위하여 관계법령등에 규정되어 있는 민원의 처리기관, 처리기간, 구비서류, 처리절차, 신청방법 등에 관한 사항을 종합한 민원처리기준표를 작성하여 관보에 고시하고 통합전자민원창구에 게시하여야 한다. 〈개정 2017. 7. 26., 2022. 1. 11.〉

② 행정기관의 장은 관계법령등의 제정·개정 또는 폐지 등으로 제1항에 따라 고시된 민원처리기준표를 변경할 필요가 있으면 즉시 그 내용을 행정안전부장관에게 통보하여야 하며, 행정안전부장관은 그 내용을 관보에 고시하고 통합전자민원창구에 게시한 후 제1항에 따른 민원처리기준표에 반영하여야 한다. 〈개정 2017. 7. 26.〉

③ 행정안전부장관은 민원의 간소화를 위하여 필요하다고 인정하는 경우에는 관계 행정기관의 장에게 관계법령등에 규정되어 있는 처리기간, 구비서류, 처리절차, 신청방법 등의 개정을 요청할 수 있다. 〈개정 2017. 7. 26.〉

제37조(민원처리기준표의 조정 등) ① 행정안전부장관은 제36조에 따라 민원처리기준표를 작성·고시할 때에 민원의 간소화를 위하여 필요하다고 인정하는 경우에는 관계 행정기관의 장과 협의를 거쳐 관계법령등이 개정될 때까지 잠정적으로 관계법령등에 규정되어 있는 처리기간과 구비서류를 줄이거나 처리절차·신청방법을 변경할 수 있다. 〈개정 2017. 7. 26.〉

② 행정기관의 장은 제1항에 따라 민원처리기준표가 조정·고시된 경우에는 이에 따라 민원을 처리하여야 하며, 중앙행정기관의 장은 민원처리기준표의 조정 또는 변경된 내용에 따라 관계법령등을 지체 없이 개정·정비하여야 한다.

제38조(민원행정 및 제도개선 계획 등) ① 행정안전부장관은 매년 민원행정 및 제도개선에 관한 기본지침을 작성하여 행정기관의 장에게 통보하여야 한다. 〈개정 2017. 7. 26.〉

② 행정기관의 장은 제1항에 따른 기본지침에 따라 그 기관의 특성에 맞는 민원행정 및 제도개선 계획을 수립·시행하여야 한다.

제39조(민원제도의 개선) ① 행정기관의 장은 민원제도에 대한 개선안을 발굴·개선하도록 노력하여야 한다.

② 행정기관의 장은 제1항에 따라 개선한 내용을 대통령령으로 정하는 바에 따라 행정안전부장관에게 통보하여야 한다. 〈개정 2017. 7. 26.〉

③ 행정기관의 장과 민원을 처리하는 담당자는 민원제도에 대한 개선안을 행정안전부장관 또는 그 민원의 소관 행정기관의 장에게 제출할 수 있다. 〈개정 2017. 7. 26.〉

④ 행정안전부장관은 제3항에 따라 제출받은 개선안을 검토하여 필요한 경우에는 그 소관 행정기관의 장에게 통보하여 검토하도록 하여야 한다. 〈개정 2017. 7. 26.〉

⑤ 제3항 및 제4항에 따라 개선안을 제출·통보받은 소관 행정기관의 장은 그 수용 여부를 결정하여야 하며, 행정안전부장관은 행정기관의 장이 수용하지 아니하기로 한 사항 중 개선할 필요성이 있다고 인정되는 사항에 대하여는 소관 행정기관의 장에게 개선을 권고할 수 있다. 〈개정 2017. 7. 26.〉

⑥ 행정기관의 장이 제5항에 따라 행정안전부장관으로부터 권고 받은 사항을 수용하지 아니하는 경우 행정안전부장관은 제40조에 따른 민원제도개선조정회의에 심의를 요청할 수 있다. 〈개정 2017. 7. 26.〉

제40조(민원제도개선조정회의) ① 여러 부처와 관련된 민원제도 개선사항을 심의·조정하기 위하여 국무총리 소속으로 민원제도개선조정회의(이하 "조정회의"라 한다)를 둔다.

② 조정회의는 여러 부처와 관련된 민원제도 개선사항, 제39조제6항에 따른 심의요청 사항 등 대통령령으로 정하는 사항을 심의·조정한다.

③ 조정회의의 구성·운영과 그 밖에 필요한 사항은 대통령령으로 정한다.

제41조(민원의 실태조사 및 간소화) ① 중앙행정기관의 장은 매년 그 기관이 관장하는 민원의 처리 및 운영 실태를 조사하여야 한다.

② 중앙행정기관의 장은 제1항에 따른 조사 결과에 따라 소관 민원의 구비서류, 처리절차 등의 간소화 방안을 마련하여야 한다.

제42조(확인·점검·평가 등) ① 행정안전부장관은 효과적인 민원행정 및 제도의 개선을 위하여 필요하다고 인정할 때에는 행정기관에 대하여 민원의 개선 상황과 운영 실태를 확인·점검·평가하고 그 결과를 해당 행정기관의 장에게 통보할 수 있다. 〈개정 2017. 7. 26., 2022. 1. 11.〉

② 행정기관의 장은 제1항에 따른 확인·점검·평가 결과를 통보받은 경우에는 이를 해당 행정기관의 인터넷 홈페이지에 공개하여야 한다. 〈신설 2022. 1. 11.〉

③ 행정안전부장관은 제1항에 따른 확인·점검·평가 결과 민원의 개선에 소극적이거나 이행 상태가 불량하다고 판단되는 경우 국무총리에게 이를 시정하기 위하여 필요한 조치를 건의할 수 있다. 〈개정 2017. 7. 26., 2022. 1. 11.〉

④ 제1항부터 제3항까지에서 규정한 사항 외에 확인·점검·평가 결과의 공개 등에 필요한 사항은 대통령령으로 정한다. 〈신설 2022. 1. 11.〉

제43조(행정기관의 협조) 행정기관의 장은 이 법에 따라 행정안전부장관이 실시하는 민원 관련 자료수집과 민원제도 개선사업에 적극 협조하여야 한다. 〈개정 2017. 7. 26.〉

제44조(민원행정에 관한 여론 수집) ① 행정안전부장관은 행정기관의 민원 처리에 관하여 필요한 경우 국민들의 여론을 수집하여 민원행정제도 및 그 운영의 개선에 반영할 수 있다. 〈개정 2017. 7. 26.〉

② 제1항에 따른 여론 수집에 필요한 사항은 대통령령으로 정한다.

제45조 삭제 〈2022. 1. 11.〉

제4장 보칙 〈신설 2022. 1. 11.〉

제46조(권한의 위탁) 이 법에 따른 행정안전부장관의 권한은 대통령령으로 정하는 바에 따라 그 일부를 국민권익위원회에 위탁할 수 있다.

[본조신설 2022. 1. 11.]

부칙〈제18748호, 2022. 1. 11.〉(행정절차법)

제1조(시행일) 이 법은 공포 후 6개월이 경과한 날부터 시행한다. 〈단서 생략〉

제2조 부터 제6조까지 생략

제7조(다른 법률의 개정) 민원 처리에 관한 법률 일부를 다음과 같이 개정한다.

제45조를 삭제한다.

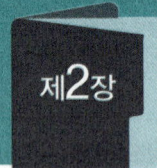

민원 처리에 관한 법률 시행령

민원 처리에 관한 법률 시행령
(약칭 : 민원처리법 시행령)

제1장 총칙

제1조(목적) 이 영은 「민원 처리에 관한 법률」에서 위임된 사항과 그 시행에 필요한 사항을 규정함을 목적으로 한다.

제2조(민원인 및 공공기관의 범위) ① 「민원 처리에 관한 법률」(이하 "법"이라 한다) 제2조제2호 단서에서 "행정기관(사경제의 주체로서 제기하는 경우는 제외한다), 행정기관과 사법(私法)상 계약관계(민원과 직접 관련된 계약관계만 해당한다)에 있는 자, 성명·주소 등이 불명확한 자 등 대통령령으로 정하는 자"란 다음 각 호의 어느 하나에 해당하는 자를 말한다.

1. 행정기관에 처분 등 특정한 행위를 요구하는 행정기관[행정기관이 사경제(私經濟)의 주체로서 요구하는 경우는 제외한다]
2. 행정기관과 사법(私法)상의 계약관계가 있는 자로서 계약관계와 직접 관련하여 행정기관에 처분 등 특정한 행위를 요구하는 자
3. 행정기관에 처분 등 특정한 행위를 요구하는 자로서 성명·주소(법인 또는 단체의 경우에는 그 명칭, 사무소 또는 사업소의 소재지와 대표자의 성명) 등이 불명확한 자

② 법 제2조제3호나목5)에서 "대통령령으로 정하는 법인·단체 또는 기관"이란 다음 각 호의 어느 하나에 해당하는 법인·단체 또는 기관을 말한다.

1. 「정부출연연구기관 등의 설립·운영 및 육성에 관한 법률」 제8조제1항에 따른 연구기관
2. 「과학기술분야 정부출연연구기관 등의 설립·운영 및 육성에 관한 법률」 제8조제1항에 따른 연구기관

제3조(민원인 등의 정보 보호) ① 행정기관의 장은 법 제7조에 따른 정보 보호의 실태를 확인·점검하고, 민원을 처리하는 담당자(이하 "담당자"라 한다)에게 연 1회 이상 정보 보호에 필요한 교육을 실시하여야 한다.

② 행정기관의 장은 제1항에 따른 확인·점검 결과 법령위반 사실을 발견하거나 정보 보호 조치가 미흡하다고 판단되는 경우에는 지체 없이 이를 시정하고, 담당자에 대하여 징계 또는 그 밖에 필요한 조치를 하여야 한다.

제4조(민원 처리 담당자의 보호) ① 법 제4조제2항에서 "민원 처리 담당자의 신체적·정신적 피해의 예방 및 치료 등 대통령령으로 정하는 필요한 조치"란 다음 각 호의 조치를 말한다. 〈개정 2022. 7. 11.〉

1. 민원 처리 담당자의 안전을 보장하기 위한 영상정보처리기기·호출장치·보호조치음성안내 등 안전장비의 설치 및 안전요원 등의 배치
2. 민원인의 폭언·폭행 등이 발생하였거나 발생하려는 때에 증거 수집 등을 위하여 불가피한 조치로서 휴대용 영상음성기록장비, 녹음전화 등의 운영
3. 폭언·폭행 등으로 민원 처리를 지연시키거나 방해하는 민원인에 대한 퇴거 조치

4. 민원인의 폭언·폭행 등이 발생한 경우 민원인으로부터 민원 처리 담당자를 보호하기 위한 조치로서 민원 처리 담당자의 분리 또는 업무의 일시적 중단

5. 민원인의 폭언·폭행 등으로 인한 신체적·정신적 피해의 치료 및 상담 지원

6. 민원인의 폭언·폭행 등으로 고소·고발 또는 손해배상 청구 등이 발생한 경우 민원 처리 담당자를 지원하기 위한 조치로서 관할 수사기관 또는 법원에 증거물·증거서류 제출 등 필요한 지원

② 행정기관의 장은 민원인과 민원 처리 담당자 간에 고소·고발 또는 손해배상 청구 등이 발생한 경우 이에 대응하는 업무를 총괄하는 전담부서를 지정해야 한다. 〈신설 2022. 7. 11.〉

③ 행정기관의 장은 민원 처리 담당자의 민원 처리 과정에서의 행위와 관련하여 인사상 불이익 조치 등을 하려는 경우에는 그 발생 경위 등을 충분히 고려해야 한다. 〈신설 2022. 7. 11.〉

④ 국가, 지방자치단체 및 법 제2조제3호나목·다목에 따른 행정기관의 장은 제1항의 조치를 위하여 필요한 사항을 관계 법령이나 자치법규 등으로 정할 수 있다. 〈신설 2022. 7. 11.〉

[제목개정 2022. 7. 11.]

제2장 민원의 처리

제1절 민원의 신청 및 접수 등

제5조(민원의 신청 방법) 민원인 또는 그 위임을 받은 사람이 직접 방문할 필요가 없는 민원은 팩스·인터넷 등 정보통신망(「전자정부법」제2조제10호에 따른 정보통신망을 말한다. 이하 같다) 또는 우편 등으로 신청할 수 있다.

제5조의2(증명서류 또는 구비서류의 전자적 제출의 예외) ① 법 제8조의2제1항 단서에서 "정보시스템을 구축하지 아니한 경우 등 대통령령으로 정하는 사유"란 다음 각 호의 어느 하나에 해당하는 경우를 말한다.

1. 행정기관이 전자문서나 전자화문서로 증명서류나 구비서류를 받을 수 있는 정보시스템을 구축하지 않은 경우

2. 정보시스템의 장애로 전자문서나 전자화문서로 증명서류나 구비서류를 받기 어려운 경우

3. 민원인이 발송한 전자문서나 전자화문서가 정보시스템을 통해 판독할 수 없는 상태로 수신된 경우

4. 제1호부터 제3호까지의 경우 외에 전자문서나 전자화문서의 제출이나 수신 등에 관하여 다른 법령에 별도의 규정이 있는 경우

② 행정기관의 장은 제1항 각 호의 사유로 민원의 처리에 필요한 증명서류나 구비서류를 전자문서나 전자화문서로 받을 수 없는 경우 그 사실을 민원인에게 지체 없이 알리고, 방문·우편·팩스 등 다른 방법을 활용하여 제출할 수 있도록 안내해야 한다.

[본조신설 2022. 7. 11.]

제5조의3(제출된 전자화문서의 진본성 확인) ① 행정기관의 장은 민원인이 법 제8조의2제1항에 따라 제출한 전자화문서가 다른 행정기관이 발급한 문서와 일치하는지에 대해 다른 행정기관에 그 확인을 요청할 수 있다.

② 제1항에 따라 확인을 요청받은 행정기관의 장은 그 진본성(眞本性)을 확인해 주어야 한다.

③ 제1항 및 제2항에 따른 전자화문서의 진본성 확인을 위한 기술적인 대책 마련, 전자화문서의 형태 및 관리시스템의 구축 등에 관하여는 「전자정부법 시행령」 제6조제2항부터 제4항까지의 규정을 준용한다.

[본조신설 2022. 7. 11.]

제6조(민원의 접수) ① 민원은 민원실[법 제12조의 2제2항에 따른 전자민원창구(이하 "전자민원창구"라 한다)를 포함한다. 이하 같다]에서 접수한다. 다만, 민원실이 설치되어 있지 아니한 경우에는 문서의 접수·발송을 주관하는 부서(이하 "문서담당부서"라 한다) 또는 민원을 처리하는 주무부서(이하 "처리주무부서"라 한다)에서 민원을 접수한다. 〈개정 2022. 7. 11.〉

② 행정기관의 장은 제1항에 따라 민원을 접수하였을 때에는 그 순서에 따라 민원 처리부에 기록하고 해당 민원인에게 접수증을 발급하여야 한다.

③ 법 제9조제2항 단서에서 "기타민원과 민원인이 직접 방문하지 아니하고 신청한 민원 및 처리기간이 '즉시'인 민원 등 대통령령으로 정하는 경우"란 다음 각 호의 어느 하나에 해당하는 민원인 경우를 말한다.

1. 기타민원
2. 제5조에 따라 민원인이 직접 방문하지 아니하고 신청한 민원
3. 처리기간이 '즉시'인 민원
4. 접수증을 갈음하는 문서를 주는 민원

④ 행정기관의 장은 제1항에 따라 민원을 접수하였을 때에는 구비서류의 완비 여부, 처리 기준과 절차, 예상 처리소요기간, 필요한 현장확인 또는 조사 예정시기 등을 해당 민원인에게 안내하여야 한다.

⑤ 행정기관의 장은 민원을 접수할 때 필요하다고 인정되는 경우에는 해당 민원인 본인 또는 그 위임을 받은 사람이 맞는지 확인할 수 있다.

⑥ 행정기관의 장은 5명 이상의 민원인으로부터 동일한 취지의 민원을 접수할 때에는 이를 병합하여 접수할 수 있다. 〈신설 2022. 7. 11.〉

⑦ 행정기관의 장은 전자민원창구를 통하여 민원이 신청된 경우에는 그 민원이 소관 행정기관의 전자민원창구에 도달한 때부터 8근무시간 이내에 접수해야 한다. 〈신설 2022. 7. 11.〉

제7조(신청서 및 구비서류) ① 행정기관의 장은 신청서의 기재사항을 그 민원의 처리에 필요한 최소한의 범위로 한정하여야 하며, 민원인이 신청서를 쉽게 작성할 수 있도록 신청 서식을 명확하게 정하여야 한다.

② 행정기관의 장은 민원의 신청과 관련된 구비서류를 정하는 경우에는 신청서의 기재사항이 사실인지 확인하거나 그 민원의 처리에 필요한 최소한의 범위에서 구체적으로 정하여야 한다.

③ 신청서 및 구비서류의 제출부수는 민원의 처리에 필요한 최소한으로 한정하여야 한다.

제7조의2(증명서류 또는 구비서류의 전자적 확인 등) ① 법 제10조제3항제3호 및 제4호에 따른 민원 처리를 원하는 민원인은 민원을 신청할 때 다음 각 호의 사항을 구체적으로 적은 문서(전자문서를 포함한다)를 제출해야 한다.

1. 증명서류 또는 구비서류 발급기관의 명칭
2. 증명서류 또는 구비서류의 명칭
3. 증명서류 또는 구비서류의 발급을 필요로 하는 민원사무의 명칭
4. 그 밖에 증명서류 또는 구비서류의 발급에 필요한 사항

② 행정기관과 증명서류발급기관(법 제10조제3항제4호에 따른 증명서류 또는 구비서류 발급기관을 말한다. 이하 같다)은 정보시스템 장애로 증명서류 또는 구비서류를 전자문서로 보내거나 받을 수 없는 경우에는 우편 등으로 증명서류 또는 구비서류를 보내거나 받을 수 있다.

③ 행정기관의 장이 법 제10조제3항제3호 및 제4호에 따른 민원을 처리하는 경우에는 그 처리기간에 증명서류 또는 구비서류의 발급 및 확인에 걸리는 기간은 산입하지 않는다.

④ 행정기관의 장이 법 제10조제3항제4호에 따른 증명서류 또는 구비서류의 발급을 요청하는 경우에는 증명서류발급기관에 민원인이 납부한 수수료를 송금해야 한다. 다만, 증명서류 또는 구비서류의 발급을 요청하는 행정기관과 증명서류발급기관의 수수료가 귀속되는 회계가 같은 경우에는 수수료를 송금하지 않고 그 행정기관의 세입으로 한다.

[본조신설 2022. 7. 11.]

[종전 제7조의2는 제7조의3으로 이동 〈2022. 7. 11.〉]

제7조의3(민원인의 요구에 의한 본인정보 공동이용)

① 민원인은 법 제10조의2제1항에 따라 본인에 관한 행정정보(이하 "본인정보"라 한다)의 제공을 요구하는 경우에는 본인정보의 종류, 접수하려는 민원 및 민원처리기관을 명시하여 민원접수기관의 장에게 신청해야 한다.

② 제1항에 따른 신청을 받은 민원접수기관의 장은 그 내용을 지체 없이 행정정보 보유기관의 장에게 전달해야 한다.

③ 제2항에 따라 본인정보 제공 요구를 전달받은 행정정보 보유기관의 장은 법 제10조의2제2항에 따라 해당 민원처리기관에 본인정보를 제공해야 한다.

④ 행정정보 보유기관의 장은 「개인정보 보호법」 제35조제4항에 따른 제한 또는 거절의 사유 등으로 제3항에 따른 본인정보 제공을 거절한 경우에는 지체 없이 해당 사실 및 그 사유를 민원접수기관을 통하여 민원인에게 알려야 한다.

⑤ 행정정보 보유기관의 장은 전산시스템 장애 등으로 제3항에 따른 본인정보 제공이 지연되거나 어려운 경우에는 지체 없이 해당 사실 및 그 사유를 민원접수기관을 통하여 민원인에게 알리고, 그 사유가 해소된 즉시 본인정보를 제공해야 한다.

⑥ 법 제10조의2제2항제12호에서 "대통령령으로 정하는 법률의 관련 규정"이란 「과세자료의 제출 및 관리에 관한 법률」 제11조제1항 본문을 말한다.

⑦ 법 제10조의2제3항 및 제8항에 따라 행정안전부장관이 행정정보 보유기관의 장과 협의하여 정할 수 있는 본인정보의 종류 및 세부유형은 다음 각 호와 같다.

1. 개인의 신원에 관한 다음 각 목의 본인정보

   가. 주민등록표 등 개인의 신원에 관한 사실을 확인하기 위하여 필요한 본인정보

   나. 병적증명서 등 개인의 경력에 관한 사항 등을 확인하기 위하여 필요한 본인정보

2. 등기사항증명서 등 법인 또는 그 밖의 단체의 지위 및 성격을 파악하기 위하여 필요한 본인정보

3. 개인 또는 법인, 그 밖의 단체(이하 "개인등"이라 한다)의 자격의 증명에 관한 다음 각 목의 본인정보

   가. 국가기술자격 증명 등 개인등의 자격을 확인하기 위하여 필요한 본인정보

   나. 인가·허가 등 행정청의 처분의 존재 여부를 확인하기 위하여 필요한 본인정보

4. 물건 또는 법률상의 권리에 관한 다음 각 목의 본인정보

   가. 부동산등기부 또는 자동차등록증 등 부동산 또는 동산의 권리를 확인하기 위하여 필요한 본인정보

   나. 특허등록원부 등 법률상 등록 또는 등기된 권리의 내용에 관한 본인정보

5. 토지 등 특정한 물건이나 그 밖의 권리의 소재(所在)·형상 및 그에 대한 평가를 확인하기 위하여 필요한 다음 각 목의 본인정보

   가. 지적도, 임야도 등 특정한 부동산의 소재, 그 현황 등에 대하여 행정기관이 작성한 본인정보

   나. 개별공시지가 확인서 등 특정한 물건에 대한 객관적인 평가 또는 가치 등에 대하여 행정기관이 작성한 정보로서 다른 개인등의 업무수행에 필요한 본인정보

6. 개인등의 행위에 대한 사실을 증명하기 위하여 필요한 다음 각 목의 본인정보

   가. 출입국증명, 국내거소사실증명 등 개인의 소재 및 지위 등의 확인을 위하여 필요한 본인정보
   나. 납세증명, 각종 등록확인증 등 개인등의 법령에 따른 행위의 존재 여부 및 법령상의 의무 준수 여부를 확인하기 위하여 필요한 본인정보

7. 그 밖에 행정기관이 민원처리 등 소관 업무를 수행하는 데에 반드시 필요한 본인정보

⑧ 본인정보를 제공받으려는 민원처리기관의 장은 법 제10조의2제7항에 따라 암호화, 전산시스템 접근통제 및 접속기록관리 등의 보안대책을 마련해야 한다.

⑨ 행정안전부장관은 제8항에 따른 보안대책 수립에 필요한 세부 기준을 정할 수 있다.

⑩ 행정안전부장관은 법 제10조의2제7항에 따라 실태점검을 하는 경우 민원처리기관의 장에게 점검항목·절차 및 시기 등을 미리 알려야 하고, 필요한 자료의 제출을 요구할 수 있다.

⑪ 민원처리기관은 법 제10조의2에 따라 본인정보의 공동이용에 관한 사무를 수행하기 위하여 불가피한 경우「개인정보 보호법」제23조에 따른 건강에 관한 정보나 같은 법 시행령 제19조제1호부터 제4호까지의 규정에 따른 주민등록번호, 여권번호, 운전면허의 면허번호 또는 외국인등록번호가 포함된 자료를 처리할 수 있다.

⑫ 제1항부터 제11항까지에서 규정한 사항 외에 민원인의 요구에 의한 본인정보 공동이용에 필요한 사항은 행정안전부장관이 정하여 고시한다.

[본조신설 2021. 10. 5.]

[제7조의2에서 이동, 종전 제7조의3은 제7조의4로 이동 〈2022. 7. 11.〉]

제7조의4(민원인의 요구에 의한 본인정보 정기적 공동이용) ① 민원인이 제7조의3제1항에 따라 본인정보 제공을 요구할 때에는 행정정보 보유기관의 장에게 본인정보의 정확성 및 최신성이 유지될 수 있도록 정기적으로 같은 내역의 본인정보를 민원처리기관에 제공할 것을 요구할 수 있다. 〈개정 2022. 7. 11.〉

② 제1항에 따라 정기적인 본인정보 제공을 요구한 민원인은 그 요구를 철회할 수 있다.

③ 제1항 및 제2항에서 규정한 사항 외에 정기적 공동이용 및 철회의의 방법·절차에 필요한 사항은 행정안전부장관이 정하여 고시한다.

[본조신설 2021. 10. 5.]

[제7조의3에서 이동 〈2022. 7. 11.〉]

제8조(다수 민원인 중 대표자의 선정) ① 행정기관의 장은 3명 이상의 민원인이 대표자를 정하지 아니하고 같은 민원문서를 연명(連名)으로 제출한 경우에는 일정한 기간을 정하여 민원인 중에서 3명 이내의 대표자를 선정하여 통보할 것을 요청할 수 있다. 이 경우 행정기관의 장은 해당 민원의 성격, 처리절차 및 방법 등을 고려하여 3명 이내의 범위에서 적절한 대표자 수를 민원인에게 제시할 수 있다.

② 행정기관의 장은 제1항에 따라 대표자로 선정하여 통보할 것을 요청 받은 3명 이상의 민원인이 정해진 기간 내에 대표자를 선정하여 통보하지 아니한 경우에는 3명 이상의 민원인 중 3명 이내를 대표자로 직접 선정할 수 있다.

③ 제1항의 요청에 따라 선정된 대표자와 제2항에 따라 선정된 대표자는 해당 민원의 민원인으로 본다.

제8조의2(민원취약계층의 범위 및 편의제공 등) ① 법 제11조제1항에 따라 행정기관(지방자치단체와 그 소속기관은 제외한다. 이하 이 조에서 같다)의 장이 편의를 제공하기 위해 노력해야 하는 민원취약계층은 다음 각 호의 사람으로 한다.

1. 「장애인복지법」 제32조에 따라 등록된 장애인
2. 65세 이상인 사람
3. 「국민기초생활 보장법」에 따른 수급자
4. 「재한외국인 처우 기본법」에 따른 결혼이민자
5. 「북한이탈주민의 보호 및 정착지원에 관한 법률」에 따른 보호대상자
6. 「모자보건법」 제8조제1항에 따라 임신 또는 분만 사실을 신고한 임산부
7. 제1호부터 제6호까지의 사람 외에 신체적·정신적·언어적 능력 등에서 어려움이 있어 민원 편의 제공이 필요하다고 행정기관의 장이 인정하는 사람

② 행정기관의 장은 법 제11조제1항에 따라 민원취약계층에 대해 다음 각 호의 편의를 제공할 수 있다.

1. 휠체어, 점자 안내책자, 보청기기, 돋보기 등 편의용품 비치
2. 민원취약계층 전용 민원창구의 설치 및 운영
3. 정보시스템을 이용한 민원 처리 방법 등에 대한 안내 및 교육
4. 제1호부터 제3호까지의 사항 외에 행정기관의 장이 민원 편의를 위하여 필요하다고 인정하는 사항

③ 법 제11조제2항에 따른 민원취약계층에 대한 행정기관의 장의 민원 처리 수수료의 감면 비율이나 감면 금액은 법 제12조의2제5항에 따른 감면 비율이나 감면 금액 이상으로 한다. 다만, 다른 법령에 특별한 규정이 있는 경우에는 해당 규정에서 정하는 바에 따른다.

④ 행정기관의 장은 제3항에 따라 민원취약계층에 대한 민원 처리 수수료의 감면 비율이나 감면 금액을 정한 경우 이를 행정기관의 인터넷 홈페이지 등을 통해 공개해야 한다.

[본조신설 2022. 7. 11.]

제8조의3(민원실의 운영) ① 법 제12조에 따른 민원실의 1일 운영시간은 오전 9시부터 오후 6시까지로 한다.

② 행정기관의 장은 민원인 접근의 편의를 위하여 행정기관 외의 공공장소 등에 다양한 형태의 민원실을 설치하여 운영할 수 있다.

③ 제1항 및 제2항에 따른 민원실의 운영시간이나 운영방법은 각 행정기관의 특성에 따라 행정안전부령 또는 해당 지방자치단체의 조례로 달리 정할 수 있다.

[본조신설 2022. 7. 11.]

제9조(민원실) ① 민원실의 장은 민원이 신속히 처리될 수 있도록 그 처리에 관한 모든 진행과정을 확인·관리하여야 한다.

② 행정기관의 장은 소속 직원 중에서 행정실무경험이 풍부하고 근무태도가 성실한 사람을 민원실에 배치하여야 하며, 필요하다고 인정하는 경우에는 관계 기관의 장에게 소속 직원의 파견을 요청할 수 있다.

③ 행정기관의 장은 민원실에 2년 이상 근무한 사람을 전보 시 우대할 수 있다.

④ 행정기관의 장은 민원인에 대한 안내와 상담을 위하여 필요하다고 인정되는 경우에는 행정실무에 관한 지식과 경험이 있는 사람을 민원상담인으로 위촉할 수 있다. 이 경우 민원상담인은 명예직으로 하는 것을 원칙으로 하되, 관계 법령 또는 조례로 정하는 바에 따라 수당 또는 실비를 지급할 수 있다. 〈개정 2019. 12. 31.〉

⑤ 행정기관의 장은 민원인에게 편의를 제공하기 위하여 민원실에 민원을 신청하는 데 필요한 용지·필기구 등을 갖추어 두어야 한다.

⑥ 행정기관의 장은 민원인에게 편의를 제공하고 담당자의 안정적인 근무환경 조성을 위하여 민원실 시설·환경 등의 개선에 노력하여야 한다.

제10조(민원편람의 비치 등 신청편의의 제공) ① 행정기관의 장은 민원인이 법 제13조에 따른 민원편람(이하 "민원편람"이라 한다)을 열람(인터넷 등을 통한 열람을 포함한다)할 수 있도록 민원실(민원실이 설치되지 아니한 기관의 경우에는 문서담당부서를 말한다. 이하 같다)에 민원편람을 비치하거나 컴퓨터를 설치하는 등 필요한 조치를 하여야 한다.

② 행정기관의 장은 민원편람에 민원의 종류별로 신청서식, 구비서류, 처리주무부서, 경유기관·협의기관, 처리절차, 처리기간, 심사기준, 수수료, 그 밖에 민원에 관한 안내에 필요한 사항(법 제10조제3항제2호 및 제3호에 따라 행정기관에서 확인할 수 있는 사항을 포함한다)을 분명히 적어야 한다.

③ 행정기관의 장은 다음 각 호의 어느 하나에 해당하는 민원에 대해서는 그 종류를 정하여 민원실에 게시하거나 민원편람에 게재하여야 한다.

1. 법 제28조에 따라 무인민원발급창구를 통하여 발급할 수 있는 민원
2. 제5조에 따라 팩스·인터넷 등 정보통신망 또는 우편 등으로 신청할 수 있는 민원
3. 제4항에 따라 민원인이 구술(口述)하고 담당자가 그 사항을 문서로 작성하여 신청할 수 있는 민원

④ 행정기관의 장은 문서로 접수하는 민원의 경우 민원인의 편의를 위하여 민원인이 민원 신청에 필요한 사항을 담당자에게 구술하고, 담당자가 이를 문서로 작성하여 민원인이 서명한 때에는 이를 민원문서로 접수할 수 있다.

제10조의2(전자민원창구의 설치) ① 행정기관의 장은 법 제12조의2제2항 본문에 따라 전자민원창구를 설치하려는 경우에는 특별한 사유가 없으면 하나의 창구로 설치해야 하며, 법 제12조의2제3항에 따른 통합전자민원창구(이하 "통합전자민원창구"라 한다)와 효율적으로 연계될 수 있도록 해야 한다.

② 행정안전부장관은 각 행정기관의 전자민원창구를 효율적으로 연계하기 위하여 필요한 경우에는 국제표준의 범위에서 전자민원창구의 인터넷주소에 관한 세부 기준을 정할 수 있다.

[본조신설 2022. 7. 11.]

제11조(전자민원창구의 운영 등) ① 행정기관의 장은 전자민원창구를 통하여 다음 각 호의 사항을 처리할 수 있다.

1. 민원의 신청·접수, 민원문서의 이송 및 처리결과의 통지
2. 처리기간 연장의 통지, 처리진행상황과 처리완료 예정일 등 민원의 처리상황 안내
3. 법령, 민원편람 및 법 제36조제1항에 따른 민원처리기준표 등 민원 처리와 관련된 정보의 제공

② 행정기관의 장은 제1항에 따라 민원을 처리할 때에는 개인정보 보호 등을 위하여 보안 강화 및 그 밖에 필요한 조치를 하여야 한다.

③ 행정기관의 장은 전자민원창구를 효율적으로 운영하기 위하여 소속 공무원 중에서 전자민원담당관을 임명해야 한다. 이 경우 업무가 지나치게 많다고 판단되는 경우에는 그 업무의 일부를 분장하게 하기 위하여 분임전자민원담당관을 둘 수 있다. 〈신설 2022. 7. 11.〉

④ 행정기관의 장은 민원창구의 단일화와 업무의 효율적 처리를 위하여 법 제25조제1항에 따른 민원심사관 또는 제28조제1항에 따른 분임 민원심사관으로 하여금 제3항에 따른 전자민원담당관 또는 분임 전자민원담당관을 겸임하게 할 수 있다. 〈신설 2022. 7. 11.〉

⑤ 행정안전부장관은 통합전자민원창구를 통하여 둘 이상의 민원을 일괄적으로 신청 받아 소관 행정기관에 이송하여 처리하게 할 수 있다. 〈신설 2022. 7. 11.〉

⑥ 행정기관의 장은 법 제12조의2제5항에 따라 전자민원창구나 통합전자민원창구를 통하여 처리하는 민원에 대한 수수료의 감면 비율이나 감면 금액을 정

한 경우에는 행정안전부장관에게 통보해야 한다. 〈신설 2022. 7. 11.〉

⑦ 행정안전부장관은 제6항에 따라 통보받은 감면 비율이나 감면 금액을 법 제36조제1항에 따른 민원처리 기준표에 반영해야 한다. 〈신설 2022. 7. 11.〉

⑧ 법 제12조의2제6항에 따른 별도의 업무처리비용은 법 제29조에 따른 전자적 납부에 드는 최소한의 비용으로 해야 한다. 〈신설 2022. 7. 11.〉

제11조의2(전자민원창구 등의 이용 제한) 행정기관의 장은 민원인 또는 그 위임을 받은 자가 전자민원창구 또는 통합전자민원창구를 통하여 정당하지 않은 목적으로 비정상적인 전자적 수단 등을 이용하여 동일한 민원을 반복하여 신청함으로써 다른 민원인에 대한 민원 처리를 지연시키는 등 심각하게 공무를 방해하는 경우에는 해당 민원인 또는 그 위임을 받은 자의 전자민원창구 또는 통합전자민원창구의 이용을 제한할 수 있다.

[본조신설 2022. 7. 11.]

제12조(다른 행정기관 등을 이용한 민원의 접수·교부) ① 법 제14조제1항에서 "대통령령으로 정하는 법인"이란 다음 각 호의 법인을 말한다.

1. 「농업협동조합법」에 따라 설립된 조합과 농업협동조합중앙회(이하 "농협"이라 한다)
2. 「새마을금고법」에 따라 설립된 새마을금고 및 새마을금고중앙회(이하 "새마을금고"라 한다)

② 법 제14조제1항에 따른 민원을 접수한 다른 행정기관이나 농협 또는 새마을금고(이하 이 조에서 "접수기관"이라 한다)는 그 민원을 지체 없이 소관 행정기관에 보내야 한다.

③ 제2항에 따라 민원을 받은 소관 행정기관은 그 민원을 신속히 처리하고 그 처리 결과를 민원인이 교부받으려는 다른 행정기관이나 농협 또는 새마을금고(이하 이 조에서 "교부기관"이라 한다)에 보내야 한다. 이 경우 접수기관이 소관 행정기관으로부터 해당 민원과 관련한 신청서·구비서류 등의 송부를 요청받은 경우에는 지체 없이 이를 송부하여야 한다.

④ 법 제14조제1항에 따라 민원문서를 교부하는 다른 행정기관의 장은 소관 행정기관의 관인(전자이미지 관인을 포함한다. 이하 같다)을 생략하고 해당 기관의 관인을 찍어 민원문서를 교부할 수 있다. 다만, 법령상 또는 그 민원의 성질상 소관 행정기관의 관인을 찍을 필요가 있는 민원문서에는 소관 행정기관의 관인을 찍어야 한다.

⑤ 제3항에도 불구하고 민원을 받은 소관 행정기관의 장은 동일한 민원인이 동시(같은 근무일에 여러 번 신청하는 경우를 포함한다)에 많은 양의 동일한 증명서 등 문서(「전자정부법」 제2조제7호에 따른 전자문서는 제외한다)의 교부를 신청하여 처리기간 내에 처리하기 어려운 경우에는 20통마다 처리기간을 1일씩 연장하여 교부할 수 있다.

⑥ 민원인이 법 제14조제1항에 따른 민원을 신청하는 경우에는 법령·훈령·예규·고시·자치법규 등(이하 "관계법령등"이라 한다)에서 정한 수수료 외에 업무처리비 등 추가비용을 교부기관에 내야 한다.

⑦ 행정안전부장관은 다른 행정기관이나 농협 또는 새마을금고를 통하여 접수·처리할 수 있는 민원의 종류, 접수·교부 기관 및 추가비용 등을 관계 행정기관의 장과 협의하여 정한 후 고시하여야 한다. 이 경우 농협이 접수·교부할 수 있는 민원은 농업협동조합중앙회장과 협의하고, 새마을금고가 접수·교부할 수 있는 민원은 새마을금고중앙회장과 협의하여야 한다. 〈개정 2017. 7. 26.〉

⑧ 법 제14조제1항에 따른 다른 행정기관이나 농협 또는 새마을금고는 민원인이 소관 행정기관이 다른 둘 이상의 민원을 통합하여 신청했을 때에는 이를 통합하여 접수·교부할 수 있다. 〈개정 2019. 6. 4.〉

⑨ 제8항에 따라 통합하여 접수된 민원은 그 민원의 소관 법령에 따라 각 소관 행정기관에 접수된 것으로 본다. 이 경우 통합하여 접수한 민원 중 다른 민원의

처리를 위하여 선행적으로 완결되어야 하는 민원이 있는 경우에는 그 선행 민원이 완결되는 데 걸린 기간은 다른 민원의 처리기간에 산입하지 아니한다.

⑩ 법 제14조제1항에 따른 다른 행정기관이나 농협 또는 새마을금고가 제8항에 따라 통합하여 접수·교부할 수 있는 민원의 종류, 접수·교부기관 등 필요한 사항은 행정안전부장관이 정하여 고시한다. 〈개정 2017. 7. 26., 2019. 6. 4.〉

제13조(민원문서의 이송 절차 및 방법 등) ① 민원실에 접수된 민원문서 중 그 처리가 민원실의 주관에 속하지 아니하는 것에 대해서는 1근무시간 이내에 이를 처리주무부서에 이송하여야 한다. 다만, 처리주무부서가 상당히 떨어져 있는 등 특별한 사유가 있어 1근무시간 이내에 이송하기 어려운 경우에는 3근무시간 이내에 이송할 수 있다.

② 같은 행정기관 내에서 소관이 아닌 민원문서를 접수한 경우에는 3근무시간 이내에 민원실을 거쳐 처리주무부서에 이송하여야 한다.

③ 다른 행정기관 소관의 민원문서를 접수한 경우에는 8근무시간 이내에 소관 행정기관에 이송하고, 그 사실을 민원인에게 통지하여야 한다. 이 경우 민원문서를 이송받은 행정기관은 민원문서를 이송한 행정기관의 요청이 있을 때에는 그 행정기관에 처리 결과를 통보하여야 한다.

④ 제1항부터 제3항까지의 규정에도 불구하고 접수된 민원문서가 전자문서인 경우에는 지체 없이 소관기관에 전자적 방법으로 이송하여야 한다.

⑤ 제3항 전단에도 불구하고 민원인에게 인터넷 홈페이지 등에 민원문서의 이송 상황이 공개될 것임을 사전에 안내한 경우에는 통지를 생략할 수 있다.

제2절 민원의 처리기간·처리방법 등

제14조(질의민원의 처리기간 등) 행정기관의 장은 질의민원을 접수한 경우에는 특별한 사유가 없으면 다음 각 호의 기간 이내에 처리하여야 한다.

1. 법령에 관하여 설명이나 해석을 요구하는 질의민원 : 14일 이내

2. 제도·절차 등 법령 외의 사항에 관하여 설명이나 해석을 요구하는 질의민원 : 7일 이내

제15조(건의민원의 처리기간 등) 행정기관의 장은 건의민원을 접수한 경우에는 특별한 사유가 없으면 14일 이내에 처리하여야 한다.

제16조(기타민원의 처리기간 등) ① 행정기관의 장은 기타민원을 접수한 경우에는 특별한 사유가 없으면 즉시 처리하여야 한다.

② 행정기관의 장은 법 제8조 단서에 따라 구술 또는 전화로 신청한 기타민원을 처리하는 경우에는 민원처리부에 기록하는 절차를 생략할 수 있다.

③ 제1항 및 제2항에도 불구하고 행정기관의 장은 해당 기관의 특성을 고려하여 기타민원의 처리기간 및 처리절차 등을 달리 정하여 운영할 수 있다.

제17조(고충민원의 처리 등) ① 행정기관의 장은 고충민원을 접수한 때에는 특별한 사유가 없으면 7일 이내에 처리하여야 한다.

② 행정기관의 장은 민원인이 동일한 내용의 고충민원을 다시 제출한 경우에는 감사부서 등으로 하여금 이를 조사하도록 하여야 한다.

③ 행정기관의 장은 제1항에 따라 처리하는 고충민원의 내용이 정당한 사유가 있다고 인정될 때에는 지체 없이 원처분(原處分)의 취소·변경 등 적절한 조치를 하고, 이를 민원인에게 통지하여야 한다.

④ 행정기관의 장은 고충민원의 처리를 위하여 필요한 경우 14일의 범위에서 현장조사 등을 할 수 있다. 다만, 부득이한 사유로 14일 내에 현장조사 등을 완료하기 어렵다고 인정되는 경우에는 7일의 범위에서 그 기간을 한 차례만 연장할 수 있다. 〈개정 2021. 1. 5.〉

⑤ 제4항에 따른 현장조사 등에 걸린 기간은 제1항에 따른 처리기간에 산입하지 않는다. 〈개정 2021. 1. 5.〉

⑥ 민원인은 제2항에 따른 감사부서 등의 조사를 거친 경우에는 그 고충민원과 관련한 사무에 대한 지도·감독 등의 권한을 가진 감독기관의 장에게 고충민원을 신청할 수 있다. 이 경우 감독기관의 고충민원 처리기간 및 처리방법 등에 관하여는 제1항, 제2항, 제4항 및 제5항을 준용한다.

⑦ 감독기관의 장은 제6항에 따른 고충민원의 처리결과를 소관 행정기관의 장에게 통보하여야 한다. 이 경우 소관 행정기관의 장은 특별한 사유가 없으면 그 결과를 존중하여 적절한 조치를 하고, 이를 민원인에게 통지하여야 한다.

⑧ 민원인은 고충민원을 신청하거나 제1항부터 제7항까지의 규정에 따라 처리결과를 통보받은 경우에도 국민권익위원회 또는 「부패방지 및 국민권익위원회의 설치와 운영에 관한 법률」 제2조제9호에 따른 시민고충처리위원회에 고충민원을 신청할 수 있다. 〈신설 2019. 6. 4.〉

[제목개정 2019. 6. 4.]

제18조(민원처리 과정에 대한 시정 요구) ① 민원인은 민원처리 과정에서 다음 각 호의 어느 하나에 해당하는 경우에는 그 행정기관의 장 또는 감독기관의 장에게 이를 시정할 것을 요구할 수 있다.

1. 행정기관의 장이 법 제9조제1항을 위반하여 민원의 접수를 보류·거부하거나 접수된 민원문서를 부당하게 되돌려보낸 경우

2. 행정기관의 장이 법 제10조제1항을 위반하여 관계법령등에서 정한 구비서류 외의 서류를 추가로 요구하는 경우

3. 법 제17조 또는 제18조에 따른 민원의 처리기간을 경과한 경우

② 제1항에 따른 시정 요구를 받은 행정기관의 장 또는 감독기관의 장은 지체 없이 이를 조사하여 필요한 조치를 하고 그 처리 결과를 민원인에게 통지하여야 한다.

제19조(처리기간의 계산) 민원의 처리기간을 '즉시'로 정한 경우에는 정당한 사유가 있는 경우를 제외하고는 3근무시간 이내에 처리하여야 한다.

제20조(처리기간에 산입하지 아니하는 기간) 민원의 처리기간에 산입하지 아니하는 기간에 관하여는 「행정절차법 시행령」 제11조를 준용한다.

제21조(처리기간의 연장 등) ① 행정기관의 장은 부득이한 사유로 처리기간 내에 민원을 처리하기 어렵다고 인정되는 경우에는 그 민원의 처리기간의 범위에서 그 처리기간을 한 차례 연장할 수 있다. 다만, 연장된 처리기간 내에 처리하기 어려운 경우에는 민원인의 동의를 받아 그 민원의 처리기간의 범위에서 처리기간을 한 차례만 다시 연장할 수 있다.

② 제1항에 따라 처리기간을 연장하였을 때에는 처리기간의 연장 사유와 처리완료 예정일을 지체 없이 민원인에게 문서로 통지하여야 한다.

③ 제2항에 따른 처리기간 연장의 통지에 관하여는 제23조를 준용한다.

제22조(처리상황의 확인·점검) ① 행정기관의 장은 민원의 처리상황과 운영실태를 매월 1회 이상 확인·점검하여야 한다.

② 행정기관의 장은 제1항에 따른 확인·점검 결과 법령 위반 사실을 발견하거나 민원 처리가 미흡하다고 판단되는 경우에는 지체 없이 이를 시정하고, 그 민원 처리와 관련 있는 직원 등에 대하여 징계 또는 그 밖에 필요한 조치를 하여야 한다.

③ 행정기관의 장은 제1항에 따른 확인·점검 결과 민원 처리가 우수하다고 판단되는 직원이나 부서에 대하여 포상할 수 있다. 〈신설 2019. 6. 4.〉

제23조(처리진행상황 등의 통지) ① 행정기관의 장은 민원이 접수된 날부터 30일이 지났으나 처리가

완료되지 아니한 경우 또는 민원인의 명시적인 요청이 있는 경우에는 그 처리진행상황과 처리완료 예정일 등을 적은 문서를 민원인에게 교부하거나 정보통신망 또는 우편 등의 방법으로 통지하여야 한다.

② 제1항에 따른 통지는 민원이 접수된 날부터 30일이 지날 때마다 통지하는 것을 원칙으로 한다.

③ 제1항에도 불구하고 민원인에게 인터넷 홈페이지 등에 민원의 처리진행상황 등이 공개될 것임을 사전에 안내한 경우에는 통지를 생략할 수 있다.

제24조(민원문서의 보완 절차 및 방법 등) ① 행정기관의 장은 법 제22조제1항에 따라 민원인에게 민원문서의 보완을 요구하는 경우에는 문서 또는 구술 등으로 하되, 민원인이 특별히 요청한 경우에는 문서로 하여야 한다.

② 행정기관의 장은 제1항에 따라 보완 요구를 받은 민원인이 보완 요구를 받은 기간 내에 보완을 할 수 없음을 이유로 보완에 필요한 기간을 분명하게 밝혀 기간 연장을 요청하는 경우에는 이를 고려하여 다시 보완기간을 정하여야 한다. 이 경우 민원인의 기간 연장 요청은 2회로 한정한다.

③ 행정기관의 장은 민원인이 법 제22조제1항에 따라 정한 보완기간 또는 이 조 제2항 전단에 따라 다시 정한 보완기간 내에 민원문서를 보완하지 아니한 경우에는 10일 이내의 기간을 정하여 다시 보완을 요구할 수 있다.

④ 제2항 및 제3항에 따른 민원문서의 보완에 필요한 기간의 계산방법에 관하여는 「민법」 제156조, 제157조 및 제159조부터 제161조까지의 규정을 준용한다.

제25조(민원문서의 반려 등) ① 행정기관의 장은 민원인이 제24조에 따른 기간 내에 민원문서를 보완하지 아니한 경우에는 그 이유를 분명히 밝혀 접수된 민원문서를 되돌려 보낼 수 있다.

② 행정기관의 장은 민원인의 소재지가 분명하지 아니하여 제24조제1항에 따른 보완요구가 2회에 걸쳐 반송된 경우에는 민원인이 민원을 취하(取下)한 것으로 보아 이를 종결처리할 수 있다.

③ 행정기관의 장은 민원인이 민원을 취하하여 민원문서의 반환을 요청한 경우에는 다른 법령에 특별한 규정이 있는 경우를 제외하고는 그 민원문서를 민원인에게 돌려주어야 한다.

④ 행정기관의 장은 법 제27조제4항에 따라 민원인에게 직접 교부할 필요가 있는 허가서·신고필증·증명서 등의 문서(「전자정부법」 제2조제7호에 따른 전자문서 및 같은 조 제8호에 따른 전자화문서는 제외한다)를 정당한 사유 없이 처리완료 예정일(제21조제1항에 따라 처리기간을 연장한 경우에는 같은 조 제2항에 따라 민원인에게 문서로 통지된 처리완료 예정일을 말한다)부터 15일이 지날 때까지 민원인 또는 그 위임을 받은 자가 수령하지 아니한 경우에는 이를 폐기하고 해당 민원을 종결처리할 수 있다. 〈개정 2022. 7. 11.〉

제26조(반복 또는 중복되는 다수인관련민원의 처리) 행정기관의 장은 다수인관련민원을 법 제23조제1항 또는 제2항에 따라 종결처리하려는 경우에는 법 제34조에 따른 민원조정위원회의 심의를 거쳐야 한다.

제27조(다수인관련민원의 관리) ① 행정기관의 장은 다수인관련민원이 발생하지 아니하도록 사전예방대책을 마련하여야 한다.

② 행정기관의 장은 다수인관련민원을 효율적으로 처리하고 관리하기 위하여 다수인관련민원의 처리상황을 확인·분석하여야 한다.

제28조(민원심사관의 업무 등) ① 행정기관의 장은 법 제25조제1항에 따른 민원심사관의 업무가 지나치게 많거나 특별히 전문성이 필요하다고 판단되는 경우에는 분임 민원심사관을 지정하여 민원심사관의 업무를 나눠 맡도록 할 수 있다.

② 민원심사관(분임 민원심사관을 포함한다. 이하

이 조에서 같다)은 민원의 처리상황을 수시로 확인·점검하여 처리기간이 지난 민원을 발견한 경우에는 지체 없이 처리주무부서의 장(민원심사관이 처리주무부서의 장인 경우에는 관계 직원을 말한다)에게 독촉장을 발급하여야 한다.

③ 민원심사관은 다수인관련민원의 처리상황을 확인·점검하고 그 결과를 소속 행정기관의 장에게 수시로 보고하여야 한다.

제3절 민원 처리결과의 통지 등

제29조(처리결과의 통지방법 등) ① 행정기관의 장은 접수한 민원의 처리를 완료하였을 때에는 그 결과를 지체 없이 민원인에게 교부하거나 정보통신망 또는 우편 등의 방법으로 통지하여야 한다.

② 법 제27조제1항 단서에서 "기타민원의 경우와 통지에 신속을 요하거나 민원인이 요청하는 등 대통령령으로 정하는 경우"란 다음 각 호의 어느 하나에 해당하는 경우를 말한다.

1. 기타민원의 경우

2. 민원인에게 처리결과를 신속하게 통지하여야 하는 경우

3. 민원인이 구술 또는 전화로 통지하도록 요청하거나 구술 또는 전화로 통지하는 것에 동의하는 경우

③ 행정기관의 장은 법 제27조제2항에 따라 민원인에게 전자문서로 통지하는 경우에 첨부되는 전자화문서가 행정기관이 보관하고 있는 전자화문서와 일치하는지에 대하여 민원인 또는 이해관계자 등이 확인을 요청한 경우에는 그 진본성을 확인해 주어야 한다. 〈신설 2022. 7. 11.〉

④ 제3항에 따른 전자화문서의 진본성 확인을 위한 기술적인 대책 마련, 전자화문서의 형태 및 관리시스템의 구축 등에 관하여는 「전자정부법 시행령」 제6조제2항부터 제4항까지의 규정을 준용한다. 〈신설 2022. 7. 11.〉

제30조(전자문서의 출력 사용 등) ① 행정기관의 장이 다음 각 호의 모든 조치를 하여 법 제27조제1항에 따라 민원인에게 전자문서로 통지하고 민원인이 그 전자문서를 출력한 경우에는 이를 「행정업무의 운영 및 혁신에 관한 규정」 제3조제1호에 따른 공문서로 본다. 〈개정 2016. 4. 26., 2017. 7. 26., 2023. 6. 27.〉

1. 삭제 〈2019. 6. 4.〉

2. 위조·변조 방지조치

3. 출력한 문서의 진위확인조치

4. 그 밖에 출력한 문서의 위조·변조를 방지하기 위하여 행정안전부장관이 고시한 조치

② 행정기관의 장은 제1항에 따라 출력한 문서를 공문서로 보는 전자문서의 종류를 정하여 미리 관보에 고시하고, 해당 기관의 인터넷 홈페이지 등에 게시하여야 한다.

제31조(담당자의 명시) 행정기관의 장이 민원인에게 처리기간 연장의 통지, 민원문서의 보완 요구, 처리진행상황의 통지, 처리결과의 통지 등을 할 때에는 그 담당자의 소속·성명 및 연락처를 안내하여야 한다.

제32조(무인민원발급창구를 이용한 민원문서 발급) ① 행정기관의 장은 법 제28조제1항에 따라 무인민원발급창구를 이용하여 민원문서를 발급할 때에는 소관 행정기관의 관인(전자이미지 관인을 포함한다. 이하 같다)을 생략하고 해당 기관의 관인을 찍어 발급할 수 있다. 다만, 법령상 또는 그 민원의 성질상 소관 행정기관의 관인을 찍을 필요가 있는 민원문서에는 소관 행정기관의 관인을 찍어야 한다.

② 행정기관의 장은 민원문서를 발급할 때 법령에 따라 본인임을 확인하여야 하는 경우에 법령에서 특별히 본인 확인 방법을 정하고 있지 아니한 경우에는 행정안전부장관이 정한 전자적 매체를 이용하여 확인할 수 있다. 〈개정 2017. 7. 26.〉

③ 행정안전부장관은 무인민원발급창구를 이용하여 처리할 수 있는 민원의 종류 및 추가비용과 제2항에 따른 전자적 매체를 이용하여 본인 확인을 할 수 있는 민원의 종류 등을 정하여 관보에 고시하고, 인터넷 홈페이지에 게시하여야 한다. 이 경우 소관 민원을 관장하는 중앙행정기관의 장과 미리 협의하여야 한다. 〈개정 2017. 7. 26.〉

④ 제1항부터 제3항까지에서 규정한 사항 외에 무인민원발급창구의 설치·운영 등에 필요한 사항은 행정안전부장관이 정한다. 〈개정 2017. 7. 26.〉

제4절 법정민원

제33조(사전심사청구 대상 민원의 안내) ① 법 제30조제1항에서 "법정민원 중 신청에 경제적으로 많은 비용이 수반되는 민원 등 대통령령으로 정하는 민원"이란 다음 각 호의 어느 하나에 해당하는 민원(이하 "사전심사청구 대상 민원"이라 한다)을 말한다.

1. 법정민원 중 정식으로 신청할 경우 토지매입 등이 필요하여 민원인에게 경제적으로 많은 비용이 수반되는 민원
2. 행정기관의 장이 거부처분을 할 경우 민원인에게 상당한 경제적 손실이 발생하는 민원

② 행정기관의 장은 사전심사청구 대상 민원의 종류 및 민원별 처리기간·구비서류 등을 미리 정하여 민원인이 이를 열람할 수 있도록 게시하고 민원편람에 수록하여야 한다.

제34조(사전심사청구 대상 민원의 처리절차) ① 사전심사청구 대상 민원의 접수 및 처리절차에 관하여는 법 제20조, 이 영 제6조, 제24조 및 제25조를 준용한다.

② 사전심사청구 대상 민원의 처리기간은 다음 각 호의 범위에서 행정기관의 장이 정한다. 다만, 불가피한 사유로 처리기간 내에 처리하기 어려운 경우에는 제21조에 따라 처리기간을 연장할 수 있다.

1. 처리기간이 30일 미만인 민원 : 처리기간
2. 처리기간이 30일 이상인 민원 : 30일 이내

③ 행정기관의 장은 사전심사청구 대상 민원의 구비서류를 최소화하여야 하며, 사전심사의 청구 후 정식으로 민원이 접수되었을 때에는 이미 제출된 구비서류를 추가로 요구해서는 아니 된다.

④ 행정기관의 장은 사전심사를 거친 민원의 경우 특별한 사유가 없으면 처리기간을 단축하여 신속히 처리하여야 한다.

제35조(복합민원의 처리 방법 및 절차 등) ① 행정기관의 장은 복합민원과 관련된 모든 민원문서를 법 제31조에 따라 지정된 주무부서에 한꺼번에 제출하게 할 수 있다.

② 행정기관의 장은 관계 기관의 장과 협의하여 법 제31조제1항에 따른 복합민원의 종류와 접수방법·구비서류·처리기간 및 처리절차 등을 미리 정하여 민원인이 이를 열람할 수 있도록 게시하고, 민원편람에 수록하여야 한다.

제36조(민원실무심의회의 설치·운영 등) ① 행정기관의 장은 법 제32조제3항제3호에 따라 복합민원을 심의하기 위하여 그 소속으로 민원실무심의회를 설치·운영하여야 한다. 이 경우 민원실무심의회의 명칭은 해당 기관의 특성을 고려하여 달리 정할 수 있다.

② 제1항에 따른 민원실무심의회(이하 "민원실무심의회"라 한다)의 위원장(이하 이 조에서 "위원장"이라 한다)은 처리주무부서의 장이 되고, 위원은 관계 기관 또는 부서의 실무책임자가 된다.

③ 제2항에도 불구하고 행정기관의 장은 특히 필요하다고 인정하는 경우에는 민원 관련 외부전문가를 민원실무심의회의 위원으로 위촉할 수 있다.

④ 위원장은 관계 기관 또는 부서의 실무책임자에게 회의 참석을 요청할 수 있으며, 그 요청을 받은 사람은 정당한 사유가 없으면 이에 따라야 한다.

⑤ 위원장은 심의를 위하여 필요하다고 인정되는 경우에는 관계 기관 또는 부서에 현장확인이나 조사 등을 합동으로 실시할 것을 요청할 수 있으며, 그 요청을 받은 관계 기관 또는 부서는 특별한 사유가 없으면 이에 따라야 한다.

⑥ 위원장은 민원실무심의회의 효율적인 운영을 위하여 필요하다고 인정되는 경우에는 이해관계인·참고인 또는 감정인 등의 의견을 들을 수 있다.

⑦ 위원장은 민원실무심의회에 민원인을 참석하게 하는 경우에는 민원인에게 회의일정 등을 미리 통지하여야 한다. 이 경우 민원인이 희망하거나 출석할 수 없는 특별한 사정이 있는 경우에는 서면(전자적 방법에 의한 서면을 포함한다. 이하 같다)으로 의견을 진술하게 할 수 있다.

⑧ 행정기관의 장은 창업·공장설립 등 경제적으로 많은 비용이 수반되는 복합민원의 경우에는 신속한 처리를 위하여 민원실무심의회의 심의를 생략하고 법 제34조제1항에 따른 민원조정위원회에 직접 상정하여 심의할 수 있다.

제37조(민원후견인의 지정·운영) 행정기관의 장은 법 제33조에 따라 소속 직원을 복합민원에 대한 민원후견인으로 지정하여 다음 각 호의 직무를 수행하게 할 수 있다.

1. 민원처리방법에 관한 민원인과의 상담
2. 민원실무심의회 및 법 제34조제1항에 따른 민원조정위원회에서의 민원인의 진술 등 지원
3. 민원문서 보완 등의 지원
4. 민원처리 과정 및 결과의 안내

제38조(민원조정위원회의 설치·운영) ① 법 제34조제1항제4호에서 "대통령령으로 정하는 사항"이란 다음 각 호의 어느 하나에 해당하는 사항을 말한다.

1. 소관이 명확하지 아니한 민원의 처리주무부서의 지정

2. 민원 관련 법령 또는 제도 개선 사항
3. 제36조제8항에 따라 상정된 복합민원
4. 그 밖에 민원의 종합적인 검토·조정 또는 종결처리 등을 위하여 그 기관의 장이 법 제34조제1항에 따른 민원조정위원회(이하 "민원조정위원회"라 한다)의 회의에 부치는 사항

② 행정기관의 장은 법 제34조제1항제3호에도 불구하고 다음 각 호의 어느 하나에 해당하는 경우에는 민원조정위원회의 심의를 생략할 수 있다.

1. 해당 민원을 처리할 때 행정기관의 판단 여지가 없는 경우
2. 법령에 따라 민원 처리요건이 구체적으로 규정되어 있어 해석의 여지가 없는 경우
3. 이미 민원조정위원회의 심의를 거쳐 거부된 민원이 같은 사유로 다시 접수된 경우

③ 민원조정위원회의 위원장(이하 이 조에서 "위원장"이라 한다)은 그 행정기관의 장이 소속 국장급 공무원 또는 그에 상당하는 직원 중에서 지명하고, 위원은 처리주무부서의 장, 관계부서의 장, 감사부서의 장, 외부 법률전문가 및 민원과 관련된 외부전문가로 구성하는 것을 원칙으로 한다. 다만, 민원실무심의회에서 관계 기관과의 협의를 거쳐 거부하는 것으로 결정된 복합민원을 심의·조정하는 경우에는 그 관계 기관의 처리주무부서의 장을 위원으로 할 수 있다.

④ 위원장은 민원조정위원회의 효율적인 운영을 위하여 필요하다고 인정되는 경우에는 이해관계인·참고인 또는 감정인 등의 의견을 들을 수 있다.

⑤ 위원장은 민원조정위원회를 개최할 때에는 민원인 및 이해관계인 등이 참석할 수 있도록 민원인 및 이해관계인 등에게 회의일정 등을 미리 통지하여야 한다. 이 경우 민원인 및 이해관계인 등이 희망하거나 출석할 수 없는 특별한 사정이 있는 경우에는 서면으로 의견을 진술하게 할 수 있다.

제38조의2(다수인관련민원 등에 관한 민원조정위원회의 심의) ① 민원조정위원회는 다수인관련민원과 법 제23조제1항에 따라 종결처리된 후 다시 접수된 민원(이하 이 조에서 "다수인관련민원등"이라 한다)에 관한 사항을 매년 1회 이상 심의해야 한다.

② 행정기관의 장은 민원조정위원회의 심의를 거쳐 거부된 다수인관련민원등이 같은 사유로 다시 접수된 경우에는 행정기관의 장을 지도·감독하는 행정기관의 장에게 의견 제시를 요청할 수 있다. 다만, 중앙행정기관의 장, 특별시장·광역시장·특별자치시장·도지사·특별자치도지사 또는 특별시·광역시·특별자치시·도·특별자치도의 교육감은 본문에 따라 의견 제시를 요청하지 않고, 제38조제3항 본문에 따라 지명하는 민원조정위원회 위원장의 직급보다 상위 직급의 공무원을 위원장으로 하여 심의하도록 할 수 있다.

③ 제2항 본문에 따라 의견 제시를 요청받은 행정기관의 장이 의견을 제시하려는 경우에는 민원조정위원회의 심의를 거쳐야 한다.

④ 행정기관의 장은 제2항 본문 및 제3항에 따른 의견 제시 및 심의를 거치거나 제2항 단서에 따른 심의를 거쳐 거부된 다수인관련민원등이 같은 사유로 다시 접수된 경우로서 법 제23조제1항에 해당하는 경우에는 민원조정위원회의 심의를 생략하고 종결처리할 수 있다.

[본조신설 2022. 7. 11.]

제39조(행정기관의 장의 최종결정) 행정기관의 장은 접수된 민원을 처리하려는 경우에는 민원실무심의회 및 민원조정위원회의 심의 결과를 존중하여야 한다.

제40조(이의신청의 방법 및 처리절차 등) ① 법 제35조에 따른 이의신청은 다음 각 호의 사항을 적은 문서로 하여야 한다.

1. 신청인의 성명 및 주소(법인 또는 단체의 경우에는 그 명칭, 사무소 또는 사업소의 소재지와 대표자의 성명)와 연락처

2. 이의신청의 대상이 되는 민원

3. 이의신청의 취지 및 이유

4. 거부처분을 받은 날 및 거부처분의 내용

② 행정기관의 장은 법 제35조제2항 본문에 따라 이의신청에 대한 결과를 통지할 때에는 결정 이유, 원래의 거부처분에 대한 불복방법 및 불복절차를 구체적으로 분명하게 밝혀야 한다.

③ 행정기관의 장은 법 제35조제2항 단서에 따라 이의신청 결정기간의 연장을 통지할 때에는 통지서에 연장 사유 및 기간 등을 구체적으로 적어야 한다.

④ 행정기관의 장은 이의신청에 대한 처리상황을 이의신청처리대장에 기록·유지하여야 한다.

제3장 민원제도의 개선 등

제41조(민원제도의 개선) ① 법 제39조제2항에 따라 행정기관의 장이 행정안전부장관에게 통보하여야 하는 내용에는 다음 각 호의 사항이 포함되어야 한다. 〈개정 2017. 7. 26.〉

1. 민원제도 개선 추진 계획 및 경과

2. 개선 내용 및 실적

3. 개선에 대한 완료시점

② 행정기관의 장은 다음 각 호의 어느 하나에 해당하는 경우에는 그 수용 여부를 결정하여 행정안전부장관에게 통보하여야 한다. 〈개정 2017. 7. 26.〉

1. 법 제39조제4항에 따라 행정안전부장관이 개선안을 통보한 경우

2. 법 제39조제5항에 따라 행정안전부장관이 개선을 권고한 경우

3. 법 제39조제6항에 따라 법 제40조에 따른 민원제도개선조정회의(이하 "조정회의"라 한다)에서

심의·조정한 경우

제42조(조정회의의 기능) 법 제40조제2항에서 "여러 부처와 관련된 민원제도 개선사항, 제39조제6항에 따른 심의요청 사항 등 대통령령으로 정하는 사항"이란 다음 각 호의 사항을 말한다.

1. 여러 부처와 관련된 민원제도 개선사항
2. 행정기관의 미이행 또는 미개선 과제에 대한 심의 및 이행 권고 등에 관한 사항
3. 민원제도 개선업무의 효율적 추진에 관한 사항
4. 법 제39조제6항에 따라 심의를 요청받은 사항
5. 그 밖에 조정회의의 위원장이 필요하다고 인정하는 사항

제43조(조정회의의 구성 등) ① 조정회의는 위원장 1명을 포함하여 10명 이내의 위원으로 구성한다.

② 조정회의의 위원장은 국무조정실장으로 하고, 위원은 기획재정부·행정안전부·국무조정실·법제처 및 관련 과제의 소관 행정기관의 부기관장으로 한다. 다만, 민원제도 개선을 위하여 필요한 경우에는 외부전문가를 위원으로 위촉할 수 있다. 〈개정 2017. 7. 26.〉

③ 조정회의에 간사 2명을 두며, 간사는 행정안전부장관 및 국무조정실장이 소속 공무원 중에서 각각 지명하는 사람이 된다. 〈개정 2017. 7. 26.〉

제44조(조정회의의 의견 청취 등) ① 조정회의의 위원장은 필요하다고 인정하는 경우 다음 각 호의 조치를 할 수 있다.

1. 관계 행정기관의 장에 대한 설명 또는 자료·서류 등의 제출 요구
2. 참고인 또는 관계 직원의 출석 및 의견 진술의 요구

② 행정기관의 장은 제1항 각 호의 요구를 받은 경우 특별한 사유가 없으면 이에 따라야 한다.

제45조(조정회의 위원장의 직무) 조정회의의 위원장은 조정회의를 대표하며 회의를 소집하고 그 의장이 된다.

제46조(조정회의 위원장의 직무대행) 조정회의의 위원장이 조정회의에 참석할 수 없을 때에는 위원장이 미리 지정한 위원의 순서로 그 직무를 대행한다.

제47조(조정회의 운영세칙) 이 영에서 규정한 사항 외에 조정회의의 운영에 필요한 사항은 조정회의의 의결을 거쳐 위원장이 정한다.

제48조(의견 수렴) 중앙행정기관의 장은 법 제41조제2항에 따라 소관 민원의 구비서류, 처리절차 등의 간소화 방안을 마련할 때에는 미리 이해관계인, 관련 단체 및 전문가 등의 의견을 수렴하여야 한다.

제48조의2(민원 간소화 방안의 제출 등) ① 중앙행정기관의 장은 법 제41조제2항에 따라 소관 민원의 구비서류, 처리절차 등의 간소화 방안을 마련한 경우 그 간소화 방안을 행정안전부장관에게 제출해야 한다.

② 행정안전부장관은 제1항에 따라 제출받은 간소화 방안을 점검하고 필요한 경우 개선을 권고할 수 있다.

③ 중앙행정기관의 장은 제2항에 따른 행정안전부장관의 권고에 따라 개선하도록 노력해야 한다.

[본조신설 2022. 7. 11.]

제48조의3(법정민원 신설 사전진단) ① 중앙행정기관의 장은 소관 법정민원을 신설하려는 경우에는 그 민원의 처리기간·구비서류·수수료 등의 적정성에 대해 사전진단을 실시해야 한다.

② 중앙행정기관의 장은 제1항에 따라 실시한 사전진단의 결과를 행정안전부장관에게 통보해야 한다.

③ 행정안전부장관은 제2항에 따라 통보받은 사전진단의 결과에 대해 소관 중앙행정기관의 장과 그 법정민원의 개선에 필요한 사항을 협의할 수 있다.

④ 제1항에 따른 사전진단 및 제3항에 따른 협의의 절차와 방법에 관하여 필요한 사항은 행정안전부령으로 정한다.

[본조신설 2022. 7. 11.]

제49조(확인·점검 등) ① 법 제42조제1항에 따른 확인·점검에 관하여는「지방자치단체에 대한 행정감사규정」제11조 및 제12조를 준용한다.

② 행정안전부장관은 법 제42조제3항에 따라 시정조치가 필요하다고 판단되는 사항 중 처리기간의 경과, 구비서류의 추가 요구 및 부당한 접수 거부 등 경미한 사항은 법 제42조제3항에도 불구하고 직접 관계 행정기관의 장에게 그 시정에 필요한 조치를 요구할 수 있다. 〈개정 2017. 7. 26., 2022. 7. 11.〉

③ 법 제42조제3항에 따라 국무총리로부터 시정 요구를 받거나 이 조 제2항에 따라 행정안전부장관으로부터 시정 요구를 받은 관계 행정기관의 장은 행정안전부장관에게 그 처리 결과를 통보하여야 한다. 〈개정 2017. 7. 26., 2022. 7. 11.〉

제50조(평가) ① 행정안전부장관은 법 제42조제1항에 따라 민원행정 개선을 위하여 필요하다고 인정되는 경우에는 행정기관에 대한 민원행정 및 민원제도 개선의 추진상황에 대한 평가를 할 수 있다. 〈개정 2017. 7. 26.〉

② 행정기관의 장은 법 제42조제2항에 따라 제1항에 따른 평가 결과를 공개하는 경우에는 행정안전부장관이 평가 결과를 통보한 날부터 14일 이내에 해당 행정기관의 인터넷 홈페이지에 1개월 이상 공개해야 한다. 〈신설 2022. 7. 11.〉

③ 행정기관의 장은 제2항에 따라 평가 결과를 공개하는 경우에는 그 행정기관의 종합 평가 결과 및 주요 항목별 평가 결과를 공개해야 한다. 〈신설 2022. 7. 11.〉

④ 행정안전부장관은 제1항에 따른 평가 결과에 따라 우수 기관 및 직원에 대하여 포상할 수 있다. 〈개정 2017. 7. 26., 2022. 7. 11.〉

제51조(민원행정에 관한 여론 수집) ① 행정안전부장관은 법 제44조에 따라 행정기관의 민원 처리에 관한 국민들의 여론을 수집하려는 경우 효율적인 여론 수집을 위하여 필요한 경우에는 관련 기관 또는 단체 등에 여론조사를 의뢰할 수 있다. 〈개정 2017. 7. 26.〉

② 행정안전부장관은 국민들의 여론을 수집한 결과 민원행정제도 및 운영의 개선이 필요한 경우 국무총리의 승인을 받아 관계 행정기관의 장에게 시정에 필요한 조치를 요구할 수 있다. 이 경우 관계 행정기관의 장은 적절한 조치를 하고, 그 처리 결과를 행정안전부장관에게 통보하여야 한다. 〈개정 2017. 7. 26.〉

제52조(고유식별정보의 처리) ① 행정기관의 장은 법 제12조의2에 따라 전자민원창구 또는 통합전자민원창구를 통한 민원처리에 관한 사무를 수행하기 위하여 불가피한 경우「개인정보 보호법 시행령」제19조제1호부터 제4호까지의 규정에 따른 주민등록번호, 여권번호, 운전면허의 면허번호 또는 외국인등록번호가 포함된 자료를 처리할 수 있다. 〈신설 2022. 7. 11.〉

② 법 제14조제1항에 따라 다른 행정기관 소관의 민원을 접수·교부하는 행정기관(농협 및 새마을금고를 포함한다)의 장은 민원을 접수·교부하기 위하여 불가피한 경우「개인정보 보호법 시행령」제19조제1호부터 제4호까지의 규정에 따른 주민등록번호, 여권번호, 운전면허의 면허번호 또는 외국인등록번호가 포함된 자료를 처리할 수 있다. 〈개정 2022. 7. 11.〉

제53조(국회 등의 특례) 국회·법원·헌법재판소·중앙선거관리위원회는 해당 기관의 효율적인 민원 처리를 위하여 필요한 경우에는 제3조부터 제5조까지, 제7조, 제8조의3, 제9조, 제10조, 제11조제1

항·제2항, 제22조, 제29조제1항·제3항·제4항, 제30조부터 제32조까지, 제33조제2항, 제34조, 제36조, 제37조 또는 제39조에서 정한 사항에 관하여 국회규칙·대법원규칙·헌법재판소규칙 또는 중앙선거관리위원회규칙으로 달리 정할 수 있다. 〈개정 2022. 7. 11.〉

부칙〈제33575호, 2023. 6. 27.〉(행정업무의 운영 및 혁신에 관한 규정)

제1조(시행일) 이 영은 공포한 날부터 시행한다. 〈단서 생략〉

제2조 생략

제3조(다른 법령의 개정) ①부터 ⑤까지 생략

⑥ 민원 처리에 관한 법률 시행령 일부를 다음과 같이 개정한다.

제30조제1항 각 호 외의 부분 중 "행정 효율과 협업 촉진에 관한 규정"을 "행정업무의 운영 및 혁신에 관한 규정"으로 한다.

⑦부터 ⑮까지 생략

제3장 민원 처리에 관한 법률 시행규칙

민원 처리에 관한 법률 시행규칙
(약칭 : 민원처리법 시행규칙)

제1조(목적) 이 규칙은 「민원 처리에 관한 법률」 및 같은 법 시행령에서 위임된 사항과 그 시행에 필요한 사항을 규정함을 목적으로 한다.

제1조의2(민원 처리 담당자 보호를 위한 인력의 배치) 행정기관의 장은 민원실의 규모, 방문 민원인 수, 위법행위 발생 빈도 등을 고려하여 행정안전부장관이 정하는 인력을 「민원 처리에 관한 법률 시행령」(이하 "영"이라 한다) 제4조제1항제1호에 따른 안전요원 등으로 배치할 수 있다.

[본조신설 2023. 3. 30.]

제2조(민원문서의 표시) 행정기관의 장은 영 제6조제1항에 따라 민원문서를 접수할 때에는 그 민원문서의 왼쪽 윗부분에 별표 1의 민원문서 표시인을 찍어야 한다. 다만, 전자문서로 접수하는 경우에는 민원문서 표시인을 전자적 형태로 나타낼 수 있다. 〈개정 2023. 3. 30.〉

제3조(민원의 접수) ① 영 제6조제2항에 따른 민원처리부는 별지 제1호서식과 같다. 다만, 가족관계등록·주민등록·병무(兵務)·인감·세무관계 등 취급건수가 많은 민원의 접수는 해당 행정기관의 장이 정하는 서식에 따를 수 있다.

② 영 제6조제2항에 따른 접수증은 별지 제2호서식과 같다.

③ 민원실, 문서의 접수·발송을 주관하는 부서 및 민원을 처리하는 주무부서는 2명 이상의 민원인이 대표자를 정하여 신청한 민원을 접수하였을 때에는 그 대표자에게 하나의 접수증을 발급한다.

④ 행정기관의 장은 제1항에도 불구하고 민원의 접수 편의와 효율적인 자료관리 등을 위하여 필요하다고 인정할 때에는 제1항의 서식을 전자적 시스템으로 작성·관리할 수 있다.

제4조(위임장) 행정기관의 장은 영 제6조제5항에 따라 민원인의 위임을 받은 사람이 맞는지 확인할 때에는 그 신원을 확인할 수 있는 신분증명서와 위임장 등으로 확인하여야 한다. 이 경우 위임장은 별지 제3호서식과 같다.

제4조의2(민원실의 운영) ① 행정기관(지방자치단체는 제외한다. 이하 이 조에서 같다)의 장은 영 제8조의3제3항에 따라 민원의 효율적인 접수·처리와 민원인의 권리 보호를 위해 소관 민원의 성격·접수 형태, 방문 민원인 수 등을 고려하여 민원실의 운영시간을 단축·연장·변경할 수 있다.

② 행정기관의 장은 제1항에 따라 민원실의 운영시간을 단축·연장·변경하는 경우에는 그 운영시간을 행정기관의 인터넷 홈페이지 및 민원실 주변에 게시해야 하며, 운영시간의 단축·연장·변경으로 인한 민원인의 불편을 최소화하기 위하여 필요한 편의를 제공해야 한다.

③ 행정기관의 장은 영 제8조의3제3항에 따라 행정기관 외의 장소에 민원실을 설치하여 운영하는 경우에는 설치 장소·목적 등을 고려하여 특정한 종류의 민원만을 처리하는 방식으로 운영할 수 있다.

④ 제1항 및 제2항에 따른 민원실의 운영시간 및 운영방법에 관한 사항은 행정기관의 장이 훈령·예규·

고시 등(법 제2조제3호나목 및 다목에 따른 행정기관인 경우에는 내부규정을 말한다)으로 정한다.

[본조신설 2023. 3. 30.]

제5조(다른 행정기관 등을 이용한 민원의 접수·교부) ① 「민원 처리에 관한 법률」(이하 "법"이라 한다) 제14조제1항에 따라 다른 행정기관 등을 이용하여 접수·교부하는 민원 중 영 제12조제7항 전단에 따라 고시하여야 하는 민원의 신청은 별지 제4호서식에 따른다.

② 법 제14조제1항에 따라 민원을 접수·교부하는 다른 행정기관 등의 장은 민원을 접수할 때 필요하다고 인정되는 경우에는 해당 민원인 본인 또는 그 위임을 받은 사람이 맞는지 확인할 수 있다. 이 경우 위임을 받은 사람이 맞는지 확인하는 방법에 관하여는 제4조를 준용한다. 〈신설 2023. 3. 30.〉

③ 영 제12조제2항에 따라 민원을 받은 소관 행정기관은 그 민원을 처리하면 별표 2의 처리인과 직인을 찍은 후 그 처리 결과를 팩스·인터넷 또는 전자적 시스템을 이용하여 민원인이 교부받으려는 다른 행정기관이나 농협 또는 새마을금고(이하 이 조에서 "교부기관"이라 한다)에 보내야 한다. 다만, 인터넷 또는 전자적 시스템을 이용하는 경우에는 별표 2의 처리인과 직인을 갈음하여 「행정업무의 효율적 운영에 관한 규정」 제3조제9호에 따른 전자이미지관인을 찍은 후 처리주무부서의 전화번호, 담당자의 이름 등을 표시하여 교부기관에 보낼 수 있다. 〈개정 2023. 3. 30.〉

④ 제3항에 따라 처리 결과를 받은 교부기관은 별표 3의 처리인과 직인을 찍어 민원인에게 교부하여야 한다. 〈개정 2023. 3. 30.〉

제6조(처리기간 관련 서식) ① 영 제21조제2항에 따른 처리기간의 연장 통지 및 영 제40조제3항에 따른 거부처분에 대한 이의신청 결정기간의 연장 통지는 별지 제5호서식에 따른다.

② 영 제23조제1항에 따른 처리진행상황 등의 통지는 별지 제6호서식에 따른다.

제7조(처리상황의 확인·점검) 영 제22조에 따른 확인·점검은 매달 5일까지 지난 달의 민원처리상황에 대하여 실시한다.

제8조(관계 기관·부서 간의 협조) ① 법 제20조제1항에 따라 관계 기관(민원사항과 관련된 단체·협회 등을 포함한다)·부서에 협조를 요청할 때에는 민원문서의 오른쪽 윗부분에 별표 4의 민원문서 표시인을 찍어야 한다.

② 제1항에 따른 관계 기관·부서에 대한 협조 요청은 팩스·인터넷 또는 전자적 시스템으로도 할 수 있다. 이 경우 제1항에 따른 민원문서 표시인을 전자적 형태로 나타낼 수 있다.

제9조(민원문서의 보완요구) ① 영 제24조에 따른 보완요구는 민원문서를 접수한 때부터 8근무시간 이내에 하여야 한다. 다만, 현지조사 등 정당한 사유로 8근무시간이 지난 후 보완하여야 할 사항이 발견된 경우에는 즉시 보완을 요구하여야 한다.

② 행정기관의 장은 다른 기관을 거쳐 접수된 민원문서 중 보완이 필요한 경우에는 해당 기관을 거치지 아니하고 민원인에게 직접 보완을 요구할 수 있다.

제10조(독촉장) 영 제28조제2항에 따른 독촉장은 별지 제7호서식과 같다.

제11조(사전심사청구 관련 서식) ① 법 제30조제1항에 따른 사전심사의 청구는 별지 제8호서식에 따른다.

② 법 제30조제3항 본문에 따른 사전심사 결과 통지는 별지 제9호서식에 따른다.

③ 영 제34조제1항에 따른 사전심사청구 접수 처리부는 별지 제10호서식과 같다.

제11조의2(다수인관련민원 등에 관한 민원조정위원회의 심의) ① 행정기관의 장은 민원인의 권리보호 및 권익구제를 위하여 필요하다고 인정하는 경우에는 영 제38조의2제1항에 따라 다수인관련민원과 법

제23조제1항에 따라 종결처리된 후 다시 접수된 민원(이하 "다수인관련민원등"이라 한다)에 관한 사항을 법 제34조에 따른 민원조정위원회(이하 "민원조정위원회"라 한다)의 심의에 부칠 수 있다.

② 행정기관의 장은 민원조정위원회가 제1항에 따른 심의를 하기 전에 해당 연도에 접수된 다수인관련민원등의 추이(推移), 유형 및 처리현황 등을 분석하여 그 결과를 민원조정위원회에 제출할 수 있다.

③ 민원조정위원회는 제1항에 따른 심의사항이 없는 경우에는 다수인관련민원등에 관한 법 제34조제1항제1호의 사항을 심의해야 한다.

[본조신설 2023. 3. 30.]

제12조(이의신청 관련 서식)
① 법 제35조제1항 및 영 제40조제1항에 따른 이의신청은 별지 제11호서식에 따른다.

② 영 제40조제4항에 따른 이의신청처리대장은 별지 제12호서식과 같다.

제13조(법정민원 신설 사전진단 결과의 통보 등)
① 중앙행정기관의 장은 영 제48조의3제2항에 따라 통보하는 경우 사전진단 대상 민원의 근거가 되는 법령안에 대한 입법예고 또는 훈령·예규·시안에 대한 행정예고와 동시에 해야 한다. 다만, 「행정절차법」 제41조제1항 각 호 외의 부분 단서에 따라 입법예고를 하지 않는 경우 또는 같은 법 제46조제1항 각 호 외의 부분 단서에 따라 행정예고를 하지 않는 경우에는 지체 없이 통보해야 한다.

② 행정안전부장관은 특별한 사정이 없으면 제1항의 통보를 받은 날부터 15일 이내에 해당 민원의 개선에 필요한 사항을 회신해야 한다.

③ 제1항에 따른 통보 및 제2항에 따른 회신에 관한 세부적인 사항은 행정안전부장관이 정한다.

[본조신설 2023. 3. 30.]

부칙 〈제390호, 2023. 3. 30.〉

제1조(시행일) 이 규칙은 공포한 날부터 시행한다. 다만, 의2 및 제4조의2의 개정규정은 2023년 4월 1일부터 시행한다.

제2조(서식에 관한 경과조치) 이 규칙 시행 당시 종전의 규정에 따른 서식은 이 규칙 시행일부터 3개월 간 이 규칙에 따른 서식과 함께 사용할 수 있다.

제4장 행정업무의 운영 및 혁신에 관한 규정

행정업무의 운영 및 혁신에 관한 규정
(약칭 : 행정업무규정)

제1장 총칙

제1조(목적) 이 영은 행정기관의 행정업무 운영에 관한 사항을 규정함으로써 행정업무의 간소화·표준화·과학화 및 정보화를 도모하고 행정업무 혁신을 통하여 행정의 효율을 높이는 것을 목적으로 한다. 〈개정 2016. 4. 26., 2023. 6. 27.〉

제2조(적용범위) 중앙행정기관(대통령 직속기관과 국무총리 직속기관을 포함한다. 이하 같다)과 그 소속기관, 지방자치단체의 기관과 군(軍)의 기관(이하 "행정기관"이라 한다)의 행정업무 운영에 관하여 다른 법령에 특별한 규정이 있는 경우를 제외하고는 이 영에서 정하는 바에 따른다.

제3조(정의) 이 영에서 사용하는 용어의 뜻은 다음과 같다. 〈개정 2014. 2. 18., 2021. 1. 5., 2023. 6. 27.〉

1. "공문서"란 행정기관에서 공무상 작성하거나 시행하는 문서(도면·사진·디스크·테이프·필름·슬라이드·전자문서 등의 특수매체기록을 포함한다. 이하 같다)와 행정기관이 접수한 모든 문서를 말한다.
2. "전자문서"란 컴퓨터 등 정보처리능력을 가진 장치에 의하여 전자적인 형태로 작성되거나 송신·수신 또는 저장된 문서를 말한다.
2의2. "개방형 문서 형식"이란 다음 각 목의 요건을 모두 갖춘 전자문서 형식을 말한다.
   가. 기술의 표준과 규격이 공개되어 있을 것
   나. 「공공데이터의 제공 및 이용 활성화에 관한 법률」 제2조제3호에 따른 기계 판독이 가능한 형태일 것
3. "문서과"란 행정기관 내의 공문서를 분류·배부·보존하는 업무를 수행하거나 수신·발신하는 업무를 지원하는 등 문서에 관한 업무를 주관하는 과(課)·담당관 등을 말한다.
4. "처리과"란 업무 처리를 주관하는 과·담당관 등을 말한다.
5. "서명"이란 기안자·검토자·협조자·결재권자[제10조에 따라 결재, 위임전결 또는 대결(代決)하는 자를 말한다. 이하 같다] 또는 발신명의인이 공문서(전자문서는 제외한다)에 자필로 자기의 성명을 다른 사람이 알아볼 수 있도록 한글로 표시하는 것을 말한다.
6. "전자이미지서명"이란 기안자·검토자·협조자·결재권자 또는 발신명의인이 전자문서상에 전자적인 이미지 형태로 된 자기의 성명을 표시하는 것을 말한다.
7. "전자문자서명"이란 기안자·검토자·협조자·결재권자 또는 발신명의인이 전자문서상에 자동 생성된 자기의 성명을 전자적인 문자 형태로 표시하는 것을 말한다.
8. "행정전자서명"이란 기안자·검토자·협조자·결재권자 또는 발신명의인의 신원과 전자문서의 변경 여부를 확인할 수 있도록 그 전자문서에 첨부되거나 결합된 전자적 형태의 정보로서 「전자정부법 시행령」 제29조에 따른 인증기관으로부터 인

증을 받은 것을 말한다.

9. "전자이미지관인"이란 관인의 인영(印影 : 도장을 찍은 모양)을 컴퓨터 등 정보처리능력을 가진 장치에 전자적인 이미지 형태로 입력하여 사용하는 관인을 말한다.

10. "전자문서시스템"이란 문서의 기안·검토·협조·결재·등록·시행·분류·편철·보관·보존·이관·접수·배부·공람·검색·활용 등 모든 처리절차가 전자적으로 처리되는 시스템을 말한다.

11. "업무관리시스템"이란 행정기관이 업무처리의 모든 과정을 제22조제1항에 따른 과제관리카드 및 문서관리카드 등을 이용하여 전자적으로 관리하는 시스템을 말한다.

12. "행정정보시스템"이란 행정기관이 행정정보를 생산·수집·가공·저장·검색·제공·송신·수신하고 활용할 수 있도록 하드웨어·소프트웨어·데이터베이스 등을 통합한 시스템을 말한다.

13. "정보통신망"이란 「전기통신사업법」 제2조제2호에 따른 전기통신설비를 활용하거나 전기통신설비와 컴퓨터 및 컴퓨터의 이용기술을 활용하여 정보를 수집·가공·저장·검색·송신 또는 수신하는 정보통신체제를 말한다.

14. "정책실명제"란 정책의 투명성과 책임성을 높이기 위하여 행정기관에서 소관 업무와 관련하여 수립·시행하는 주요 정책의 결정 및 집행 과정에 참여하는 관련자의 실명과 의견을 기록·관리하는 제도를 말한다.

제2장 공문서 관리 등 행정업무의 처리

제1절 공문서의 작성 및 처리

제4조(공문서의 종류) 공문서(이하 "문서"라 한다)의 종류는 다음 각 호의 구분에 따른다.

1. 법규문서 : 헌법·법률·대통령령·총리령·부령·조례·규칙(이하 "법령"이라 한다) 등에 관한 문서

2. 지시문서 : 훈령·지시·예규·일일명령 등 행정기관이 그 하급기관이나 소속 공무원에 대하여 일정한 사항을 지시하는 문서

3. 공고문서 : 고시·공고 등 행정기관이 일정한 사항을 일반에게 알리는 문서

4. 비치문서 : 행정기관이 일정한 사항을 기록하여 행정기관 내부에 비치하면서 업무에 활용하는 대장, 카드 등의 문서

5. 민원문서 : 민원인이 행정기관에 허가, 인가, 그 밖의 처분 등 특정한 행위를 요구하는 문서와 그에 대한 처리문서

6. 일반문서 : 제1호부터 제5호까지의 문서에 속하지 아니하는 모든 문서

제5조(문서 처리의 기본 원칙) ① 행정기관의 장(법령에 따라 행정권한을 위임받거나 위탁받은 자를 포함한다. 이하 같다)은 문서의 기안·검토·협조·결재·등록·시행·분류·편철·보관·보존·이관·접수·배부·공람·검색·활용 등 처리절차를 전자문서시스템 또는 업무관리시스템 상에서 전자적으로 처리하도록 하여야 한다. 〈개정 2023. 6. 27.〉

② 행정기관의 장은 국민생활의 편의를 제고하고 전자문서를 체계적으로 관리·활용하기 위하여 다음 각 호의 기준에 따라 문서를 처리하도록 노력해야 한다. 〈신설 2023. 6. 27.〉

1. 개방형 문서 형식으로 문서요지와 키워드를 포함하여 작성할 것

2. 국민에게 문서를 다양한 형식으로 제공할 것

3. 국민이 다양한 장치에서 문서에 접근할 수 있도록 할 것

[제목개정 2023. 6. 27.]

제6조(문서의 성립 및 효력 발생) ① 문서는 결재권자가 해당 문서에 서명(전자이미지서명, 전자문자서명 및 행정전자서명을 포함한다. 이하 같다)의 방식으로 결재함으로써 성립한다.

② 문서는 수신자에게 도달(전자문서의 경우는 수신자가 관리하거나 지정한 전자적 시스템 등에 입력되는 것을 말한다)됨으로써 효력을 발생한다.

③ 제2항에도 불구하고 공고문서는 그 문서에서 효력발생 시기를 구체적으로 밝히고 있지 않으면 그 고시 또는 공고 등이 있은 날부터 5일이 경과한 때에 효력이 발생한다.

제7조(문서 작성의 방법) ① 문서는 「국어기본법」 제3조제3호에 따른 어문규범에 맞게 한글로 작성하되, 뜻을 정확하게 전달하기 위하여 필요한 경우에는 괄호 안에 한자나 그 밖의 외국어를 함께 적을 수 있으며, 특별한 사유가 없으면 가로로 쓴다.

② 문서의 내용은 간결하고 명확하게 표현하고 일반화되지 않은 약어와 전문용어 등의 사용을 피하여 이해하기 쉽게 작성하여야 한다.

③ 문서에는 음성정보나 영상정보 등이 수록되거나 연계된 바코드 등을 표기할 수 있다.

④ 문서에 쓰는 숫자는 특별한 사유가 없으면 아라비아 숫자를 쓴다.

⑤ 문서에 쓰는 날짜는 숫자로 표기하되, 연·월·일의 글자는 생략하고 그 자리에 온점을 찍어 표시하며, 시·분은 24시각제에 따라 숫자로 표기하되, 시·분의 글자는 생략하고 그 사이에 쌍점을 찍어 구분한다. 다만, 특별한 사유가 있으면 다른 방법으로 표시할 수 있다.

⑥ 문서 작성에 사용하는 용지는 특별한 사유가 없으면 가로 210밀리미터, 세로 297밀리미터의 직사각형 용지로 한다.

⑦ 제1항부터 제6항까지에서 규정한 사항 외에 문서 작성에 필요한 사항은 행정안전부령으로 정한다. 〈개정 2013. 3. 23., 2014. 11. 19., 2017. 7. 26.〉

[제목개정 2023. 6. 27.]

제8조(문서의 기안) ① 문서의 기안은 전자문서로 하는 것을 원칙으로 한다. 다만, 업무의 성질상 전자문서로 기안하기 곤란하거나 그 밖의 특별한 사정이 있으면 그러하지 아니하다.

② 문서의 기안은 행정안전부령으로 정하는 기안문으로 하여야 한다. 다만, 관계 서식이 따로 있는 경우에는 그 내용을 관계 서식에 기입하는 방법으로 할 수 있다. 〈개정 2013. 3. 23., 2014. 11. 19., 2017. 7. 26.〉

③ 둘 이상의 행정기관의 장의 결재가 필요한 문서는 그 문서 처리를 주관하는 행정기관에서 기안하여야 한다.

④ 기안문에는 행정안전부령으로 정하는 바에 따라 발의자(기안하도록 지시하거나 스스로 기안한 사람을 말한다)와 보고자를 알 수 있도록 표시하여야 한다. 다만, 다음 각 호의 문서에는 발의자와 보고자의 표시를 생략할 수 있다. 〈개정 2013. 3. 23., 2014. 11. 19., 2017. 7. 26.〉

1. 검토나 결정이 필요하지 아니한 문서
2. 각종 증명 발급, 회의록, 그 밖의 단순 사실을 기록한 문서
3. 일상적·반복적인 업무로서 경미한 사항에 관한 문서

제9조(문서의 검토 및 협조) ① 기안문은 결재권자의 결재를 받기 전에 보조기관 또는 보좌기관의 검토를 받아야 한다. 다만, 보조기관 또는 보좌기관이 출장 등의 사유로 검토할 수 없는 등 부득이한 경우에는 검토를 생략할 수 있으며, 이 경우 검토자의 서명란에 출장 등의 사유를 적어야 한다.

② 기안문의 내용이 행정기관 내의 다른 보조기관 또는 보좌기관의 업무와 관련이 있을 때에는 그 보조기

관 또는 보좌기관의 협조를 받아야 한다.

③ 보조기관 또는 보좌기관이 제1항에 따라 기안문을 검토하는 경우에 그 내용과 다른 의견이 있으면 기안문을 직접 수정하거나 기안문 또는 별지에 그 의견을 표시하여야 한다.

④ 보조기관 또는 보좌기관이 제2항에 따라 협조하는 경우에 그 내용과 다른 의견이 있으면 기안문 또는 별지에 그 의견을 표시하여야 한다.

제10조(문서의 결재)
① 문서는 해당 행정기관의 장의 결재를 받아야 한다. 다만, 보조기관 또는 보좌기관의 명의로 발신하는 문서는 그 보조기관 또는 보좌기관의 결재를 받아야 한다.

② 행정기관의 장은 업무의 내용에 따라 보조기관 또는 보좌기관이나 해당 업무를 담당하는 공무원으로 하여금 위임전결하게 할 수 있으며, 그 위임전결 사항은 해당 기관의 장이 훈령이나 지방자치단체의 규칙으로 정한다.

③ 제1항이나 제2항에 따라 결재할 수 있는 사람이 휴가, 출장, 그 밖의 사유로 결재할 수 없을 때에는 그 직무를 대리하는 사람이 대결하고 내용이 중요한 문서는 사후에 보고하여야 한다.

제11조(문서의 등록 등)
① 행정기관은 문서를 생산(제6조제1항에 따라 문서가 성립된 경우를 말한다. 이하 같다)하였을 때에는 지체 없이 「공공기록물 관리에 관한 법률 시행령」 제20조에 따라 생산등록번호(이하 "생산등록번호"라 한다)를 부여하고 등록하여야 한다.

② 제4조제1호부터 제3호까지의 규정에 따른 문서에는 생산등록번호 외에 행정안전부령으로 정하는 번호를 부여한다. 〈개정 2013. 3. 23., 2014. 11. 19., 2017. 7. 26.〉

제12조(시행문의 작성)
① 결재를 받은 문서 가운데 발신하여야 하는 문서는 행정안전부령으로 정하는 시행문으로 작성하여 발신한다. 〈개정 2013. 3. 2 3., 2014. 11. 19., 2017. 7. 26.〉

② 시행문의 수신자가 여럿인 경우 그 수신자 전체를 함께 표시하여 시행문을 작성·시행할 수 있다. 다만, 수신자의 개인정보 보호 등을 위하여 필요할 때에는 수신자별로 작성·시행하여야 한다.

제13조(발신 명의)
① 문서의 발신 명의는 행정기관의 장으로 한다. 다만, 합의제기관의 권한에 속하는 문서의 발신 명의는 그 합의제기관으로 한다.

② 제1항에도 불구하고 행정기관 내의 보조기관 또는 보좌기관 상호간에 발신하는 문서는 해당 보조기관 또는 보좌기관의 명의로 한다.

③ 발신할 필요가 없는 내부결재문서는 발신 명의를 표시하지 아니한다.

제14조(관인날인 또는 서명)
① 제13조제1항 본문 또는 단서에 따라 행정기관의 장 또는 합의제기관의 명의로 발신하는 문서의 발신 명의에는 관인(전자이미지관인을 포함한다. 이하 이 조에서 같다)을 찍는다. 이 경우 제13조제1항 본문에 따라 행정기관의 장의 명의로 발신하는 문서의 발신 명의에는 행정기관의 장이 관인의 날인(捺印)을 갈음하여 서명(전자문자서명과 행정전자서명은 제외한다)을 할 수도 있다.

② 제13조제2항에 따라 행정기관 내의 보조기관 또는 보좌기관 상호 간에 발신하는 문서의 발신 명의에는 보조기관 또는 보좌기관이 서명을 한다.

③ 관보나 신문 등에 실리는 문서에는 관인을 찍거나 서명하지 아니하며, 경미한 내용의 문서에는 행정안전부령으로 정하는 바에 따라 관인날인 또는 서명을 생략할 수 있다. 〈개정 2013. 3. 23., 2014. 11. 19., 2017. 7. 26.〉

④ 관인을 찍어야 할 문서로서 다수의 수신자에게 동시에 발신 또는 교부하거나 알리는 문서에는 관인의 날인을 갈음하여 관인의 인영을 인쇄하여 사용할 수 있다. 이 경우 실제 규격대로 인쇄하기 어려운 경우

에는 관인의 실제 규격보다 축소하여 인쇄할 수 있다.

제15조(문서의 발신) ① 문서는 직접 처리하여야 할 행정기관에 발신한다. 다만, 필요한 경우에는 행정조직상의 계통에 따라 발신한다.

② 하급기관이 바로 위 상급기관 외의 상급기관(바로 위 상급기관에 대한 지휘·감독권을 가지는 상급기관을 말한다)에 발신하는 문서 중에서 필요하다고 인정되는 문서는 그 바로 위 상급기관을 거쳐 발신하여야 한다.

③ 상급기관이 바로 아래 하급기관 외의 하급기관(바로 아래 하급기관의 지휘·감독을 받는 하급기관을 말한다)에 발신하는 문서 중에서 필요하다고 인정되는 문서는 그 바로 아래 하급기관을 거쳐서 발신하여야 한다.

④ 다음 각 호의 어느 하나에 해당하는 경우에는 해당 문서를 생산한 처리과의 장의 승인을 받아 이미 발신한 문서의 수신자를 변경하거나 추가하여 다시 발신할 수 있다.

1. 결재권자나 해당 문서를 생산한 처리과의 장의 지시가 있는 경우
2. 수신자의 명칭이 변경된 경우
3. 착오로 인하여 수신자를 누락하였거나 잘못 지정한 경우
4. 해당 업무와 관련된 기관의 요청이 있는 경우

제16조(문서의 발신방법 등) ① 문서는 정보통신망을 이용하여 발신하는 것을 원칙으로 한다.

② 제1항에도 불구하고 업무의 성질상 제1항에 따른 발신방법이 적절하지 아니하거나 그 밖의 특별한 사정이 있으면 우편·팩스 등의 방법으로 문서를 발신할 수 있으며, 내용이 중요한 문서는 등기우편이나 그 밖에 발신 사실을 증명할 수 있는 특수한 방법으로 발신하여야 한다.

③ 행정기관이 아닌 자에게는 행정기관의 홈페이지나 행정기관이 공무원에게 부여한 전자우편주소 등 공무원임을 확인할 수 있는 전자적인 방법을 이용하여 문서를 발신할 수 있다. 〈개정 2023. 6. 27.〉

④ 행정기관의 장은 문서를 수신·발신하는 경우에 문서의 보안 유지와 위조, 변조, 분실, 훼손 및 도난 방지를 위한 적절한 조치를 마련하여야 한다.

⑤ 결재권자는 비밀사항이거나 누설되면 국가안전보장, 질서유지, 경제안정, 그 밖의 국가이익을 해칠 우려가 있는 내용의 문서를 결재할 때에는 그 문서 내용의 암호화 등 보안 유지가 가능한 발신방법을 지정하여야 한다.

제17조(결재받은 문서의 수정) 결재를 받은 문서의 일부분을 삭제하거나 수정할 때에는 재작성하여 결재를 받아야 한다. 다만, 종이문서의 경우로서 삭제하거나 수정하려는 사항이 명백한 오류의 정정 등 경미한 사항인 경우에는 행정안전부령으로 정하는 바에 따라 삭제하거나 수정할 수 있다. 〈개정 2013. 3. 23., 2014. 11. 19., 2017. 7. 26.〉

제18조(문서의 접수·처리) ① 문서는 처리과에서 접수하여야 하며, 접수한 문서에는 접수일시와 「공공기록물 관리에 관한 법률 시행령」 제20조에 따른 접수등록번호(이하 "접수등록번호"라 한다)를 전자적으로 표시하되, 종이문서인 경우에는 행정안전부령으로 정하는 접수인을 찍고 접수일시와 접수등록번호를 적는다. 〈개정 2013. 3. 23., 2014. 11. 19., 2017. 7. 26.〉

② 제1항에도 불구하고 문서과에서 받은 문서는 문서과에서 접수일시를 전자적으로 표시하거나 적고 지체 없이 처리과에 배부하여야 한다. 이 경우 처리과는 배부받은 문서에 접수등록번호를 표시하거나 적는다.

③ 행정기관은 문서의 접수 및 배부 경로에 관한 정보를 「공공기록물 관리에 관한 법률 시행령」 제20조에 따른 등록정보로 관리하여야 한다.

④ 처리과에서 문서 수신·발신 업무를 담당하는 사람은 접수한 문서를 처리담당자에게 인계하여야 하고, 처리담당자는 행정안전부령으로 정하는 문서인 경우에는 공람할 자의 범위를 정하여 그 문서를 공람하게 할 수 있다. 이 경우 전자문서를 공람하였다는 기록이 업무관리시스템 또는 전자문서시스템 상에서 자동으로 표시되도록 하여야 한다. 〈개정 2013. 3. 23., 2014. 11. 19., 2017. 7. 26.〉

⑤ 제4항에 따라 공람을 하는 결재권자는 문서의 처리기한과 처리방법을 지시할 수 있으며, 필요하면 조직 관계 법령 또는 제60조에 따라 업무분장된 담당자 외에 그 문서의 처리담당자를 따로 지정할 수 있다.

⑥ 행정기관의 홈페이지나 행정기관이 부여한 공무원의 전자우편주소 등 정보통신망을 이용하여 행정기관이 아닌 자로부터 받은 문서는 제1항부터 제5항까지의 규정에 따라 처리한다. 이 경우 해당 문서에 대한 위조·변조 방지 조치 등으로 인하여 접수일시와 접수등록번호를 표시할 수 없으면 그 문서에 표시하지 아니할 수 있고 발신자의 주소와 성명 등이 불분명할 때에는 접수하지 아니할 수 있다.

제19조(문서의 쪽 번호 등 표시) 2장 이상으로 이루어진 문서가 제1호 각 목의 어느 하나에 해당하는 경우에는 제2호 각 목의 구분에 따라 쪽 번호 또는 발급번호를 표시하거나 간인(間印) 등을 해야 한다. 〈개정 2013. 3. 23., 2014. 11. 19., 2017. 7. 26., 2021. 1. 5.〉

1. 대상 문서
   가. 문서의 순서 또는 연결 관계를 명백히 할 필요가 있는 문서
   나. 사실관계나 법률관계의 증명에 관계되는 문서
   다. 허가, 인가 및 등록 등에 관계되는 문서
2. 표시 방법
   가. 전자문서인 경우 : 행정안전부령으로 정하는 바에 따라 전자적 방법으로 쪽 번호 또는 발급번호를 표시한다.
   나. 종이문서인 경우 : 관인 관리자가 관인을 이용하여 간인한다. 다만, 민원서류나 그 밖에 필요하다고 인정하는 종이문서에는 간인을 갈음하여 구멍뚫기(천공)방식으로 표시할 수 있다.

제20조(외국어로 된 문서 등에 대한 특례) 외국어로 된 문서에는 제7조, 제13조, 제14조, 제17조 및 제19조를 적용하지 아니할 수 있고, 법규문서 중에서 법률에 관한 문서는 이 영의 적용을 받지 아니하는 기관에서 다른 관행이 있는 경우에는 그 관행에 따를 수 있다.

제2절 업무관리시스템의 구축·운영

제21조(업무관리시스템) ① 행정기관의 장은 업무처리의 모든 과정을 효율적으로 관리하기 위하여 업무관리시스템을 구축·운영하여야 한다. 다만, 업무의 성질상 업무관리시스템의 구축·운영이 곤란하거나 그 밖의 특별한 사유가 있는 경우에는 그러하지 아니하다.

② 중앙행정기관, 지방자치단체 또는 지방교육행정기관의 장은 제1항 본문에 따라 업무관리시스템을 구축·운영하는 경우에 그 소속기관 등을 포함하여 구축·운영할 수 있다.

③ 행정안전부장관은 제1항과 제2항에 따른 업무관리시스템의 구축·운영을 지원하기 위한 계획을 수립·시행할 수 있다. 〈개정 2013. 3. 23., 2014. 11. 19., 2017. 7. 26.〉

제22조(업무관리시스템의 구성 및 운영) ① 업무관리시스템에는 행정기관 업무의 기능별 단위 과제의 담당자·내용·추진실적 등을 기록·관리하기 위한 카드(이하 "과제관리카드"라 한다)와 문서의 작성·검토·결재·등록·공개·공유 등 문서처리의 모든 과정을 기록·관리하는 카드(이하 "문서관리카드"라 한다)

등이 포함되어야 한다. 이 경우 문서관리카드는 다음 각 호의 사항을 포함하여야 한다. 〈개정 2014. 2. 18.〉

1. 기안 내용
2. 의사결정 과정에서 제기된 의견, 수정 내용과 지시 사항
3. 의사결정 내용

② 제1항과 제2항에서 규정한 사항 외에 업무관리시스템의 구성 및 운영 등에 필요한 세부사항은 행정안전부령으로 정한다. 〈개정 2013. 3. 23., 2014. 11. 19., 2017. 7. 26.〉

제23조(업무관리시스템 등과 행정정보시스템 간의 연계·운영)
① 행정기관의 장은 효율적인 업무수행을 위하여 업무관리시스템 또는 전자문서시스템을 기능분류시스템(행정기관의 업무를 기능별로 분류하고 관련 행정정보를 연계하여 전자적으로 관리하는 시스템을 말한다. 이하 같다) 등 행정정보시스템과 연계하여 운영하여야 한다. 다만, 업무의 성질상 연계하여 운영하는 것이 적합하지 아니하거나 그 밖의 특별한 사유가 있는 경우에는 그러하지 아니하다.

② 행정기관의 장은 업무관리시스템으로 관리한 업무실적 등을 효과적으로 활용하도록 노력하여야 한다.

제24조(업무관리시스템 등의 표준 고시)
① 행정안전부장관은 다음 각 호의 표준을 정하여야 한다. 다만, 「산업표준화법」에 따른 한국산업표준이 제정되어 있는 사항은 그 표준을 따른다. 〈개정 2013. 3. 23., 2014. 11. 19., 2017. 7. 26.〉

1. 업무관리시스템의 규격에 관한 표준과 업무관리시스템을 이용한 전자문서 등의 유통에 관한 표준
2. 전자문서시스템의 규격에 관한 표준과 전자문서시스템을 이용한 전자문서 등의 유통에 관한 표준
3. 업무관리시스템 또는 전자문서시스템과 행정정보시스템 간 연계를 위한 표준

② 행정안전부장관은 제1항에 따른 규격·유통 및 연계에 관한 표준을 정하였으면 그 내용을 관보에 고시하고 인터넷에 게시하여야 한다. 그 표준을 변경하는 경우에도 또한 같다. 〈개정 2013. 3. 23., 2014. 11. 19., 2017. 7. 26.〉

③ 행정기관의 장은 특별한 사유가 없으면 제2항에 따라 고시된 표준과 「공공기록물 관리에 관한 법률」 제39조에 따른 표준에 적합한 업무관리시스템이나 전자문서시스템을 구축·운영하여야 한다.

제25조(정부전자문서유통지원센터)
① 행정안전부장관은 전자문서의 원활한 유통을 지원하기 위하여 행정안전부에 정부전자문서유통지원센터(이하 이 조에서 "센터"라 한다)를 둔다. 〈개정 2013. 3. 23., 2014. 11. 19., 2017. 7. 26.〉

② 센터는 다음 각 호의 업무를 수행한다. 〈개정 2023. 6. 27.〉

1. 전자문서의 원활한 유통을 위한 지원과 유통 및 연계에 관한 표준 등의 운영
2. 전자문서의 효율적인 유통을 위한 프로그램의 개발 및 보급
3. 전자문서의 유통 시 발생하는 장애를 복구하기 위한 지원
4. 유통되는 전자문서의 위조·변조·훼손 또는 유출을 방지하기 위한 보호대책 마련
5. 행정기관, 공공기관(「전자정부법」 제2조제3호에 따른 공공기관을 말한다. 이하 같다) 및 국민 간 전자문서의 유통을 위한 시스템 구축 및 운영

③ 제1항 및 제2항에서 규정한 사항 외에 센터의 운영에 필요한 세부 사항은 행정안전부령으로 정한다. 〈개정 2013. 3. 23., 2014. 11. 19., 2017. 7. 26.〉

제3절 서식의 제정 및 활용

제26조(서식의 제정) 행정기관에서 장기간에 걸쳐 반복적으로 사용하는 문서로서 정형화할 수 있는 문서는 특별한 사유가 없으면 서식으로 정하여 사용한다.

제27조(서식 제정 방법) ① 다음 각 호의 서식은 법령으로 정하여야 한다. 다만, 법령에서 고시 등으로 정하도록 한 경우와 그 밖의 특별한 사유가 있는 경우에는 고시·훈령·예규 등으로 정할 수 있다.

1. 국민의 권리·의무와 직접 관련되는 사항을 기재사항으로 정하는 서식
2. 인가, 허가, 승인 등 민원에 관계되는 서식
3. 행정기관에서 공통적으로 사용하는 서식 중 중요한 서식

② 제1항에 따른 서식 외의 서식은 고시·훈령·예규 등으로 정할 수 있다.

제28조(서식 설계의 일반 원칙) ① 서식은 글씨의 크기, 항목 간의 간격, 적어 넣을 칸의 크기 등을 균형 있게 조절하여 서식에 적을 사항을 쉽게 알 수 있도록 하여야 한다.

② 서식에는 누구나 쉽게 이해할 수 있는 용어를 사용하고, 불필요하거나 활용도가 낮은 항목을 넣어서는 아니 된다.

③ 서식은 특별한 사유가 없으면 별도의 기안문과 시행문을 작성하지 아니하고 그 서식 자체를 기안문과 시행문으로 갈음할 수 있도록 생산등록번호·접수등록번호·수신자·시행일 및 접수일 등의 항목을 넣어야 한다.

④ 법령에서 서식에 날인하여야 한다고 정하고 있지 아니하면 서명이나 날인을 선택할 수 있도록 하여야 한다.

⑤ 서식에는 가능하면 행정기관의 로고·상징·마크·홍보문구 등을 표시하여 행정기관의 이미지를 높일 수 있도록 하여야 한다.

⑥ 민원서식에는 민원인의 편의를 도모하기 위하여 그 민원업무의 처리흐름도, 처리기간, 전자적 처리가 가능한지 등을 표시하여야 하며, 음성정보나 영상정보 등을 수록하거나 연계한 바코드 등을 표기할 수 있다.

⑦ 서식에는 행정안전부령으로 정하는 바에 따라 용지의 규격 등을 표시할 수 있다. 〈개정 2023. 6. 27.〉

⑧ 제1항부터 제7항까지에서 규정한 사항 외에 서식 설계에 관한 세부 기준은 행정안전부령으로 정한다. 〈개정 2013. 3. 23., 2014. 11. 19., 2017. 7. 26.〉

제29조(서식의 승인 등) ① 중앙행정기관이 제27조제1항 각 호 외의 부분 본문에 따라 법령으로 서식을 제정하거나 변경하려는 경우에는 제28조에 따라 설계하여야 한다. 이 경우 서식을 제정하려는 경우에는 행정안전부장관의 승인을 받아야 하며, 서식을 변경하려는 경우에는 해당 중앙행정기관의 장은 제28조에 따른 원칙과 기준에 따라 자체심사를 하여야 한다. 〈개정 2013. 3. 23., 2014. 11. 19., 2015. 8. 3., 2017. 7. 26.〉

② 중앙행정기관의 소속기관이 서식을 정하거나 변경하려는 경우에는 제28조에 따라 설계하여 소속 중앙행정기관의 장의 승인을 받아야 한다.

③ 제1항 및 제2항에 따라 승인된 서식을 업무관리시스템, 행정정보시스템 등에서 그대로 사용할 수 없는 경우에는 서식의 주요 내용을 변경하지 아니하는 범위에서 기재항목 또는 형식 등을 변경할 수 있고, 필요한 경우에는 단순히 자구, 활자크기, 용지의 지질 등을 변경하여 사용할 수 있다. 이 경우 제1항 및 제2항에도 불구하고 사후통보로 승인을 갈음할 수 있다.

④ 서식을 제정한 기관은 그 서식을 폐지하였을 때에는 지체 없이 그 서식을 승인한 기관에 그 사실을 통

보하여야 한다.

⑤ 제27조제1항 각 호 외의 부분 본문에 따른 서식 외에 지방자치단체의 장이나 지방교육행정기관의 장은 소관 업무의 수행을 위하여 필요한 서식을 제28조에 따라 정할 수 있다.

제30조(서식 승인의 신청) ① 중앙행정기관은 해당 법령의 입법예고와 동시에 제29조제1항에 따른 서식 승인의 신청을 하여야 한다.

② 둘 이상 기관의 업무에 관계되는 서식은 관계 기관 간의 사전 협의를 거쳐 승인을 신청하여야 한다.

제31조(서식의 제공) 행정기관의 장은 정보통신망을 이용하여 소관 업무와 관련된 서식을 제공하여 국민이 편리하게 그 서식을 사용할 수 있도록 노력하여야 한다.

제32조(서식에 해당 국가 언어의 병기 등) 재외공관의 장은 재외공관에서 사용하는 서식에 그 국가의 언어를 함께 적어 사용하게 하거나 그 국가의 언어로 번역한 서식을 사용하게 할 수 있다. 〈개정 2021. 1. 5.〉

제4절 관인의 관리

제33조(관인의 종류 및 비치) ① 관인은 행정기관의 명의로 발신하거나 교부하는 문서에 사용하는 청인(廳印)과 행정기관의 장이나 보조기관의 명의로 발신하거나 교부하는 문서에 사용하는 직인(職印)으로 구분한다.

② 각급 행정기관은 다음 각 호의 구분에 따라 관인을 가진다.

1. 합의제기관은 청인을 가진다. 다만, 행정기관의 소관 사무에 관한 자문에 응하기 위하여 설립된 합의제기관은 필요한 경우에만 청인을 가진다.

2. 제1호 외의 기관은 그 기관장의 직인을 가진다.

3. 「정부조직법」 제6조제2항에 따라 보조기관이 위임받은 사무를 행정기관으로서 처리하는 경우에는 그 사무 처리를 위하여 직인을 가진다.

4. 합의제기관의 장이 법령에 따라 합의제기관의 장으로서 사무를 처리하는 경우에는 그 사무 처리를 위하여 직인을 가질 수 있다.

③ 각급 행정기관은 전자문서에 사용하기 위하여 전자이미지관인을 가진다.

제34조(특수 관인) ① 행정기관의 장은 유가증권 등 특수한 증표 발행, 민원업무 또는 재무에 관한 업무 등 특수한 업무 처리에 사용하는 관인을 따로 가질 수 있다.

② 세입징수관, 지출관, 회계 등 재무에 관한 업무를 담당하는 공무원의 직인은 기획재정부장관이, 국립의 각급 학교에서 사용하는 관인은 교육부장관이, 외교부와 재외공관에서 외교문서에 사용하는 관인은 외교부장관이, 검찰기관에서 사용하는 관인은 법무부장관이, 군 기관에서 사용하는 관인은 국방부장관이 각각 그 규격과 등록 등 관리에 필요한 사항을 정한다. 〈개정 2013. 3. 23.〉

제35조(규격) 관인의 모양은 별표의 규격을 초과하지 아니하는 범위에서 행정기관의 장이 정한다.

제36조(등록) ① 행정기관은 행정안전부령으로 정하는 바에 따라 관인의 인영을 그 행정기관의 관인대장에 등록하여야 하며, 전자이미지관인의 인영은 그 행정기관의 전자이미지관인대장에 등록하여야 한다. 다만, 부득이한 경우에는 그 행정기관의 바로 위 상급기관에 등록할 수 있다. 〈개정 2013. 3. 23., 2014. 11. 19., 2017. 7. 26.〉

② 행정기관은 제1항에 따라 등록하지 아니한 관인을 사용할 수 없다.

③ 행정기관의 장은 관인을 위조·변조하거나 부정하게 사용하지 못하도록 필요한 조치를 하여야 한다.

제37조(재등록 및 폐기) ① 행정기관이 관인을 분실하거나 닳아 없어지는 등의 사유로 관인을 갱신할 때

에는 제36조에 따라 등록한 행정기관에 갱신한 관인을 등록(이하 "재등록"이라 한다)해야 한다. 〈개정 2021. 1. 5.〉

② 행정기관이 관인을 폐기할 때에는 행정안전부령으로 정하는 바에 따라 관인대장에 관인 폐기일과 폐기 사유 등을 적고, 그 관인을 제39조에 따른 관인폐기 공고문과 함께 「공공기록물 관리에 관한 법률」에 따른 영구기록물관리기관에 이관하여야 한다. 이 경우 영구기록물관리기관은 폐기된 관인이 사용되거나 유출되지 아니하도록 하여야 한다. 〈개정 2013. 3. 23., 2014. 11. 19., 2017. 7. 26.〉

③ 전자이미지관인을 사용하는 기관은 관인을 폐기하거나 재등록한 경우 즉시 사용 중인 전자이미지관인을 삭제하고, 재등록한 관인의 인영을 전자이미지관인으로 재등록하여 사용하여야 한다.

④ 전자이미지관인을 사용하는 기관은 사용 중인 전자이미지관인의 인영의 원형이 제대로 표시되지 아니하는 경우 전자이미지관인을 재등록하여 사용하여야 한다.

⑤ 제3항과 제4항에 따라 전자이미지관인을 폐기하거나 재등록하는 경우 전자이미지관인대장에 그 사유를 적어야 한다.

제38조(전자이미지관인의 제출 및 관리) ① 둘 이상의 행정기관이 공동으로 사용하는 행정정보시스템을 구축·운영하는 행정기관의 장(이하 이 조에서 "행정정보시스템 운영기관장"이라 한다)은 그 행정정보시스템에 전자이미지관인을 전자입력하기 위하여 그 행정정보시스템을 사용하는 행정기관의 장에게 전자이미지관인을 제출하게 할 수 있다.

② 제1항에 따라 전자이미지관인을 제출한 행정기관의 장은 제37조에 따라 전자이미지관인을 재등록하거나 폐기하려는 경우에는 그 사실을 지체 없이 행정정보시스템 운영기관장에게 통보하여야 한다.

③ 제37조에 따라 전자이미지관인을 재등록하거나 폐기한 행정기관의 장은 공동으로 사용하는 행정정보시스템에 재등록한 전자이미지관인을 전자입력하거나 폐기한 전자이미지관인을 삭제하여야 한다. 다만, 직접 전자이미지관인을 전자입력하거나 삭제할 수 없는 경우에는 행정정보시스템 운영기관장이 제37조에 따라 재등록된 전자이미지관인을 제출받아 전자입력하거나 폐기된 전자이미지관인을 삭제할 수 있다.

제39조(공고) 제36조에 따른 등록기관은 관인을 등록 또는 재등록하거나 폐기하였을 때에는 행정안전부령으로 정하는 바에 따라 그 사실을 관보에 공고하여야 한다. 〈개정 2013. 3. 23., 2014. 11. 19., 2017. 7. 26.〉

제40조(공인) 지방자치단체의 기관에서 사용하는 공인(公印)에 관하여는 이 절의 규정에도 불구하고 그 지방자치단체의 조례로 정하는 바에 따른다.

제3장 행정업무의 효율적 수행

제1절 행정업무 혁신 〈개정 2023. 6. 27.〉

제41조(행정업무 혁신) ① 행정기관의 장은 업무의 효율성을 높이고 행정서비스에 대한 국민의 만족도를 높이기 위하여 해당 행정기관의 업무 수행 방식을 지속적으로 혁신(이하 "행정업무 혁신"이라 한다)해야 한다.

② 행정업무 혁신은 다음 각 호의 업무를 대상으로 한다.

1. 제42조 및 제43조에 따른 행정협업과제의 발굴·수행 등 행정협업 촉진
2. 불필요한 절차 간소화 및 디지털 기술을 활용한 업무처리 자동화 등 업무절차 개선
3. 불합리한 관행 타파 및 구성원 간 이해·소통을 위한 조직문화 개선
4. 사무공간, 회의공간, 휴게공간, 민원공간 등 업

무공간 혁신

5. 제43조의2에 따른 지식행정 활성화

6. 그 밖에 행정업무 혁신을 위하여 추진이 필요한 사항

③ 행정안전부장관은 행정업무 혁신을 위한 계획을 수립·시행할 수 있다.

④ 행정안전부장관은 필요하다고 인정하는 경우 관계 행정기관의 장에게 행정업무 혁신에 필요한 지원을 요청할 수 있다.

⑤ 행정안전부장관은 행정업무 혁신의 효과적인 추진을 위하여 관계 전문가 등으로 구성된 자문단을 운영할 수 있다.

[본조신설 2023. 6. 27.]

[종전 제41조는 제42조로 이동 〈2023. 6. 27.〉]

제42조(행정협업의 촉진) ① 행정기관의 장은 다른 행정기관과 공동의 목표를 설정하고 해당 행정기관 상호간의 기능을 연계하거나 시설·장비 및 정보 등을 공동으로 활용하는 방식의 행정기관 간 협업(이하 "행정협업"이라 한다)을 촉진하고 이에 적합한 업무과제(이하 "행정협업과제"라 한다)를 발굴해야 한다. 이 경우 행정기관의 장은 발굴한 행정협업과제 수행을 위하여 노력해야 한다. 〈개정 2016. 4. 26., 2023. 6. 27.〉

② 행정협업과제는 다음 각 호의 업무를 대상으로 한다. 〈신설 2016. 4. 26., 2023. 6. 27.〉

1. 다수의 행정기관이 공동으로 수행할 필요가 있는 업무

2. 다른 행정기관의 행정지원을 필요로 하는 업무

3. 법령에 따라 다른 행정기관의 인가·승인 등을 거쳐야 하는 업무

4. 행정기관 간 행정정보의 공유 또는 제46조의4에 따른 행정정보시스템의 상호 연계나 통합이 필요한 업무

5. 그 밖에 다른 행정기관의 협의·동의 및 의견조회 등이 필요한 업무

③ 삭제 〈2023. 6. 27.〉

④ 삭제 〈2023. 6. 27.〉

[제목개정 2016. 4. 26.]

[제41조에서 이동, 종전 제42조는 제42조의2로 이동 〈2023. 6. 27.〉]

제42조의2(행정협업과제의 등록) ① 행정기관의 장은 행정협업과제를 제46조의2에 따른 행정업무혁신시스템에 등록·관리할 수 있다. 이 경우 행정기관의 장은 등록하려는 행정협업과제를 공동으로 수행할 관련 행정기관의 장과 사전에 협의해야 한다. 〈개정 2023. 6. 27.〉

② 행정기관의 장은 제1항에 따라 행정협업과제를 행정업무혁신시스템에 등록하려는 경우에는 다음 각 호의 사항을 포함하여 등록하여야 한다. 〈개정 2017. 7. 26., 2023. 6. 27.〉

1. 행정협업과제의 주관부서 및 과제담당자와 협업부서 및 담당자

2. 행정협업과제와 관련된 다른 행정기관의 단위과제

3. 행정협업과제의 이력, 내용 및 취지

4. 그 밖에 행정안전부장관이 정하는 사항

[본조신설 2016. 4. 26.]

[제42조에서 이동 〈2023. 6. 27.〉]

제43조(행정협업과제의 추가 발굴 등) ① 행정안전부장관은 행정협업을 촉진하기 위하여 제42조제1항 전단에 따라 행정기관의 장이 발굴한 행정협업과제 외의 행정협업과제를 추가로 발굴할 수 있다. 〈개정 2017. 7. 26., 2023. 6. 27.〉

② 행정안전부장관은 제1항에 따라 행정협업과제를 추가로 발굴하기 위하여 필요한 경우에는 행정기관, 국민, 공공기관, 민간 기업 또는 단체 등을 대상으로 다음 각 호의 사항과 관련된 행정협업의 수요, 현황

및 애로사항 등을 조사할 수 있다. 〈개정 2017. 7. 26.〉

1. 목표달성을 위하여 다수의 행정기관이 함께 협력할 필요가 있고 구심적 역할을 수행하는 행정기관이 필요한 정책 또는 사업
2. 행정기관 간 협력을 통하여 비용 또는 예산을 절감할 수 있는 정책 또는 사업
3. 행정기관 간 이해상충 가능성이 높아 이견에 대한 협의·조정이 필요한 정책 또는 사업
4. 그 밖에 관련 행정기관과의 협의 결과 행정협업과제 발굴을 위하여 필요하다고 인정하는 사항

③ 행정안전부장관은 제2항에 따른 조사의 전문성 및 효율성을 높이기 위하여 필요한 경우에는 행정안전부장관이 정하는 바에 따라 관련 학회 등 연구단체, 전문기관 또는 민간 기업에 제1항 각 호의 사항의 전부 또는 일부에 관한 조사를 의뢰할 수 있다. 〈개정 2017. 7. 26.〉

④ 행정안전부장관은 제2항에 따른 조사 결과로 발굴된 행정협업과제를 관련 행정기관과의 협의를 통하여 확정한다. 〈개정 2017. 7. 26.〉

⑤ 행정안전부장관은 제4항에 따라 확정된 행정협업과제를 제46조의2에 따른 행정업무혁신시스템에 등록·관리할 수 있다. 〈개정 2017. 7. 26., 2023. 6. 27.〉

⑥ 제5항에 따른 행정협업과제의 등록 사항에 관하여는 제42조의2제2항을 준용한다. 〈개정 2023. 6. 27.〉

[본조신설 2016. 4. 26.]

[종전 제43조는 제46조의3으로 이동 〈2016. 4. 26.〉]

제43조의2(행정기관의 지식행정 활성화) ① 행정기관의 장은 해당 기관의 행정정보(「전자정부법」 제2조제6호에 따른 행정정보를 말한다), 행정업무 수행의 경험 및 업무에 관한 지식(이하 "행정지식"이라 한

다)의 공동이용 등을 통하여 정책과 행정서비스의 질을 높이는 방식의 행정(이하 "지식행정"이라 한다)을 활성화하도록 노력하여야 한다. 〈개정 2014. 2. 18.〉

② 행정기관의 장은 다음 각 호의 사항을 포함하여 해당 기관의 지식행정 활성화를 추진할 수 있다. 다만, 「전자정부법 시행령」 제35조제1항에 따른 행정지식관리시스템(이하 "행정지식관리시스템"이라 한다)을 구축·운영하지 않는 경우에는 제4호의 사항은 제외할 수 있다. 〈개정 2023. 6. 27.〉

1. 업무수행 과정에서 행정지식의 수집·생산, 보관·활용 방안
2. 연구모임 등을 통한 업무수행 경험 활용 활성화에 관한 사항
3. 전문가 전문지식의 업무 활용에 관한 사항
4. 행정지식관리시스템의 운영·관리에 관한 사항
5. 지식행정 활성화를 위한 지원 사항
6. 그 밖에 지식행정 활성화를 위하여 필요한 사항

③ 행정기관의 장은 특별한 사유가 없으면 전자문서시스템, 업무관리시스템, 행정지식관리시스템 등 각종 행정정보시스템과 「전자정부법 시행령」 제35조제3항에 따라 행정안전부장관이 구축·운영하는 행정지식의 공동 활용을 위한 시스템(이하 "정부통합지식행정시스템"이라 한다)을 연계하여 행정지식이 범정부적으로 활용·관리되도록 하여야 한다. 〈개정 2013. 3. 23., 2014. 2. 18., 2014. 11. 19., 2017. 7. 26.〉

④ 행정안전부장관은 정부통합지식행정시스템을 통해 행정지식을 수집하여 관리할 수 있으며, 이를 위하여 필요한 경우 행정기관의 장에게 소관 행정정보의 등록 또는 갱신을 요청할 수 있다. 이 경우 행정기관의 장은 특별한 사유가 없으면 요청에 따라야 한다. 〈신설 2023. 6. 27.〉

⑤ 행정기관의 장은 정부통합지식행정시스템상의 소

관 행정정보가 최신으로 유지되도록 노력해야 한다. 〈신설 2023. 6. 27.〉

[제47조에서 이동 〈2023. 6. 27.〉]

제44조(행정업무 혁신의 점검·관리 및 지원) ① 행정기관의 장은 해당 기관의 행정업무 혁신 추진상황을 지속적으로 점검해야 한다. 〈개정 2023. 6. 27.〉

② 행정기관의 장은 그 행정기관의 행정업무 혁신 성과를 평가·분석하고 체계적으로 관리해야 한다. 〈개정 2016. 4. 26., 2023. 6. 27.〉

③ 행정안전부장관은 필요하다고 인정하거나 관련 행정기관이 요청한 경우에는 행정업무 혁신을 위하여 필요한 지원을 할 수 있다. 〈개정 2016. 4. 26., 2017. 7. 26., 2023. 6. 27.〉

④ 행정안전부장관은 행정협업과제의 발굴 및 수행 과정에서 관련 행정기관 간 이견이 발생하는 경우 제46조제1항에 따라 임명된 관련 행정기관의 혁신책임관 간의 회의 등을 통하여 원활한 협의가 이루어질 수 있도록 필요한 지원을 할 수 있다.
〈신설 2016. 4. 26., 2017. 7. 26., 2023. 6. 27.〉

[제목개정 2016. 4. 26., 2023. 6. 27.]

[제46조에서 이동, 종전 제44조는 제41조로 이동 〈2016. 4. 26.〉]

제44조의2

[제44조의2는 제46조의4로 이동 〈2016. 4. 26.〉]

제44조의3

[제44조의3은 제46조의5로 이동 〈2016. 4. 26.〉]

제45조(협의체 구성 및 업무협약 체결) 행정기관은 행정업무 혁신의 효율적인 수행을 위하여 필요한 경우 관련 행정기관과 협의체를 구성하거나 행정업무 혁신의 목적, 협력 범위 및 기능 분담 등에 관한 업무협약을 체결할 수 있다. 〈개정 2016. 4. 26., 2023. 6. 27.〉

제46조(혁신책임관) ① 행정기관의 장은 소속 기획조정실장 또는 이에 준하는 직위의 공무원을 해당 행정기관의 행정업무 혁신을 총괄하는 책임관(이하 "혁신책임관"이라 한다)으로 임명하여야 한다. 〈개정 2023. 6. 27.〉

② 혁신책임관의 업무는 다음 각 호와 같다. 〈개정 2017. 10. 17., 2023. 6. 27.〉

1. 해당 행정기관의 행정업무 혁신 과제 발굴 및 수행의 총괄

2. 해당 행정기관의 행정정보시스템의 다른 행정기관과의 연계 및 효율적 운영에 관한 총괄 관리

3. 해당 행정기관의 행정업무 혁신을 위한 행정업무 절차, 관련 제도 등의 정비·개선

4. 해당 행정기관의 행정업무 혁신과 관련된 다른 행정기관과의 협의·조정

5. 해당 행정기관의 공공기관, 기업, 단체 등과의 협업 추진에 관한 업무를 총괄하는 부서의 지정·운영

6. 그 밖에 행정업무 혁신을 위하여 필요한 업무

③ 행정기관의 장은 제1항에 따라 혁신책임관을 임명한 경우에는 행정안전부장관이 정하는 바에 따라 그 사실을 제46조의2에 따른 행정업무혁신시스템에 등록하여야 한다. 〈개정 2017. 7. 26., 2023. 6. 27.〉

[본조신설 2016. 4. 26.]

[제목개정 2023. 6. 27.]

[종전 제46조는 제44조로 이동 〈2016. 4. 26.〉]

제46조의2(행정업무혁신시스템의 구축·운영)
① 행정안전부장관은 행정기관이 제41조제2항 각 호의 업무를 원활하게 수행할 수 있도록 전자적 시스

템(이하 "행정업무혁신시스템"이라 한다)을 구축할 수 있다. 〈개정 2023. 6. 27.〉

② 행정기관의 장은 행정업무혁신시스템을 이용하여 행정업무 혁신을 수행하도록 노력해야 한다. 〈개정 2023. 6. 27.〉

③ 제1항 및 제2항에서 규정한 사항 외에 행정업무혁신시스템의 구축·운영 등에 필요한 세부 사항은 행정안전부장관이 정한다. 〈개정 2013. 3. 23., 2014. 11. 19., 2016. 4. 26., 2017. 7. 26., 2023. 6. 27.〉

[제목개정 2016. 4. 26., 2023. 6. 27.]

[제42조에서 이동 〈2016. 4. 26.〉]

제46조의3(행정업무혁신시스템의 활용 촉진) ① 행정기관의 장은 소관 업무 중 행정업무혁신시스템을 이용하여 업무를 수행한 실적 등 행정업무혁신시스템 활용 실태를 평가·분석하고 그 활용을 촉진하여야 한다. 〈개정 2016. 4. 26., 2023. 6. 27.〉

② 행정안전부장관은 각급 행정기관의 행정업무혁신시스템 활용 실태를 점검·평가하고 필요한 지원을 할 수 있다. 〈개정 2013. 3. 23., 2014. 11. 19., 2016. 4. 26., 2017. 7. 26., 2023. 6. 27.〉

[제목개정 2016. 4. 26., 2023. 6. 27.]

[제43조에서 이동 〈2016. 4. 26.〉]

제46조의4(행정정보시스템의 상호 연계 및 통합) ① 행정기관의 장은 행정업무 혁신의 원활한 추진을 위하여 행정기관 간 행정정보시스템의 상호 연계나 통합을 적극적으로 추진하여야 한다. 〈개정 2016. 4. 26., 2023. 6. 27.〉

② 행정안전부장관은 행정업무 혁신을 위하여 필요하다고 인정되거나 관련 행정기관의 지원 요청이 있는 경우 행정정보시스템의 연계·통합에 필요한 지원을 할 수 있다. 〈개정 2014. 11. 19., 2016. 4. 26., 2017. 7. 26., 2023. 6. 27.〉

[본조신설 2014. 2. 18.]

[제44조의2에서 이동 〈2016. 4. 26.〉]

제46조의5(행정협업조직의 설치) ① 행정기관의 장은 다수의 행정기관이 수행하는 사무의 목적, 대상 또는 관할구역 등이 유사하거나 연관성이 높은 경우에는 관련 기능, 업무처리절차 및 정보시스템 등을 연계·통합하거나 시설·인력 등을 공동으로 활용하는 등 협력하여 업무를 수행하는 조직(이하 "행정협업조직"이라 한다)을 설치·운영할 수 있다. 〈개정 2016. 4. 26.〉

② 제1항에 따라 행정협업조직 설치·운영에 참여하는 관계 행정기관의 장은 해당 행정협업조직의 운영을 위하여 필요한 공동운영규정을 제정할 수 있다. 〈개정 2016. 4. 26.〉

[본조신설 2015. 8. 3.]

[제목개정 2016. 4. 26.]

[제44조의3에서 이동 〈2016. 4. 26.〉]

제46조의6(행정업무 혁신 관련 시설 등의 확보) ① 행정기관의 장은 행정업무 혁신을 위하여 필요한 경우 공동시설·공간·설비 등을 마련하여 다른 행정기관에 제공할 수 있다. 〈개정 2023. 6. 27.〉

② 행정안전부장관은 「전자정부법」 제32조에 따라 전자적 행정업무 수행을 위하여 정부가 설치한 시설이 행정협업 관련 시설로 활용되거나 연계되도록 노력하여야 한다. 〈개정 2017. 7. 26.〉

[본조신설 2016. 4. 26.]

[제목개정 2023. 6. 27.]

제46조의7(행정업무 혁신문화의 조성 및 국제협력 등) ① 행정안전부장관은 행정업무 혁신에 대한 인식을 높이고, 행정업무 혁신문화를 조성하기 위하여 다음 각 호의 사업을 추진할 수 있다. 〈개정 2017. 7. 26., 2017. 10. 17., 2023. 6. 27.〉

1. 행정업무 혁신 우수사례의 발굴·포상 및 홍보

2. 행정업무 혁신을 위한 자문 등 전문인력 및 기술 지원

3. 행정업무 혁신을 위한 포럼 및 세미나 개최

4. 행정업무 혁신을 위한 교육콘텐츠의 개발·보급

5. 행정업무 혁신을 위한 정책연구 및 제도개선 사업

6. 그 밖에 행정업무 혁신에 필요한 사업

② 행정안전부장관은 행정업무 혁신의 참고사례 발굴 및 우수사례의 전파, 전문인력의 양성 및 교류, 관련 전문기술의 확보 등을 위하여 국제협력을 적극적으로 추진하여야 한다. 〈개정 2017. 7. 26., 2023. 6. 27.〉

③ 행정기관의 장은 행정업무 혁신이 원활하게 수행될 수 있도록 조직 내 활발한 소통을 유도하는 사무공간을 마련하는 데 노력하여야 한다. 〈신설 2017. 10. 17., 2023. 6. 27.〉

[본조신설 2016. 4. 26.]

[제목개정 2023. 6. 27.]

제46조의8(행정업무 혁신우수기관 포상 및 홍보 등)
① 행정안전부장관은 행정업무 혁신의 성과가 우수한 행정기관을 선정하여 포상 또는 홍보할 수 있다. 〈개정 2017. 7. 26., 2023. 6. 27.〉

② 행정기관의 장은 행정업무 혁신에 이바지한 공로가 뚜렷한 공무원 등을 포상하고 인사상 우대조치 등을 할 수 있다. 〈개정 2023. 6. 27.〉

[본조신설 2016. 4. 26.]

[제목개정 2023. 6. 27.]

제47조

[종전 제47조는 제43조의2로 이동 〈2023. 6. 27.〉]

제48조 삭제 〈2023. 6. 27.〉

제2절 정책연구의 관리 〈개정 2023. 6. 27.〉

제49조(정책연구)
중앙행정기관(그 소속기관을 포함한다. 이하 이 절에서 같다)의 장은 정책의 개발 또는 주요 정책현안에 대한 조사·연구 등을 목적으로 정책연구를 수행할 자(이하 "연구자"라 한다)와의 계약을 통하여 정책연구를 하게 할 수 있다.

제50조(정책연구심의위원회 설치)
① 중앙행정기관의 장은 제49조에 따른 계약을 통한 정책연구(이하 "정책연구"라 한다)에 관한 다음 각 호의 사항을 심의하기 위하여 정책연구심의위원회(이하 이 절에서 "위원회"라 한다)를 둔다.

1. 연구과제와 연구자의 선정에 관한 사항

2. 연구결과의 평가에 관한 사항

3. 연구결과의 활용상황 점검 및 공개 등에 관한 사항

4. 그 밖에 정책연구의 체계적인 관리를 위하여 필요한 사항

② 위원회는 위원회의 업무를 효율적으로 수행하기 위하여 필요하면 소위원회를 둘 수 있으며, 제1항 각 호의 사항 중에서 연구과제의 선정을 제외한 사항에 대한 심의를 소위원회에 위임할 수 있다. 이 경우 위원회는 소위원회의 심의 내용을 확인·점검할 수 있다.

③ 위원회나 소위원회의 위원은 본인 또는 본인의 배우자, 4촌 이내의 혈족, 2촌 이내의 인척 또는 그 사람이 속한 기관·단체와의 정책연구 계약에 관한 사항의 심의·의결에 관여하지 못한다.

④ 제1항부터 제3항까지에서 규정한 사항 외에 위원회와 소위원회의 구성·운영 등에 필요한 사항은 행정안전부령으로 정한다. 〈개정 2013. 3. 23., 2014. 11. 19., 2017. 7. 26.〉

제51조(연구과제와 연구자의 선정)
① 중앙행정기관의 장은 공정하고 투명하게 정책연구가 이루어지도

록 위원회의 심의를 거쳐 연구과제를 선정하여야 하며 연구과제별로 담당부서의 과장급 공무원을 과제담당관으로 지정하여야 한다. 다만, 다음 각 호의 어느 하나에 해당하는 경우에는 위원회의 심의를 거치지 아니한다.

1. 제2항 각 호에 따라 위원회의 심의를 거치지 아니하고 연구자를 선정하여 정책연구를 하는 경우 중 긴급하게 정책연구를 할 필요가 있어 연구과제를 선정하는 경우
2. 예산의 편성에 따라 특정 사업 수행의 일부로 정책연구 사업이 정해진 경우로서 그 사업을 주관하는 부서의 장이 그 사업의 내용에 따라 연구과제를 선정하는 경우

② 중앙행정기관의 장은 「국가를 당사자로 하는 계약에 관한 법률」에 따른 계약의 방법으로 연구자를 선정하되, 같은 법에 따라 계약상대자를 결정하기 전에 연구자 선정에 관하여 위원회의 심의를 거쳐야 한다. 다만, 다음 각 호의 어느 하나에 해당하는 경우에는 위원회의 심의를 거치지 아니한다.

1. 「국가를 당사자로 하는 계약에 관한 법률」 제7조 본문에 따른 일반경쟁 방식으로 연구자를 선정하는 경우
2. 「국가를 당사자로 하는 계약에 관한 법률 시행령」 제13조에 따른 입찰참가자격 사전심사를 하는 경우
3. 「국가를 당사자로 하는 계약에 관한 법률 시행령」 제43조제1항에 따라 제안서를 제출받아 평가하는 경우

제52조(연구결과의 평가 및 활용) 중앙행정기관의 장은 정책연구가 종료된 후 그 정책연구결과를 평가하여야 하며, 정책연구 종료일부터 6개월 이내에 정책연구결과 활용상황을 점검하여야 한다. 이 경우 정책연구결과 평가 및 활용상황 점검에 관한 사항은 위원회의 심의를 거쳐야 한다.

제53조(정책연구관리시스템의 구축·운영) 행정안전부장관은 중앙행정기관이 전자적으로 정책연구과정을 관리하고 정책연구결과를 공동으로 이용할 수 있도록 정책연구관리시스템을 구축·운영하여야 한다. 〈개정 2013. 3. 23., 2014. 11. 19., 2017. 7. 26.〉

제54조(정책연구의 공개) ①중앙행정기관의 장은 다음 각 호의 사항을 그 공개가 가능한 때에 지체 없이 정책연구관리시스템을 통하여 공개하여야 한다. 〈개정 2014. 2. 18.〉

1. 정책연구의 계약 체결 내용
2. 정책연구결과 및 그 평가 결과
3. 정책연구결과 활용상황
4. 그 밖에 중앙행정기관의 장이 필요하다고 인정하는 정책연구에 관한 사항

② 지방자치단체의 장은 정책연구가 종료된 후 제1항제2호에 따른 정책연구결과를 해당 지방자치단체의 조례로 정하는 바에 따라 정책연구관리시스템을 통하여 공개하여야 한다. 〈신설 2014. 2. 18., 2017. 10. 17.〉

③ 「공공기관의 정보공개에 관한 법률」 제9조에 따른 비공개 대상 정보에 대해서는 제1항 및 제2항을 적용하지 아니한다. 〈신설 2014. 2. 18.〉

제54조(정책연구의 공개) ①중앙행정기관의 장은 다음 각 호의 사항을 그 공개가 가능한 때에 지체 없이 정책연구관리시스템을 통하여 공개하여야 한다. 〈개정 2014. 2. 18.〉

1. 정책연구의 계약 체결 내용
2. 정책연구결과 및 그 평가 결과
3. 정책연구결과 활용상황
4. 그 밖에 중앙행정기관의 장이 필요하다고 인정하는 정책연구에 관한 사항

② 지방자치단체의 장 및 교육감은 정책연구가 종료된 후 제1항제2호에 따른 정책연구결과를 해당 지방

자치단체의 조례로 정하는 바에 따라 정책연구관리 시스템을 통하여 공개하여야 한다. 〈신설 2014. 2. 18., 2017. 10. 17., 2023. 6. 27.〉

③ 「공공기관의 정보공개에 관한 법률」 제9조에 따른 비공개 대상 정보에 대해서는 제1항 및 제2항을 적용하지 아니한다. 〈신설 2014. 2. 18.〉

[시행일 : 2023. 9. 28.] 제54조제2항

제55조(기관별 성과점검 등 관리) ① 중앙행정기관의 장은 매년 기관의 정책연구 추진과정, 연구결과의 공개 및 활용상황 등을 점검하여야 한다.

② 행정안전부장관은 제1항에 따른 기관별 점검사항을 종합하여 정책연구의 성과를 점검할 수 있다. 〈개정 2013. 3. 23., 2014. 11. 19., 2017. 7. 26.〉

③ 행정안전부장관은 제2항에 따른 종합점검 결과를 해당 중앙행정기관의 장, 기획재정부장관 및 감사원장에게 통보해야 한다. 〈개정 2013. 3. 23., 2014. 11. 19., 2017. 7. 26., 2023. 6. 27.〉

④ 기획재정부장관은 제3항에 따라 행정안전부장관으로부터 통보받은 점검결과를 다음 해 예산을 편성할 때에 반영할 수 있다. 〈개정 2013. 3. 23., 2014. 11. 19., 2017. 7. 26.〉

제56조(다른 법령에 따라 관리되는 정책연구 등) 중앙행정기관이 다음 각 호의 어느 하나에 해당하는 연구 또는 조사를 하는 경우에는 이 절의 규정을 적용하지 아니한다. 〈개정 2012. 1. 20., 2013. 3. 23., 2014. 11. 19., 2017. 7. 26.〉

1. 「과학기술기본법」 제11조에 따른 국가연구개발사업의 연구
2. 「학술진흥법」에 따른 학술연구
3. 「국민건강증진법」 제19조에 따른 건강증진사업 관련 조사·연구
4. 기술·전산·임상 연구, 그 밖의 단순 반복적인 설문조사
5. 대가로 지급하는 금액이 1천만원 이하인 조사·연구
6. 그 밖에 다른 법령에 따라 관리되고 있는 연구로서 행정안전부장관이 정하는 연구

제3절 영상회의의 운영 〈개정 2023. 6. 27.〉

제57조(영상회의실의 설치·운영 및 지정) ① 행정기관의 장은 다음 각 호의 회의를 개최하기 위하여 영상회의실을 설치·운영할 수 있다. 〈개정 2013. 3. 23., 2014. 2. 18.〉

1. 국무회의 및 차관회의
2. 장관·차관이 참석하는 회의
3. 둘 이상의 정부청사에 위치한 기관 간에 개최하는 회의
4. 정부청사에 위치한 기관과 지방자치단체 간에 개최하는 회의
5. 그 밖에 원격지(遠隔地)에 위치한 기관 간 회의

② 행정안전부장관은 제1항 각 호의 회의를 개최하기 위하여 정부영상회의실을 설치·운영하거나 행정기관이 공동으로 사용할 수 있는 영상회의실을 지정할 수 있다. 이 경우 행정안전부장관은 원활한 공동 사용을 위하여 필요한 지원을 할 수 있다. 〈개정 2014. 2. 18., 2014. 11. 19., 2017. 7. 26.〉

③ 행정안전부장관이 제2항에 따라 지정한 영상회의실을 운영하는 행정기관의 장은 다른 기관이 영상회의실 사용을 요청하면 적극 협조하여야 한다. 〈개정 2014. 2. 18., 2014. 11. 19., 2017. 7. 26.〉

④ 제1항부터 제3항까지에서 규정한 사항 외에 영상회의실 및 정부영상회의실의 설치·운영, 지정 등에 필요한 사항은 행정안전부령으로 정한다. 〈개정 20

14. 2. 18., 2014. 11. 19., 2017. 7. 26.〉

⑤ 삭제〈2014. 2. 18.〉

[제목개정 2014. 2. 18.]

제58조(영상회의시스템의 구축 및 연계·운영) ① 행정기관의 장은 영상회의시스템을 구축하는 경우에 특별한 사유가 없으면 행정안전부장관이 정하는 기술규격에 적합하도록 하여 다른 행정기관 등의 영상회의시스템과 연계하여 운영할 수 있도록 하여야 한다.〈개정 2013. 3. 23., 2014. 2. 18., 2014. 11. 19., 2017. 7. 26.〉

② 행정안전부장관은 영상회의실의 연계를 원활히 하고, 이용 편의를 높이기 위하여 공통기반 및 통합이용 시스템을 구축·운영할 수 있다.〈신설 2014. 2. 18., 2014. 11. 19., 2017. 7. 26.〉

제59조(영상회의시스템 이용 활성화) ① 행정기관의 장은 원격지에 위치한 기관 간에 회의를 개최하는 경우 영상회의를 우선적으로 활용하여야 한다.

② 행정안전부장관은 영상회의를 활용하여야 하는 주요 회의와 이용 목표를 정하여 행정기관의 장에게 영상회의를 적극 활용할 것을 요청할 수 있다. 이 경우 행정기관의 장은 특별한 사유가 없으면 요청에 따라야 한다.〈개정 2014. 11. 19., 2017. 7. 26.〉

③ 행정안전부장관은 행정기관의 영상회의 활용실적을 정기적으로 점검·평가할 수 있다.〈개정 2014. 11. 19., 2017. 7. 26.〉

④ 행정기관의 장은 해당 기관의 영상회의를 총괄적으로 관리하기 위하여 영상회의 책임관과 영상회의 전담부서를 지정하여야 한다.

⑤ 영상회의 책임관은 해당 기관의 영상회의 현황 및 영상회의 실적관리, 영상회의 활성화 계획의 수립·이행 등의 임무를 수행한다.

⑥ 행정안전부장관은 행정기관의 영상회의 활성화를 위하여 영상회의 이용 홍보 및 교육, 영상회의 책임관 회의 개최, 행정기관별 영상회의 활용 우수사례 발굴·공유 및 우수기관 포상 등을 할 수 있다.〈개정 2014. 11. 19., 2017. 7. 26.〉

[전문개정 2014. 2. 18.]

제4장 행정업무의 관리

제60조(업무의 분장) 각 처리과의 장은 업무를 효율적으로 처리하고 책임소재를 명확하게 하기 위하여 소관 업무를 단위업무별로 분장하되, 소속 공무원 간의 업무량이 균형을 이룰 수 있도록 하여야 한다.

제61조(업무의 인계·인수) ① 공무원이 조직개편, 인사발령 또는 업무분장 조정 등의 사유로 업무를 인계·인수할 때에는 해당 업무에 관한 모든 사항이 구체적으로 나타나도록 행정안전부령으로 정하는 바에 따라 업무관리시스템이나 전자문서시스템을 이용하여 인계·인수하여야 한다.〈개정 2013. 3. 23., 2014. 11. 19., 2017. 7. 26.〉

② 행정기관의 장은 제1항에 따른 인계·인수가 원활하게 이루어질 수 있도록 기능분류시스템의 자료를 최신의 정보로 유지하여야 한다.

제62조(업무편람의 작성·활용) ① 행정기관이 상당 기간에 걸쳐 반복적으로 하는 업무는 그 업무의 처리가 표준화·전문화될 수 있도록 업무편람을 작성하여 활용하는 것을 원칙으로 한다.

② 업무편람은 다음 각 호의 구분에 따라 행정편람과 직무편람으로 구분한다.

1. 행정편람 : 업무처리 절차와 기준, 장비운용 방법, 그 밖의 일상적 근무규칙 등에 관하여 각 업무 담당자에게 필요한 지침·기준 또는 지식을 제공하는 업무지도서 또는 업무참고서 등

2. 직무편람 : 제60조에 따라 분장하는 단위업무에 대한 업무계획, 업무현황 및 그 밖의 참고자료 등을 체계적으로 정리한 업무 자료철 등

③ 행정기관의 장은 행정편람을 발간할 때 필요하면 그 기관의 공무원이나 관계 전문가에게 자문할 수 있다.

제63조(정책의 실명 관리) ① 행정기관의 장은 주요 정책의 결정이나 집행과 관련되는 다음 각 호의 사항을 종합적으로 기록·관리하여야 한다.

1. 주요 정책의 결정과 집행 과정에 참여한 관련자의 소속, 직급 또는 직위, 성명과 그 의견
2. 주요 정책의 결정이나 집행과 관련된 각종 계획서, 보고서, 회의·공청회·세미나 관련 자료 및 그 토의내용

② 행정기관의 장은 주요 정책의 결정을 위하여 회의·공청회·세미나 등을 개최하는 경우에는 일시, 참석자, 발언내용, 결정사항, 표결내용 등을 처리과의 직원으로 하여금 기록하게 하여야 한다.

③ 행정기관이 언론기관에 보도자료를 제공하는 경우에는 그 보도자료에 담당부서·담당자·연락처 등을 함께 적어야 한다.

제63조의2(정책실명제 책임관 지정) ① 행정기관의 장은 해당 기관의 정책실명제를 효율적으로 운영하기 위하여 기획조정실장 등 해당 기관의 기획 업무를 총괄하는 직위에 있는 공무원을 정책실명제 책임관으로 지정하여야 한다.

② 정책실명제 책임관은 다음 각 호의 임무를 수행한다.

1. 해당 기관의 정책실명제 활성화 계획 수립 및 시행
2. 해당 기관의 정책실명제 대상사업 선정 및 추진실적 공개
3. 자체 평가 및 교육
4. 그 밖에 해당 기관의 정책실명제 운영을 위하여 필요한 업무

[본조신설 2014. 2. 18.]

제63조의3(정책실명제 중점관리 대상 선정) ① 행정기관의 장은 다음 각 호의 사항 중에서 정책실명제 중점관리 대상사업을 선정하여 관리하여야 한다. 〈개정 2018. 11. 27.〉

1. 주요 국정 현안에 관한 사항
2. 대규모 예산이 투입되는 사업
3. 일정 규모 이상의 연구용역
4. 법령 또는 자치법규의 제정·개정 및 폐지
5. 제63조의5제1항에 따라 행정안전부장관이 정한 절차에 따라 국민이 신청한 사업
6. 그 밖에 중점관리가 필요한 사업

② 행정기관의 장은 제1항에 따른 정책실명제 중점관리 대상사업 선정을 위하여 자체 세부 기준을 마련하고, 심의위원회를 구성하여 심의를 거친 후 대상사업을 선정하여야 한다.

③ 행정기관의 장은 정책실명제 중점관리 대상사업의 추진실적을 해당 기관의 인터넷 홈페이지 등을 통하여 공개하여야 한다. 다만, 「공공기관의 정보공개에 관한 법률」 제9조에 따른 비공개 대상 정보에 해당하는 경우에는 그러하지 아니하다.

[본조신설 2014. 2. 18.]

제63조의4(정책실명제 평가) 행정안전부장관은 정책실명제의 활성화를 위하여 필요한 경우 각 행정기관의 정책실명제 추진실적 등을 평가할 수 있다. 〈개정 2014. 11. 19., 2017. 7. 26.〉

[본조신설 2014. 2. 18.]

제63조의5(정책실명제 세부 규정) ① 정책실명제 중점관리 대상사업 선정, 심의위원회의 구성, 정책실명제 추진실적 평가기준 및 그 밖에 정책실명제 운영을 위하여 필요한 세부 사항은 행정안전부장관이 정한다. 〈개정 2014. 11. 19., 2017. 7. 26.〉

② 이 영에서 규정한 사항 외에 지방자치단체에서 운영하는 정책실명제의 대상 및 범위 등에 관하여 필요

한 세부 사항은 해당 지방자치단체의 조례로 정할 수 있다. 〈개정 2017. 12. 29.〉

[본조신설 2014. 2. 18.]

제64조 삭제 〈2023. 6. 27.〉

제5장 보칙

제65조(행정업무 운영에 관한 교육) 행정기관의 장은 소속 공무원에 대하여 매년 1회 이상 행정업무의 효율성 증진을 위한 교육을 하여야 한다.

제66조(행정업무 운영에 관한 감사) 행정안전부장관이 필요하다고 인정하면 국무총리의 명을 받아 각급 행정기관에 대하여 이 영에서 규정하는 업무운영에 관한 감사를 할 수 있다. 〈개정 2013. 3. 23., 2014. 11. 19., 2017. 7. 26.〉

제67조(문서 미등록자 등에 대한 조치) 행정기관의 장은 다음 각 호의 어느 하나에 해당하는 공무원에게 징계나 그 밖에 필요한 조치를 하여야 한다.

1. 결재받은 문서를 등록하지 아니한 사람
2. 제10조제2항에 따라 훈령이나 규칙으로 정한 결재권자를 상향 또는 하향 조정하여 기안하거나 검토·결재를 한 사람
3. 관인을 부당하게 사용한 사람
4. 업무협조 지연의 책임이 있는 사람
5. 공무가 아닌 목적으로 업무관리시스템이나 전자문서시스템을 이용한 사람

제68조(대통령 또는 국무총리 명의로 시행하는 문서에 관한 특례) 법령에 따라 대통령 또는 국무총리 명의로 시행하여야 하는 문서의 형식 및 처리 방법에 관한 사항은 법령에 특별한 규정이 있는 경우를 제외하고는 대통령훈령으로 정한다.

제69조(국가정보원의 업무운영에 대한 특례) ① 제8조제3항에 따라 국가정보원이 아닌 행정기관에서 문서를 기안할 경우 국가정보원 소관 사항은 국가정보원에서 따로 기안할 수 있다.

② 국가정보원에서 작성하는 시행문에는 기안자, 검토자, 협조자, 결재권자의 직위 또는 직급과 서명 및 연락처 등을 표시하지 아니할 수 있다.

③ 국가정보원장은 제39조에도 불구하고 관인공고 절차를 생략하거나 제63조제3항에 따른 보도자료를 비실명으로 제공할 수 있다.

제70조(권한의 위임) 행정안전부장관은 정부영상회의실의 관리·운영에 관한 권한을 정부청사관리본부장에게 위임한다. 〈개정 2013. 3. 23., 2014. 11. 19., 2016. 12. 27., 2017. 7. 26.〉

부칙〈제33575호, 2023. 6. 27.〉

제1조(시행일) 이 영은 공포한 날부터 시행한다. 다만, 제54조제2항의 개정규정은 공포 후 3개월이 경과한 날부터 시행한다.

제2조(정책연구결과 공개에 관한 적용례) 제54조제2항의 개정규정은 부칙 제1조 단서에 따른 시행일 이후 종료되는 정책연구의 결과부터 적용한다.

제3조(다른 법령의 개정) ① 건축기본법 시행령 일부를 다음과 같이 개정한다.

제22조제2항 중 "행정 효율과 협업 촉진에 관한 규정"을 "행정업무의 운영 및 혁신에 관한 규정"으로 한다.

② 고위공무원단 인사규정 일부를 다음과 같이 개정한다.

제9조의2제1항제6호 전단 중 "행정 효율과 협업 촉진에 관한 규정" 제41조제2항제1호"를 "행정업무의 운영 및 혁신에 관한 규정" 제42조제2항제1호"로 한다.

③ 공공기록물 관리에 관한 법률 시행령 일부를 다음과 같이 개정한다.

제2조제3호·제7호·제11호 및 제20조제1항 단서 중 「행정 효율과 협업 촉진에 관한 규정」"을 각각 "「행정업무의 운영 및 혁신에 관한 규정」"으로 한다.

④ 공증인법 시행령 일부를 다음과 같이 개정한다.

제7조제1항 중 "「행정 효율과 협업 촉진에 관한 규정」"을 "「행정업무의 운영 및 혁신에 관한 규정」"으로 한다.

⑤ 대통령기록물 관리에 관한 법률 시행령 일부를 다음과 같이 개정한다.

제5조제1항 중 "「행정 효율과 협업 촉진에 관한 규정」"을 "「행정업무의 운영 및 혁신에 관한 규정」"으로 한다.

⑥ 민원 처리에 관한 법률 시행령 일부를 다음과 같이 개정한다.

제30조제1항 각 호 외의 부분 중 "「행정 효율과 협업 촉진에 관한 규정」"을 "「행정업무의 운영 및 혁신에 관한 규정」"으로 한다.

⑦ 예산성과금 규정 일부를 다음과 같이 개정한다.
제16조제3항제2호 중 "「행정 효율과 협업 촉진에 관한 규정」 제41조"를 "「행정업무의 운영 및 혁신에 관한 규정」 제42조"로 한다.

⑧ 재외공관 공증법 시행령 일부를 다음과 같이 개정한다.

제5조제1항 중 "「행정 효율과 협업 촉진에 관한 규정」"을 "「행정업무의 운영 및 혁신에 관한 규정」"으로 한다.

⑨ 적극행정 운영규정 일부를 다음과 같이 개정한다.

제4조제2항 중 "「행정 효율과 협업 촉진에 관한 규정」"을 "「행정업무의 운영 및 혁신에 관한 규정」"으로 한다.

⑩ 전자정부법 시행령 일부를 다음과 같이 개정한다.

제25조 중 "「행정 효율과 협업 촉진에 관한 규정」"을 "「행정업무의 운영 및 혁신에 관한 규정」"으로 한다.

⑪ 주민등록법 시행령 일부를 다음과 같이 개정한다.

제37조제2항 후단 중 "「행정 효율과 협업 촉진에 관한 규정」"을 "「행정업무의 운영 및 혁신에 관한 규정」"으로 한다.

⑫ 지방공무원 적극행정 운영규정 일부를 다음과 같이 개정한다.

제4조제2항 중 "「행정 효율과 협업 촉진에 관한 규정」"을 "「행정업무의 운영 및 혁신에 관한 규정」"으로 한다.

⑬ 행정사법 시행령 일부를 다음과 같이 개정한다.

별표 1 중 "「행정 효율과 협업 촉진에 관한 규정」"을 각각 "「행정업무의 운영 및 혁신에 관한 규정」"으로 한다.

⑭ 행정절차법 시행령 일부를 다음과 같이 개정한다.

제20조제3항 중 "「행정 효율과 협업 촉진에 관한 규정」"을 "「행정업무의 운영 및 혁신에 관한 규정」"으로 한다.

⑮ 행정조사기본법 시행령 일부를 다음과 같이 개정한다.

제5조제3항 중 "「행정 효율과 협업 촉진에 관한 규정」"을 "「행정업무의 운영 및 혁신에 관한 규정」"으로 한다.

제5장 행정업무의 운영 및 혁신에 관한 규정 시행규칙

행정업무의 운영 및 혁신에 관한 규정 시행규칙
(약칭 : 행정업무규정 시행규칙)

제1장 총칙

제1조(목적) 이 규칙은 「행정업무의 운영 및 혁신에 관한 규정」에서 위임된 사항과 그 시행에 필요한 사항을 규정함을 목적으로 한다. 〈개정 2016. 7. 11., 2023. 6. 28.〉

제2장 공문서 관리 등 행정업무의 처리

제1절 공문서의 작성 및 처리

제2조(공문서 작성의 방법) ① 공문서(이하 "문서"라 한다)의 내용을 둘 이상의 항목으로 구분할 필요가 있으면 그 항목을 순서(항목 구분이 숫자인 경우에는 오름차순, 한글인 경우에는 가나다순을 말한다)대로 표시하되, 상위 항목부터 하위 항목까지 1., 가., 1), 가), (1), (가), ①, ㉮의 형태로 표시한다. 다만, 필요한 경우에는 ▫, ○, -, · 등과 같은 특수한 기호로 표시할 수 있다.

② 문서에 금액을 표시할 때에는 「행정업무의 운영 및 혁신에 관한 규정」(이하 "영"이라 한다) 제7조제4항에 따라 아라비아 숫자로 쓰되, 숫자 다음에 괄호를 하고 다음과 같이 한글로 적어야 한다. 〈개정 2016. 7. 11., 2023. 6. 28.〉

(예시) 금113,560원(금일십일만삼천오백육십원)

[제목개정 2023. 6. 28.]

제3조(문서의 기안) ① 영 제8조제2항에 따른 기안문은 별지 제1호서식이나 별지 제2호서식에 따라 작성한다.

② 제1항에도 불구하고, 대통령 또는 국무총리의 결재를 받아야 하는 문서의 기안은 별지 제3호서식이나 별지 제4호서식에 따른 기안문으로 하되, 특별한 결재 절차에 사용하는 기안문은 따로 정하여 사용할 수 있다.

③ 제1항과 제2항에 따른 별지 제2호서식과 별지 제4호서식은 보고서, 계획서, 검토서 등 발신할 필요가 없는 내부결재문서에만 사용한다.

제4조(기안문의 구성) ① 제3조제1항에 따라 기안문을 별지 제1호서식으로 작성하는 경우 기안문은 두문, 본문 및 결문으로 구성한다.

② 제1항에 따른 두문(이하 "두문"이라 한다)은 행정기관명과 수신란으로 구성하되, 다음 각 호의 구분에 따라 표시한다. 이 경우 두문의 여백에는 행정기관의 로고·상징·마크·홍보문구 또는 바코드 등을 표시할 수 있다.

1. 행정기관명에는 그 문서를 기안한 부서가 속하는 행정기관명을 표시하되, 다른 행정기관명과 동일한 경우에는 바로 위 상급기관명을 함께 표시할 수 있다.

2. 수신란에는 다음 각 목과 같이 표시한다.

    가. 수신자가 없는 내부결재문서인 경우에는 "내부결재"로 표시한다.

    나. 수신자가 있는 경우에는 수신자명을 표시하

고, 그 다음에 이어서 괄호 안에 업무를 처리할 보조기관이나 보좌기관을 표시하되, 보조기관이나 보좌기관이 분명하지 아니한 경우에는 ○○업무담당과장 등으로 쓸 수 있다. 다만, 수신자가 여럿인 경우에는 두문의 수신란에 "수신자 참조"라고 표시하고 제1항에 따른 결문(이하 "결문"이라 한다)의 발신 명의 다음 줄에 수신자란을 따로 설치하여 수신자명을 표시할 수 있다.

③ 제1항에 따른 본문(이하 "본문"이라 한다)은 제목, 내용 및 붙임(문서에 다른 서식 등이 첨부되는 경우에만 해당한다)으로 구성한다.

④ 문서에 다른 서식 등이 첨부되는 경우에는 본문의 내용이 끝난 줄 다음에 "붙임" 표시를 하고 첨부물의 명칭과 수량을 적되, 첨부물이 두 가지 이상인 경우에는 제2조제1항에 따라 항목을 구분하여 표시하여야 한다.

⑤ 본문의 마지막에는 다음과 같이 "끝" 표시 등을 한다. 〈개정 2021. 1. 21.〉

1. 본문의 내용(본문에 붙임이 있는 경우에는 붙임을 말한다)의 마지막 글자에서 한 글자 띄우고 "끝" 표시를 한다. 다만, 본문의 내용이나 붙임에 적은 사항이 오른쪽 한계선에 닿은 경우에는 다음 줄의 왼쪽 기본선에서 한 글자 띄우고 "끝" 표시를 한다.

2. 제1호에도 불구하고, 본문의 내용이 표 형식으로 끝나는 경우에는 표의 마지막 칸까지 작성되면 표 아래 왼쪽 기본선에서 한 글자를 띄운 후 "끝" 표시를 하고, 표의 중간까지만 작성된 경우에는 "끝" 표시를 하지 않고 마지막으로 작성된 칸의 다음 칸에 "이하 빈칸"으로 표시한다.

⑥ 결문은 다음 각 호의 사항으로 구성한다.

1. 발신 명의

2. 기안자·검토자·협조자·결재권자의 직위나 직급(각급 행정기관이 6급 이하 공무원의 직급을 대신하여 대외적으로 사용할 수 있도록 정한 대외직명을 포함한다. 이하 제6조에서 같다) 및 서명(전자이미지서명과 전자문자서명을 포함한다. 이하 같다)

3. 「공공기록물 관리에 관한 법률 시행령」제20조에 따른 생산등록번호(이하 "생산등록번호"라 한다) 및 접수등록번호(이하 "접수등록번호"라 한다), 시행일 및 접수일

4. 행정기관의 우편번호·주소·홈페이지주소·전화번호·팩스번호, 공무원의 전자우편주소와 공개 구분

제5조(일괄기안 등) ① 기안하려는 여러 문서의 내용이 서로 관련성이 있는 경우에는 각 문서의 내용을 하나의 기안문으로 일괄하여 기안할 수 있다. 이 경우 특별한 사유가 없으면 각각 다른 생산등록번호를 사용하여 같은 날짜로 시행하여야 한다.

② 둘 이상의 행정기관의 장의 결재가 필요한 문서는 영 제8조제3항에 따라 그 문서 처리를 주관하는 행정기관의 장의 결재를 받은 후 관계 행정기관의 장의 결재를 받아 공동명의로 시행하여야 한다. 이 경우 발신 명의에는 문서 처리를 주관하는 행정기관의 장의 명의를 맨 위에 표시하며, 관계 행정기관의 장의 명의는 바로 밑에 표시하고, 관계 행정기관의 장이 둘 이상인 경우로서 동일 직급인 경우에는 「정부조직법」에 따른 부·처·청의 순위대로 표시하고, 동일 직급이 아닌 경우에는 상위 직급의 행정기관의 장의 명의부터 표시한다.

③ 수신한 종이문서를 수정하여 기안하는 경우에는 수신한 문서와 색깔이 다른 글자로 수정하는 방법으로 할 수 있다.

제6조(기안자 등의 표시) ① 기안문에는 영 제8조제4항에 따라 발의자와 보고자의 직위나 직급의 앞 또는 위에 발의자는 ★표시를, 보고자는 ⊙표시를 한다.

② 기안문에 첨부되는 계산서·통계표·도표 등 작성

상의 책임을 밝힐 필요가 있다고 인정되는 첨부물에는 작성자를 표시하여야 한다.

③ 기안자, 검토자 또는 협조자는 기안문의 해당란에 직위나 직급을 표시하고 서명하되, 검토자나 협조자가 영 제9조제3항 또는 제4항에 따라 다른 의견을 표시하는 경우에는 직위나 직급 다음에 "(의견 있음)"이라고 표시하여야 한다.

④ 총괄책임자(영 제60조에 따른 처리과의 업무분장상 여러 개의 단위업무를 총괄하는 책임자를 말한다. 이하 같다)는 총괄책임자가 총괄하는 단위업무를 분담하는 사람이 기안한 경우 그 기안문을 검토하고 검토자란에 서명을 하되, 다른 의견이 있으면 직위나 직급 다음에 "(의견 있음)"이라고 표시하고 기안문 또는 별지에 그 의견을 표시할 수 있다. 다만, 총괄책임자가 출장 등의 사유로 검토할 수 없는 등 부득이한 경우에는 검토를 생략할 수 있으며 서명란에 출장 등 검토할 수 없는 사유를 적어야 한다.

제7조(문서의 결재) ① 결재권자의 서명란에는 서명 날짜를 함께 표시한다.

② 영 제10조제2항에 따라 위임전결하는 경우에는 전결하는 사람의 서명란에 "전결" 표시를 한 후 서명하여야 한다.

③ 영 제10조제3항에 따라 대결(代決)하는 경우에는 대결하는 사람의 서명란에 "대결" 표시를 하고 서명하되, 위임전결사항을 대결하는 경우에는 전결하는 사람의 서명란에 "전결" 표시를 한 후 대결하는 사람의 서명란에 "대결" 표시를 하고 서명하여야 한다.

④ 제2항과 제3항의 경우에는 서명 또는 "전결" 표시를 하지 아니하는 사람의 서명란은 만들지 아니한다.

제8조(법규문서 등의 번호) 영 제11조제2항에 따라 문서의 종류별로 다음 각 호의 구분에 따른 번호를 부여한다.

1. 영 제4조제1호에 따른 법규문서에는 연도구분과 관계없이 누적되어 연속되는 일련번호(이하 "누년 일련번호"라 한다)를 부여한다.

2. 영 제4조제2호에 따른 지시문서 중 훈령 및 예규에는 누년 일련번호를 부여하고, 일일명령에는 연도별로 구분하여 매년 새로 시작되는 일련번호로서 연도표시가 없는 번호(이하 "연도별 일련번호"라 한다)를 부여하며, 지시에는 연도표시와 연도별 일련번호를 붙임표(-)로 이은 번호(이하 "연도표시 일련번호"라 한다)를 부여한다.

3. 영 제4조제3호에 따른 공고문서에는 연도표시 일련번호를 부여한다.

제9조(시행문의 작성) ① 영 제12조에 따른 시행문은 별지 제1호서식에 따라 작성하되, 그 구성에 관하여는 제4조에 따른다.

② 행정기관의 장이 소속공무원 또는 소속기관에 발신하는 시행문이나 보조기관 및 보좌기관 상호간에 발신하는 시행문 중에서 다음 각 호의 어느 하나에 해당하는 시행문은 업무관리시스템 또는 전자문서시스템의 전자게시판이나 행정기관의 홈페이지 등에 게시된 때에 시행된 것으로 본다.

1. 단순한 업무에 관한 지시

2. 자료요구, 업무연락, 통보, 공지사항, 일일명령 등

제10조(발신 명의) 행정기관의 장의 권한을 대행하거나 직무를 대리하는 사람이 발신 명의와 함께 본인의 성명을 적는 경우에는 다음 예시와 같이 "권한대행" 또는 "직무대리"의 표시를 하고 그 직위를 적어야 한다.

```
           ○○군수 권한대행         ○○○
 (예시)              (또는 직무대리)
            부      군      수
```

제11조(관인날인 또는 서명) ① 영 제14조제1항 전단에 따라 관인을 찍는 경우에는 발신 명의 표시의 마지막 글자가 인영(印影 : 도장을 찍은 모양)의 가운데에 오도록 한다. 다만, 등본·초본 등 민원서류를 발급할 때 사용하는 직인은 발신 명의 표시의 오른쪽에 찍을 수 있다. 〈개정 2021. 9. 7.〉

② 보조기관이나 보좌기관은 영 제14조제2항에 따라 서명하는 경우에는 발신 명의 표시의 마지막 글자 위에 서명하여야 한다.

③ 보조기관이나 보좌기관의 직무를 대리하는 사람이 영 제14조제2항에 따라 보조기관이나 보좌기관의 발신 명의에 서명을 하는 경우에는 서명 앞에 "직무대리"의 표시를 하여야 한다.

④ 영 제14조제3항에 따라 일일명령 등 단순 업무처리에 관한 지시문서와 행정기관 간의 단순한 자료요구, 업무연락, 통보 등을 위한 문서에는 발신 명의 표시의 오른쪽에 별표 1에 따른 관인생략이나 서명생략(보조기관 또는 보좌기관 상호간에 발신하는 문서만 해당한다) 표시를 하고 관인날인 또는 서명을 생략할 수 있다.

⑤ 처리과의 장은 영 제14조제4항에 따라 관인의 인영을 인쇄하여 사용하려면 미리 관인을 관리하는 부서의 장과 협의하고 해당 행정기관의 장의 승인을 받아야 한다.

⑥ 처리과의 장은 영 제14조제4항에 따라 관인의 인영을 인쇄하여 사용하는 경우에는 다른 법령에 특별한 규정이 없으면 별지 제5호서식의 관인인쇄용지 관리대장을 갖추어 두고 관인의 인영을 인쇄하여 사용한 내용을 기록하고 유지하여야 한다.

제2조(문서의 발신) ① 문서는 처리과에서 발신하되, 영 제14조에 따라 관인을 찍는 문서인 경우로서 전자문서인 경우에는 처리과의 기안자나 문서의 수신·발신업무를 담당하는 사람이 전자이미지관인을 찍고, 종이문서인 경우에는 관인을 관리하는 사람이 관인을 찍는다.

② 영 제15조제4항에 따라 수신자의 변경이나 추가를 승인한 처리과의 장은 승인날짜를 업무관리시스템 또는 전자문서시스템으로 관리하여야 한다. 다만, 종이문서인 경우에는 기안문의 결재권자 서명란 오른쪽 여백에 서명을 하고 승인날짜를 적는 방법으로 표시하여야 한다.

제3조(문서의 발신방법 등) ① 영 제16조제1항에 따라 업무관리시스템 또는 전자문서시스템 등을 이용하여 정보통신망으로 문서를 발신하거나 수신하였을 때에는 그 발신 또는 수신 기록을 전자적으로 관리하여야 한다.

② 영 제16조제2항에 따라 우편·팩스 등의 방법으로 문서를 발신한 때에는 그 발신기록을 증명할 수 있는 관계 서류 등을 기안문과 함께 보존하여야 한다.

③ 결재권자가 영 제16조제5항에 따라 암호화 등의 발신방법을 지정한 경우에는 문서 본문의 마지막에 "암호" 등으로 발신할 방법을 표시하여야 한다.

④ 영 제16조제5항에 따른 문서 중 비밀로 분류된 문서는 수신자의 응답이 있는 경우에만 발신하여야 하며, 문서의 제목 다음이나 본문의 "끝" 표시 또는 "이하 빈칸" 표시 다음에 따옴표("")를 하고 그 안에 비밀등급을 표시하여 발신하여야 한다.

제4조(결재받은 문서의 수정 등) 영 제17조 단서에 따라 종이문서의 일부분을 삭제하거나 수정하는 경우에는 원안의 글자를 알 수 있도록 해당 글자의 중앙에 가로로 두 선을 그어 삭제하거나 수정하고, 삭제하거나 수정한 사람이 그 곳에 서명이나 날인을 하여야 한다.

제5조(문서의 접수·처리) ① 영 제18조제1항에서 "행정안전부령으로 정하는 접수인"이란 별표 2에 따른 접수인을 말하며, 같은 항에 따라 접수인을 찍는 경우에는 특별한 사유가 없으면 접수한 문서의 오른쪽 위 여백에 찍어야 한다. 〈개정 2013. 3. 23., 2014. 11. 19., 2017. 7. 26.〉

② 둘 이상의 보조기관 또는 보좌기관과 관련 있는 문서의 경우에는 관련성이 가장 높은 보조기관 또는 보좌기관이 영 제18조제1항에 따른 처리과로서 문서를 접수한다.

③ 제2항에 따라 문서를 접수한 처리과는 문서와 관련이 있는 다른 보조기관 또는 보좌기관에 접수한 문서의 내용을 통보하여야 한다.

④ 경유문서를 접수한 기관은 해당 기관장의 명의로 다른 경유기관의 장이나 최종 수신자에게 경유문서를 첨부하여 발신하여야 한다. 이 경우 해당 기관의 의견이 있으면 그 의견을 시행문 본문에 표시하거나 첨부하여 보내야 한다.

⑤ 당직근무자가 문서를 받았으면 다음 근무시간 시작 후 지체 없이 문서과에 인계하여야 한다.

⑥ 감열(感熱)기록방식의 팩스로 보존기간이 3년 이상인 문서를 수신하였을 때에는 그 문서를 복사하여 접수하여야 한다. 이 경우 수신한 문서는 폐기한다.

제16조(문서의 반송 및 재배부 등)
① 행정기관의 장은 접수한 문서에 형식상의 흠이 있으면 그 문서의 생산등록번호, 시행일, 제목 및 반송사유를 구체적으로 밝혀 발신한 행정기관의 장에게 반송할 수 있다.

② 행정기관의 장은 접수한 문서가 다른 행정기관의 소관사항인 경우에는 그 문서를 지체 없이 소관 행정기관의 장에게 이송하여야 한다.

③ 처리과에서 그 소관에 속하지 아니하는 문서를 접수한 경우에는 지체 없이 문서과로 보내야 하며, 문서과로부터 배부받은 문서의 경우에는 재배부 요청을 하여야 한다. 이 경우 문서과는 그 문서를 즉시 소관 처리과로 재배부하여야 한다.

제17조(공람할 문서)
영 제18조제4항에서 "행정안전부령으로 정하는 문서"란 다음 각 호의 문서를 말한다. 다만, 통계·설문조사 등을 위하여 각 기관으로부터 취합하는 문서는 제외한다. 〈개정 2013. 3. 23., 2014. 11. 19., 2017. 7. 26.〉

1. 결재권자로부터 처리지침을 받아야 할 필요가 있는 문서
2. 민원문서
3. 행정기관이나 보조기관 또는 보좌기관 간의 업무협조에 관한 문서
4. 접수된 문서를 처리하기 위하여 미리 검토할 필요가 있는 문서
5. 그 밖에 공무원의 신상(身上), 교육·훈련 등과 관련하여 공무원이 알아야 할 필요가 있는 문서

제18조(문서의 쪽 번호 등 표시)
영 제19조제2호가목에 따라 전자문서에는 다음 각 호의 구분에 따라 쪽 번호 또는 발급번호를 표시한다.

1. 각종 증명발급에 관한 문서를 제외한 문서에는 문서의 중앙 하단에 쪽 번호를 표시하되, 문서의 순서 또는 연결관계를 명백히 할 필요가 있는 중요한 문서에는 해당 문건의 전체 쪽수와 그 쪽의 일련번호를 붙임표(-)로 이어 표시한다.

2. 각종 증명발급에 관한 문서에는 해당 문서의 왼쪽 하단에 발급번호를 표시하되, 다음 예시와 같이 표시한다.
   (예시) 단말번호-출력연월일/시·분·초-발급일련번호-쪽번호

제2절 업무관리시스템의 구축·운영

제19조(업무관리시스템 구축·운영 지원)
행정안전부장관은 영 제21조제3항에 따라 업무관리시스템의 구축·운영을 지원하기 위한 계획을 수립·시행하기 위하여 관계 행정기관의 장에게 관련 자료 및 필요한 의견의 제출을 요청할 수 있다. 〈개정 2013. 3. 23., 2014. 11. 19., 2017. 7. 26.〉

제20조(업무관리시스템의 구성)
① 과제관리카드에는 표제, 실적관리, 접수관리, 계획관리, 품질관리, 홍보관리, 고객관리 부분과 그 밖에 필요한 사항이 포함되어야 한다.

② 문서관리카드는 문서정보, 보고경로, 시행정보, 관리정보 부분과 그 밖에 필요한 사항이 포함되어야 한다.

③ 행정기관의 장이 특별한 사유가 있다고 인정하면 제1항과 제2항에 따른 과제관리카드와 문서관리카

드의 일부 사항을 제외할 수 있다.

제21조(업무관리시스템에 의한 기안 및 시행) ① 문서의 기안은 제3조에도 불구하고 별지 제6호서식의 문서관리카드로 할 수 있다.

② 문서관리카드로 기안을 하는 경우에 검토자·협조자 및 결재권자는 제4조제5항에도 불구하고 "끝" 표시 등을 생략할 수 있고, 제6조제3항 및 제4항에도 불구하고 보고경로 부분의 의견·지시란에 의견을 표시할 수 있으며, 제7조에도 불구하고 "전결", "대결"의 표시를 생략할 수 있다.

제22조(정부전자문서유통지원센터의 운영 등) ① 행정안전부장관은 전자문서유통상의 장애가 발생하거나 업무관리시스템 또는 전자문서 시스템간의 문제가 발생한 경우에는 영 제25조제1항에 따른 정부전자문서유통지원센터(이하 "센터"라 한다) 이용자에게 업무관리시스템 또는 전자문서시스템 등의 관련 정보를 요청할 수 있다. 〈개정 2013. 3. 23., 2014. 11. 19., 2017. 7. 26.〉

② 제1항에서 정한 사항 외에 센터 운영에 필요한 세부 사항은 행정안전부장관이 따로 정한다. 〈개정 2013. 3. 23., 2014. 11. 19., 2017. 7. 26.〉

제3절 서식의 제정 및 활용

제23조(용지의 규격 등 표시) 영 제28조제7항에 따라 서식에 용지의 규격 등을 표시하는 경우에는 다음의 예시와 같이 해당 서식의 우측 하단에 표시한다.

(예시) 182㎜×257㎜(백상지 80g/㎡)

182㎜×257㎜

백상지 80g/㎡

[전문개정 2023. 6. 28.]

제24조(서식 설계 기준) ① 영 제28조제8항에 따른 서식 설계에 관한 세부 기준은 별표 4와 같다.

② 제1항 및 별표 4에도 불구하고 다음 각 호의 어느 하나에 해당하는 서식의 경우에는 별표 5에 따른 큰글자 서식 설계 기준을 적용할 수 있다.

1. 노년층 등 디지털 약자의 이용 빈도가 높은 서식

2. 오프라인 방문 이용 건수가 많은 서식

3. 다수의 국민이 큰글자 서식으로의 개편을 요구하는 서식

4. 그 밖에 소관 행정기관의 장이 큰글자 서식으로 개편할 필요가 있다고 인정하는 서식

[전문개정 2021. 1. 21.]

제25조(서식승인의 신청 등) ① 중앙행정기관의 장 및 그 소속기관의 장은 영 제29조에 따라 서식을 정하거나 변경하기 위하여 승인을 신청할 때에는 서식목록과 서식 초안을 첨부하여야 한다.

② 영 제29조제1항 또는 제2항에 따라 서식을 승인한 기관은 서식 목록과 승인서식안을 그 서식의 승인을 신청한 기관에 통보하여야 한다.

제4절 관인의 관리

제26조(관인의 재료 등) ① 관인의 재료는 쉽게 닳거나 부식되지 아니하는 재질을 사용하여야 한다.

② 관인의 인영 색깔은 빨간색으로 한다. 다만, 문서를 출력 또는 복사하여 시행하거나 팩스를 통하여 문서를 접수하는 경우에는 검정색으로 할 수 있다.

제27조(직인의 사용) 영 제33조제1항에 따른 직인은 그 직무대리도 사용할 수 있다. 〈개정 2021. 9. 7.〉

제28조(관인의 내용) 관인의 글자는 한글로 하여 가로로 새기되, 국민이 쉽고 간명하게 알아볼 수 있도록 하여야 하며, 그 기관 또는 직위의 명칭에 "인" 또는 "의인" 글자를 붙인다. 다만, 영 제34조에 따라 특수한 업무 처리에 사용하는 관인은 그 업무의

집행 목적에만 사용되는 것임을 그 관인의 인면(관인 중 글자가 새겨져 있는 부분을 말한다)에 표시하여야 한다.

제29조(등록) ① 행정기관(제3항에 따라 바로 위 상급기관으로서 그 하급기관으로부터 등록신청을 받은 행정기관을 포함한다. 이하 제2항에서 같다)은 영 제36조제1항에 따라 관인의 인영을 별지 제7호서식의 관인대장에 등록하여 관리하여야 한다.

② 행정기관은 영 제36조제1항에 따라 전자이미지관인의 인영을 별지 제8호서식의 전자이미지관인대장에 등록하여 관리하여야 한다. 이 경우 전자이미지관인의 컴퓨터파일은 정보화 담당 부서에서 관리하여야 한다.

③ 행정기관이 영 제36조제1항 단서에 따라 바로 위 상급기관에 등록하는 경우에는 별지 제9호서식에 따라 등록신청을 하여야 한다.

제30조(재등록 및 폐기) ① 행정기관(제3항에 따라 바로 위 상급기관으로서 그 하급기관으로부터 재등록신청 또는 폐기신고를 받은 행정기관을 포함한다. 이하 제2항에서 같다)은 영 제37조제1항 또는 제2항에 따라 관인을 재등록하거나 폐기할 때에는 별지 제7호서식의 관인대장에 갱신한 관인의 인영 또는 폐기하려는 관인의 인영을 등록하여 관리하여야 한다.

② 행정기관은 영 제37조제3항 및 제4항에 따라 전자이미지관인을 폐기하거나 재등록할 때에는 별지 제8호서식의 전자이미지관인대장에 폐기하려는 전자이미지관인 또는 재등록하려는 전자이미지관인을 등록하여 관리하여야 한다.

③ 행정기관이 영 제36조제1항 단서에 따라 바로 위 상급기관에 등록한 관인을 재등록하거나 폐기하려는 경우에는 별지 제9호서식에 따라 그 상급기관에 재등록신청을 하거나 폐기신고를 하여야 한다.

제31조(전자이미지관인의 관리) 영 제38조제1항에 따라 다른 행정기관의 전자이미지관인을 제출받은 행정기관의 장은 별지 제10호서식의 전자이미지관인 관리대장에 해당 관인의 인영을 등재하여 관리하여야 한다.

제32조(공고의 내용) 관인 등록기관이 영 제39조에 따라 관인을 공고할 때에는 다음 사항을 포함하여야 한다.

1. 관인의 등록·재등록 또는 폐기 사유
2. 등록·재등록 관인의 최초 사용 연월일 또는 폐기 관인의 폐기 연월일
3. 등록·재등록 또는 폐기 관인의 이름 및 인영
4. 공고 기관의 장

제3장 행정업무의 효율적 수행

제1절 삭제 〈2016. 7. 11.〉

제33조 삭제 〈2016. 7. 11.〉

제34조 삭제 〈2016. 7. 11.〉

제2절 정책연구의 관리

제35조(정책연구심의위원회의 구성 및 운영) ① 영 제50조제1항에 따른 정책연구심의위원회(이하 "위원회"라 한다)는 위원장 1명을 포함하여 10명 이상 30명 이하의 위원으로 성별을 고려하여 구성하되, 제2항에 따라 위촉하는 위원의 수가 전체 위원 수의 과반수가 되도록 구성하여야 한다. 〈개정 2014. 2. 18.〉

② 위원회의 위원장은 영 제49조에 따른 정책연구(이하 "정책연구"라 한다)에 관한 업무를 총괄하는 실 또는 국(실 또는 국에 상당하는 부서를 포함한다. 이하 같다)의 장이 되고, 위원은 해당 중앙행정기관의 장이 지명하는 과장급 이상 공무원과 그 중앙행정기관 소관 업무에 관한 전문적인 지식과 경험이 풍부

한 외부 전문가 중에서 해당 중앙행정기관의 장이 위촉하는 사람이 된다.

③ 위원회의 위원 중 제2항에 따라 위촉하는 위원(이하 "위촉위원"이라 한다)의 임기는 2년으로 하되 연임할 수 있다.

④ 위원장은 다음 각 호의 사항을 처리하기 위하여 위원장이 속하는 실 또는 국의 과장급 공무원을 간사로 지정할 수 있다.

1. 위원회의 구성 및 운영에 관한 사무 처리
2. 영 제51조에 따른 연구과제 및 연구자 선정에 관한 회의 안건의 준비
3. 영 제52조에 따른 정책연구결과 평가 및 활용상황 점검에 관한 회의 안건의 준비

⑤ 위원회의 회의는 재적위원 과반수의 출석으로 개의(開議)하고, 출석위원 과반수의 찬성으로 의결한다. 이 경우 위촉위원의 과반수가 출석한 경우에만 개의할 수 있다.

⑥ 위원회는 다음 각 호의 어느 하나에 해당하는 사항을 심의하는 경우 위촉위원의 참여를 배제할 수 있다. 이 경우 제5항 후단을 적용하지 아니한다.

1. 「군사기밀보호법」 제2조에 따른 군사기밀 관련 사항
2. 「국가정보원법」 제13조제4항에 따른 국가 기밀 관련 사항
3. 그 밖에 보안 관련 법령에 따라 비밀로 관리되는 사항

⑦ 영 및 이 규칙에서 규정한 사항 외에 위원회 운영에 필요한 사항은 위원회의 의결을 거쳐 위원장이 정한다.

제36조(소위원회의 구성) ① 영 제50조제2항에 따른 소위원회(이하 "소위원회"라 한다)는 위원장 1명을 포함하여 4명 이상 10명 이하의 위원으로 성별을 고려하여 구성하되, 제2항에 따라 위촉하는 위원의 수가 전체 소위원회 위원 수의 과반수가 되도록 구성하여야 한다. 〈개정 2014. 2. 18.〉

② 소위원회의 위원장은 연구과제를 담당하는 실 또는 국의 장이 되고, 위원은 해당 중앙행정기관의 장이 지명하는 과장급 공무원(위원회의 위원인 과장급 공무원을 포함한다)과 그 연구과제에 대한 전문적인 지식과 경험이 풍부한 외부 전문가 중에서 중앙행정기관의 장이 위촉하는 사람이 된다.

제37조(연구과제 심의 신청 등) ① 정책연구를 하려는 부서의 장은 영 제51조제1항 각 호 외의 부분 본문에 따라 연구과제 선정에 관하여 위원회의 심의를 거치려면 별지 제10호의2서식의 정책연구과제 심의 신청서와 별지 제10호의3서식의 정책연구과제 차별성 검토보고서를 위원회에 제출하여야 한다. 다만, 선정하려는 연구과제와 유사하거나 중복되는 연구과제에 관한 다른 정책연구가 없는 경우에는 별지 제10호의3서식은 제출하지 아니할 수 있다. 〈개정 2017. 10. 17.〉

1. 삭제 〈2017. 10. 17.〉
2. 삭제 〈2017. 10. 17.〉
3. 삭제 〈2017. 10. 17.〉
4. 삭제 〈2017. 10. 17.〉
5. 삭제 〈2017. 10. 17.〉

② 정책연구를 하려는 부서의 장은 영 제51조제1항 각 호 외의 부분 단서에 따라 연구과제를 선정한 경우에는 별지 제10호의3서식의 정책연구과제 차별성 검토보고서 및 별지 제10호의4서식의 정책연구과제 선정 결과보고서를 위원회에 보고하여야 한다. 다만, 선정하려는 연구과제와 유사하거나 중복되는 연구과제에 관한 다른 정책연구가 없는 경우에는 별지 제10호의3서식은 보고하지 아니할 수 있다. 〈개정 2017. 10. 17.〉

제38조(연구과제의 중복 선정 금지) 중앙행정기관의 장은 다른 행정기관이나 정부의 출연·보조 또는

지원을 받은 연구기관(이하 "행정기관등"이라 한다)에서 이미 연구가 완료되었거나 연구를 하고 있는 연구과제와 중복되는 연구과제를 선정하여서는 아니 된다. 다만, 다음 각 호의 어느 하나에 해당하는 경우에는 그러하지 아니하다.

1. 행정기관등에서 유사한 연구를 이미 수행된 경우로서 해당 분야의 이론 및 기술의 발전 등에 따라 새로운 연구가 필요한 경우
2. 관련 정책의 수행을 위하여 이미 수행된 연구과제 결과와 구분되는 학문적·이론적 체계의 구축이 필요한 경우
3. 행정기관등에서 연구를 진행하고 있는 경우로서 관련 사항에 대한 연구가 필요하여 행정기관등과 공동으로 정책연구를 하려는 경우

제39조(연구과제의 변경) 중앙행정기관의 장은 영 제51조제1항 각 호 외의 부분 본문에 따라 선정된 연구과제를 변경하여야 할 부득이한 사유가 있으면 위원회의 심의를 거쳐 변경할 수 있다.

제40조(과제담당관 등) ① 영 제51조제1항 각 호 외의 부분 본문에 따른 과제담당관은 정책연구에 관한 다음 각 호의 업무를 수행한다.

1. 해당 정책연구에 관한 추진계획의 수립 및 시행
2. 영 제52조에 따른 연구결과의 평가
3. 영 제54조에 따른 정책연구의 공개
4. 그 밖에 정책연구 수행에 필요한 업무

② 정책연구에 관한 업무를 총괄하는 실 또는 국의 장은 제1항에 따른 과제담당관의 업무를 총괄·조정한다.

제41조(연구결과의 평가) ① 영 제52조에 따른 정책연구결과 평가는 과제담당관과 과제담당관이 지정한 외부 전문가 1명이 공동으로 평가하는 방법이나 외부 전문가가 참석하는 정책연구완료 보고회를 개최하여 평가하는 방법으로 하여야 한다.

② 과제담당관은 영 제52조 후단에 따라 정책연구결과 평가에 대하여 위원회의 심의를 거치려는 경우 평가결과보고서를 작성하여 위원회에 제출하여야 한다.

제42조(연구결과의 공개 등) ① 행정기관의 장은 정책연구에 관한 사항이 영 제54조제3항에 따른 비공개대상정보에 해당하면 다른 법령에 특별한 규정이 있는 경우를 제외하고는 2년의 범위에서 비공개 기간을 정하되, 기간의 경과 등으로 비공개의 필요성이 없어지거나 「공공기록물 관리에 관한 법률」 제35조에 따라 공개하는 것으로 재분류된 경우에는 영 제54조제1항 및 제2항에 따라 공개하여야 한다. 〈개정 2014. 2. 18.〉

② 행정기관은 정책연구결과를 「공공기록물 관리에 관한 법률」 제18조에 따라 기록물로 등록하여 관리하여야 하고, 간행물로 발간하려는 경우에는 같은 법 제22조에 따라 관리하여야 한다. 〈개정 2014. 2. 18.〉

제3절 영상회의 운영

제43조(정부영상회의실 등의 관리·운영) ① 정부청사관리소장은 정부영상회의실의 관리·운영을 위하여 다음 각 호의 조치를 하여야 한다.

1. 정부영상회의시스템의 관리책임자 및 운영자 지정
2. 정부영상회의실 및 정부영상회의시스템 보안대책의 수립
3. 각종 회의용 기자재의 제공 및 정부영상회의 운영의 지원
4. 제1호부터 제3호까지에서 규정한 사항 외에 정부영상회의실 관리·운영에 필요한 사항

② 행정안전부장관은 영 제57조제1항 각 호에 해당하는 회의를 주관하는 관계 행정기관의 장에게 정부

영상회의실을 이용하여 회의를 개최할 것을 요청할 수 있다. 이 경우 행정기관의 장은 특별한 사유가 없으면 요청에 따라야 한다. 〈개정 2014. 11. 19., 2017. 7. 26.〉

③ 영 제57조제2항에 따른 영상회의실의 지정, 행정기관의 영상회의실 설치·운영 및 상호 연계에 필요한 세부 사항은 행정안전부장관이 정한다. 〈개정 2014. 11. 19., 2017. 7. 26.〉

[전문개정 2014. 2. 18.]

제43조의2(정부영상회의실 운영요원) 정부청사관리소장은 다음 각 호의 업무를 담당하는 정부영상회의실 운영요원을 정부서울청사, 정부과천청사, 정부대전청사 및 정부세종청사 등에 배치하여야 한다.

1. 정부영상회의시스템 및 관련 장비의 운영·관리
2. 각종 전용회선의 관리
3. 정부영상회의실의 보안관리
4. 제1호부터 제3호까지에서 규정한 사항 외에 정부영상회의 운영을 위하여 필요한 업무

[본조신설 2014. 2. 18.]

제44조(사용신청) ① 정부영상회의실을 사용하려는 기관은 회의 개최일 2일 전까지 정부청사관리소장에게 사용신청을 하여야 하며, 정부청사관리소장은 정부영상회의실의 사용가능 여부를 지체 없이 통보하여야 한다.

② 제1항에 따른 정부영상회의실 사용신청은 별지 제11호서식에 따른다. 이 경우 팩스 또는 정보통신망 등을 이용하여 신청할 수 있다.

제4장 행정업무의 관리

제45조(업무의 인계·인수) ① 영 제61조제1항에 따라 업무관리시스템이나 전자문서시스템을 이용하여 업무를 인계·인수하는 사람은 별지 제12호서식의 업무인계·인수서를 작성하여야 한다.

② 후임자가 정해지지 아니한 경우와 그 밖의 특별한 사유로 후임자에게 업무를 인계할 수 없는 경우에는 그 직무를 대리하는 사람에게 인계하고, 그 직무를 대리하는 사람은 후임자가 업무를 인수할 수 있게 되었을 때에 즉시 인계하여야 한다.

제46조(직무편람의 작성·관리 등) ① 영 제62조제2항제2호에 따른 직무편람(이하 "직무편람"이라 한다)은 특별한 사유가 없으면 행정기관의 직제에 규정된 최하 단위 부서별로 작성하여야 하며, 처리과의 장은 정기적으로 또는 수시로 그 내용을 수정하거나 보완하여야 한다.

② 직무편람은 다음 각 호의 사항을 포함하여 작성되어야 하며, 업무를 인계·인수할 때에는 직무편람을 함께 인계·인수하여야 한다.

1. 업무 연혁, 관련 업무 현황 및 주요업무계획
2. 업무의 처리절차 및 흐름도
3. 소관 보존문서 현황
4. 그 밖의 업무처리에 필요한 참고사항

제5장 보칙

제47조(이 규칙에 따른 서식의 전자적 관리) 행정기관의 장은 별지 제1호서식부터 별지 제12호서식까지에 따라 작성한 문서를 특별한 사유가 없으면 업무관리시스템 또는 전자문서시스템 등을 이용하여 전자적으로 관리하여야 한다.

제48조(세부 사항) 행정안전부장관은 영 및 이 규칙의 시행에 필요한 세부 사항을 따로 정할 수 있다. 〈개정 2013. 3. 23., 2014. 11. 19., 2017. 7. 26.〉

부칙〈제408호, 2023. 6. 28.〉

제1조(시행일) 이 규칙은 공포한 날부터 시행한다.

제2조(다른 법령의 개정) 행정안전부와 그 소속기관 직제 시행규칙 일부를 다음과 같이 개정한다.

제9조제9항제6호 중 "행정 효율과 협업 촉진에 관한 규정" 제41조제1항"을 "행정업무의 운영 및 혁신에 관한 규정" 제42조제1항"으로 한다.

저자소개

소나리

약력
- 제9회 행정사 자격시험 합격
- 현 행정사 사무소 혜온 대표
- 현 부천시 행정사회 감사
- 현 대한행정사회 정회원
- 현 시대에듀 행정사 1차 민법 교수
- 현 시대에듀 행정사 2차 사무관리론 교수
- 현 시대에듀 행정사 2차 행정사 실무법 교수
- 이화여자대학교 교육공학HRD 석사 중
- 현 이패스행정사 사무관리론 교수
- 현 이패스행정사 행정사실무법 교수

주요저서
- 행정사 2차 사무관리론(이패스코리아)
- 행정사 2차 행정사실무법(이패스코리아)
- 행정사 2차 사무관리론 핵심정리 및 약술연습(이패스코리아)
- 행정사 2차 행정사실무법 사례정리 및 약술연습(이패스코리아)

---

epass 사무관리론

개정2판 인쇄 | 2025년 10월 15일
개정2판 발행 | 2025년 10월 29일

지 은 이 소 나 리
발 행 인 이 재 남
발 행 처 (주)이패스코리아
　　　　　[본사] 서울시 영등포구 경인로 775 에이스하이테크시티 2동 1004호
　　　　　[학원] 서울시 종로구 청계천로 35 관정빌딩 6층
전　　화 02-722-1148 팩스 070-8956-1148
홈 페 이 지 www.epass-adm.com
이 메 일 book@epasskorea.com
등 록 번 호 제318-2003-000119호(2003년 10월 15일)

※ 잘못된 책은 교환해 드립니다.
※ 교재 오류 및 수정사항은 홈페이지 고객센터로 접수해주시기 바랍니다.
※ 이 책은 저작권법에 의해 보호를 받는 저작물이므로 무단전재와 복제를 금합니다.
※ 본교재의 저작권은 이패스코리아에 있습니다.